杉浦市郎[編] SUGIURA Ichiro

HBB+

新・消費者法 これだけは

法律文化社

はしがき

『新・消費者法これだけは』も『消費者法これだけは』と同様の編集方針を採用している。すなわち，消費者基本法からはじめて消費者被害の救済までの消費者法を体系化し，しかも難解な法律を，図表および具体的な事例を挙げながら，市民・学生になるべくわかりやすく説明するという方針である。

『消費者法これだけは』の刊行（2007年4月）以降の消費者法の変化は激しい。すなわち，2007年の消費生活用製品安全法の改正（経年劣化対策），2008年の景品表示法および特定商取引法の改正（消費者団体訴権の景品表示法および特定商取引法への拡大），2008年の特定商取引法の大改正，2008年の割賦販売法の大改正，2008年の国民生活センター法の改正（紛争解決委員会の設置および裁判外紛争解決手続の実施），2008年の特定電子メールの送信の適正化に関する法律の改正（迷惑メール対策としてのオプトイン方式の導入），そして何よりも，2009年の消費者庁関連三法（消費者庁及び消費者委員会設置法，消費者庁及び消費者委員会設置法の施行に伴う関係法律の整備に関する法律，消費者安全法）の制定が行われた。

2008年の特定商取引法の改正は，①訪問販売における再勧誘の禁止および過量販売の規制，②指定商品・指定役務制の廃止，③未承諾電子メールの送信の禁止，④通信販売における返品ルールの明確化，⑤訪問販売協会の自主的な取組の促進を内容としている。また，2008年の割賦販売法の改正は，①個別クレジット業者に対する登録制の導入，②与信契約におけるクーリング・オフ等の創設等，③既払金返還ルールの創設，④過剰与信防止のための措置，⑤クレジット情報の保護強化，⑥法律の適用範囲の拡大を内容としている。

2009年の消費者庁関連三法は，消費者行政を一元的に行う消費者庁を設置するもので，これまでの明治以来の縦割りの産業助成官庁が行ってきた消費者行政を根本的に変革するものである。消費者庁は，消費者安全法，特定商取引法および景品表示法をはじめとする安全・取引・表示に関する約30の消費者関連法を単独で所管し，または他の省庁と共管する。消費者安全法は，これまで各省庁が業法で行ってきた安全確保のための施策を消費者庁が一元的に行うことを可能にする一般法である。消費者庁は，消費者事故に関する情報を一元的に集約し，調査・分析し，国民に対して，消費者事故の公表および注意喚起を行う。消費者庁は，各省庁に対して措置要求・勧告を行うとともに，必要があれば自ら勧告・命令・立入調査を行うことができる。国民の大きな期待を受けて発足した消費者庁の活動が国民の期待に応えられるものとなるのか，消費者庁と一緒に創設された消費者委員会とともに，見守っていきたい。

　なお，消費者法も変化の激しい法分野であるので，最新の情報は，消費者庁，消費者委員会，国民生活センター，金融庁のホームページを参照されたい。

　最後に，本書刊行に当たっては，法律文化社社長秋山泰氏，編集部舟木和久氏に大変お世話になった。ここに記して感謝する次第である。

2010年7月

　　　　　　　　　　　　　　　　　　　　　　　　編　　者

目　　次

はしがき

第1章　総　　論 ……………………………………………… 1

1 消費者問題とは何か ……………………………………… 1
消費者問題の発生（1）　　消費者被害の現状と対策（1）

2 消費者基本法 ……………………………………………… 6
消費者保護基本法から消費者基本法へ（6）　　消費者政策の推進（8）　　消費者関係法規（11）

3 民法の射程と限界 ………………………………………… 12

1 行為能力制度 …………………………………………… 13
はじめに——権利能力，意思能力，行為能力（13）　　未成年者の取消権（民法5条）（14）　　成年後見制度（14）

2 錯誤，詐欺，強迫 ……………………………………… 16
錯誤（民法95条）（16）　　詐欺（民法96条）（17）　　強迫（民法96条）（17）

3 契約締結過程——当事者の合意 ……………………… 18
4 契約内容の公正性 ……………………………………… 19
公序良俗違反（民法90条）（19）　　約款とその規制（20）
5 事業者の法的責任 ……………………………………… 22

第2章　消費者契約法 ………………………………………… 24

1 立法の背景 ………………………………………………… 24
契約締結過程の問題——多発する消費者被害（25）　　不当契約条項（26）

2 消費者契約法の内容 ……………………………… 27
1 目的，適用範囲 ……………………………… 27
2 契約取消権（4条）……………………………… 29
重要事項の不実告知（30）　断定的判断の提供（31）　不利益事実の不告知（32）　不退去（33）　退去妨害（監禁）（34）
3 取消権の行使期間等 ……………………………… 35
4 不当条項の無効 ……………………………… 35
債務不履行責任を全部免責する条項（8条1項1号）（36）　債務不履行責任を一部免責する条項（8条1項2号）（36）　不法行為責任を全部免責する条項（8条1項3号）（36）　不法行為責任を一部免責する条項（8条1項4号）（36）　瑕疵担保責任を制限する条項（8条1項5号）（36）　賠償額の予定・違約金条項（9条）（37）　一般条項（10条）（38）
5 消費者団体訴訟制度 ……………………………… 39

3 消費者契約法の限界と課題 ……………………………… 40

第3章 特定商取引法 ……………………………… 43

1 立法の背景および改正の経緯 ……………………………… 43
悪徳商法いろいろ（43）　訪問販売法から特定商取引法へ（44）

2 規制の対象となる取引 ……………………………… 45

3 規制対象となる取引ごとの規制内容 ……………………………… 46
1 訪問販売，電話勧誘販売 ……………………………… 47
定義（2条）（47）　指定商品制の廃止（48）　適用除外（26条）（48）　主な規制内容（49）
2 特定継続的役務提供（41条以下）……………………………… 64
定義（41条）（65）　主な規制内容（66）
3 業務提供誘引販売取引（51条以下）……………………………… 71

定義（51条）(72)　　主な規制内容 (73)
　4　**通信販売**（11条以下）……………………………………… 75
　　　定義（2条2項）(75)　　主な規制内容 (76)
　5　**ネガティブ・オプション**（59条）………………………… 78
　6　**連鎖販売取引**（33条以下），**無限連鎖講防止法**………… 79
　　　連鎖販売取引 (81)　　主な規制内容 (82)　　無限連鎖講の防
　　　止に関する法律 (84)

第**4**章　消費者信用取引 …………………………………………… 87

1　はじめに ……………………………………………………………… 87

2　消費者被害の現状と背景 …………………………………………… 88

3　割賦販売法 …………………………………………………………… 90

1　割賦販売法の規制対象取引 ……………………………………… 92
　　規制対象取引の分類 (92)　　割賦販売 (94)　　ローン提携販
　　売 (96)　　信用購入あっせん (97)　　四者型契約 (98)

2　割賦販売法の規制内容 …………………………………………… 100
　　取引条件の表示義務 (100)　　書面の交付義務 (100)　　クー
　　リング・オフ (101)　　契約の解除等の制限 (102)　　損害賠
　　償等の額の制限 (103)　　所有権留保の推定 (103)　　抗弁の
　　対抗 (104)　　開業規制 (109)　　過剰与信防止義務 (109)
　　適正与信義務 (110)　　過量販売の解除 (111)　　不実告知等
　　による取消 (111)　　業務の適正化 (112)　　前払式取引の規
　　制 (112)

4　貸金業に対する規制法 …………………………………………… 114

1　金利に対する規制 ………………………………………………… 115
　　はじめに (115)　　公序良俗 (116)　　利息制限法 (117)
　　出資法 (120)

2　遅延利息──損害賠償額の特約 ………………………………… 121

3　貸金業の規制等に関する法律から貸金業法へ ………………… 122
　　金利体系の適正化 (122)　　ヤミ金融の罰則強化 (122)　　過
　　剰貸付の抑制──総量規制の導入 (122)　　行為規制 (123)

参入規制，貸金業協会による自主ルール（124）　多重債務対策の規定（124）

5　多重債務の解決方法 ……………………………………… 125
　　任意整理（125）　調停（特定調停法，民事調停法）（125）　個人再生手続（民事再生手続法）（126）　自己破産（破産法）（126）

6　残された課題 ……………………………………………… 126

第5章　金融商品取引 ……………………………………… 128

1　金融商品取引の増大と被害の発生 ……………………… 128

2　金融商品取引法 …………………………………………… 129
　　金融商品取引法が対象とする取引（130）　金融商品取引業者（132）　特定投資家と一般投資家（132）　行為規制（133）

3　金融商品販売法 …………………………………………… 141
　　説明義務等（142）　損害賠償責任（143）

4　その他の投機的取引 ……………………………………… 144
　　先物取引（144）　株式等（145）

第6章　電子商取引 ………………………………………… 147

1　消費者被害の現状 ………………………………………… 147

2　法　規　制 ………………………………………………… 147
　　特定商取引法による通信販売の規制（147）　電子消費者契約法（149）　売主による詐欺等による商品の未受領（150）

第7章 広告・表示の適正化 ……………………………… 152

1 広告・表示規制の意義・役割・種類 ……………………… 152
広告・表示規制の意義と役割（152）　広告・表示規制の種類（153）

2 景品表示法 …………………………………………………… 155
不当表示（156）　規制手段（158）　公正競争規約（158）

第8章 安全性の確保・安全規制 ………………………… 160

1 はじめに ……………………………………………………… 160

2 消費者被害の現状 …………………………………………… 161

3 安全確保のための法規制 …………………………………… 164
概　説（164）　個別法による法規制（165）

4 製造物責任法 ………………………………………………… 175
立法の背景（175）　目的，範囲，適用対象（176）　欠　陥（177）　製造物責任（3条）（178）　免責事由と期間制限（179）　製造物責任法の課題と限界（180）

第9章 公正・自由な競争と消費者 ……………………… 182

1 公正・自由な競争秩序の意義 ……………………………… 182

2 独占禁止法 …………………………………………………… 183
カルテルの禁止（不当な取引制限の禁止等）（184）　不公正な取引方法の禁止（186）　消費者による独占禁止法の利用（189）

第10章 消費者被害の救済 ……………………………… 191

1 はじめに ………………………………………… 191

2 裁判外紛争解決(ADR)による消費者被害の救済 ……… 194
  行政型 ADR（*194*）　司法型 ADR（*198*）　民間型 ADR（*199*）

3 民事裁判による消費者被害の救済 ……………………… 200
  民事裁判（*200*）　少額訴訟（*200*）　倒産手続（*201*）

資　料　編 …………………………………………………… 203
参 考 文 献 …………………………………………………… 241

── 執筆者紹介 ──
(＊は編者，執筆順)

＊杉浦　市郎　　　　　愛知大学法学部教授
　（すぎうら・いちろう）　【第1章1～2・第6章】

　近藤　充代　　　　　日本福祉大学経済学部教授
　（こんどう・みちよ）　【第1章3・第3章】

　山口　志保　　　　　大東文化大学法学部教授
　（やまぐち・しお）　　【第2章・第4章4～6・第8章4】

　岩田　公雄　　　　　日本福祉大学経済学部
　（いわた・きみお）　　客員教授
　　　　　　　　　　　【第4章1～3・第8章1～3・第10章】

　山本　晃正　　　　　鹿児島国際大学経済学部教授
　（やまもと・てるまさ）【第5章・第7章・第9章】

第1章 総論

1 消費者問題とは何か

消費者問題の発生　ロビンソン・クルーソーのような自給自足社会においては，消費者問題は発生しない。自給自足社会では，生産者＝消費者であるからである。消費者問題の発生は，生産（者）と消費（者）の分離にある。市場の成立と共に，消費者問題が発生する。しかし，市場（マーケット）において，生産者と消費者が対面して商品を購入する場合には，消費者問題は社会問題として認識されない。消費者問題が顕在化するのは，大量生産・大量販売・大量消費を特徴とする1960年代以降の現代社会においてである。1955年には，森永砒(ひ)素(そ)ミルク中毒事件が発生している。1962年には，にせ牛缶事件を契機にして景品表示法が制定されている。同年ケネディ大統領が消費者の権利に関する特別教書を発表し，1968年には消費者保護基本法が制定されている。

消費者被害の現状と対策　2008年度に全国の消費生活センターが受け付け，PIO-NET（パイオネット）に登録された消費生活相談情報の総件数は，約94万件である。この数字は，氷山の一角にすぎず，実際の消費者被害の件数はもっと多い（資料編→①「消費生活相談——2008年度の傾向——」を参照）。最近の相談は，商品全体の相談に比べて役務（サービス）全体の相談件数が圧倒的に多く，その中でも，架空請求の急増に伴い，電話情報相談サービスの相談が多い。相談内容別に見ると，契約・解約，販売方法の相談が圧倒的

図表 1-1　主な問題商法一覧

商法の名称と主な商品・サービス	主な勧誘の手口・特徴と問題点・事例
【マルチ商法】 健康食品・化粧品・浄水器	販売組織の加入者が消費者に商品などを購入させて、その販売組織に加入させることによりマージンを得るしくみの商法。これを繰り返すことにより、販売組織がピラミッド式に拡大していく。勧誘時の「もうかる」という話と違って思うように売れず、多額の借金と商品の在庫を抱えることになる。他人を勧誘することで、加害者になる危険性もある。ネットワークビジネスと称する場合もある。 【事例】　大学の友人に誘われ、ネットワークビジネスの説明会に行った。「月に100万円の収入」という夢のような話を聞き加入した。学生ローンで借金をして健康食品を購入したが、加入者は見つからず在庫を抱え、借金の返済もできない。おまけに「怪しい商売をしている」とうわさが立ち、友人関係が壊れてしまった。
【ネズミ講】 金銭・有価証券などの配当	組織に後から加入した者が先に加入した者に金銭などの配当を支払う配当組織。「無限連鎖講の防止に関する法律」によって、開設・運営・勧誘の一切が禁止されている。金銭に限らず有価証券等も禁止。インターネットやメールを利用して勧誘するケースが増えている。 【事例】　「文化遺産の保護に10万円を出資し、新規に会員を増やせば報酬が支払われる」とインターネット上で会員を集めていたので投資したが、ホームページが閉鎖され連絡が取れなくなった。
【キャッチセールス】 化粧品・エステ・アクセサリー・美顔器・絵画	駅や繁華街の路上でアンケート調査などと称して呼び止め、喫茶店や営業所に連れて行き、商品やサービスを契約させる。 【事例】　駅前で「無料でエステを体験してみませんか」と声をかけられ、店について行った。肌を診断されて「年齢の割に肌の状態が悪く、このままでは大変なことになる。でも、この美顔器と化粧品を使えば大丈夫。クレジット払いなら月々1万円の支払いで買える」といわれ、契約してしまった。家に帰り契約書を見たら総額30万円の契約だった。支払える自信がない。
【アポイントメントセールス】 アクセサリー・複合サービス会員・教養娯楽教材	「抽選で当たったので景品を取りに来て」、「特別モニターに選ばれた」などと有利な条件を強調し販売目的を隠して電話や郵便で呼び出し、商品やサービスを契約させる。 【事例】　「抽選で当たったので、プレゼントを取りに来て」と電話がきた。事務所に出向いたところ、アクセサリーを勧められた。断って帰ろうとしたが、3人の男性に囲まれて5時間も説得され、このままでは帰れないと思い契約してしまった。
【デート商法】 アクセサリー・絵画	出会い系サイトや間違い電話・メールを送りつけ出会いの機会をつくり、デートを装って契約させる商法。異性間の感情を利用し、断りにくい状況で勧誘し、契約を迫る。契約後は行方をくらませるケースが多い。 【事例】　知らない男性から、間違いメールが何度もきた。「あて先が違います」と返信したことがきっかけで交際へと発展。何度かデートしているうちに、「仕事の売り上げが悪く困っている。絵画の即売会があるから協力してくれないか」と頼まれ、50万円の絵画を契約した。両親に「お前はだまされている」と怒られたが、彼のことを信用しており、解約すると嫌われそうで怖い。

商法の名称と主な商品・サービス	主な勧誘の手口・特徴と問題点・事例
【点検商法】 浄水器・布団・屋根工事・床下換気扇	点検をするといって家に上がり込み,「布団にダニがいる」,「白アリの被害がある」などと不安をあおって,商品やサービスを契約させる。 【事例】「近所で床下の工事をしている。あいさつ代わりに床下を無料点検する」と業者が訪れたので見てもらった。「湿気で柱が腐りそうだ。ちょうど床下換気扇をもっているので,今日なら通常の半額で工事をする」といわれ契約し,すぐに工事をしてもらった。後で知り合いの大工さんに見てもらったが,柱に異常はないといわれた。
【催眠（SF）商法】 布団類・電気治療器・健康食品	「くじに当たった」,「新商品を紹介する」といって人を集め,閉め切った会場で台所用品などを無料で配り,得した気分にさせ,異様な雰囲気の中で最後に高額な商品を売りつける。 【事例】スーパーマーケットの開店セールに出かけた。店の近くで「プレゼントがありますよ」と声をかけられ,仮設テントに行った。中では「早い者勝ち」と台所用品が配られ,我先にと手を挙げているうちに興奮状態になった。「最後は今日の一番のお勧め。高級羽毛布団50万円がたったの30万円！」とのかけ声に思わず契約してしまった。翌日返品しようとしたが,もう仮設テントはなかった。
【内職商法】 ワープロ・パソコン内職	「在宅サイドビジネスで高収入を」,「資格・技術を身に着けて在宅ワーク」など,契約すれば仕事を紹介すると勧誘し,実際は高額な教材や内職材料を売りつけるもの。ほとんど収入は得られないうえ,支払いだけが残る。 【事例】「パソコン内職をしませんか」と電話がきた。「パソコン検定に合格すれば仕事を紹介する。教材で勉強すれば,誰でも合格する。内職した収入で教材代を支払えば負担もない」といわれ60万円の教材をクレジット契約した。勉強したが,難しくて検定に合格できない。教材代だけが毎月引き落とされているうえに,業者と連絡が取れなくなった。
【資格商法】 教養娯楽教材・資格講座	電話で「受講すれば資格が取れる」などと勧誘して,講座や教材の契約をさせる。以前の契約者に「資格が取得できるまで契約は続いている」あるいは「契約を終わらせるための契約を」と再度別の契約をさせる二次被害が増えている。 【事例】職場に執拗に勧誘電話があり,資格取得講座の契約をした。数年後また電話があり,「以前の契約は生涯継続。終わらせたいなら登録抹消料を払う必要がある」といわれ承諾した。業者から届いた契約書面は,資格教材の申込書になっていた。
【ネガティブ・オプション】 本・雑誌・ビデオソフト	注文していないにもかかわらず,商品を一方的に送りつけ,受け取った消費者に,購入しなければならないものと勘違いをさせて支払わせることをねらった商法。代金引換郵便を悪用したものもある。福祉目的をうたい,寄付と勘違いさせて商品を買わせるケースもある。 【事例】福祉団体を名乗るところから,注文した覚えのないハンカチセットが届いた。「寄付のお願い・一口3,000円」とあり,そのままもらっておくのも気が引けたので,お金を振り込んだが,その福祉団体は実在していないことが分かった。

【無料商法】 電話情報サービス、プロバイダー、エステ、パソコン周辺機器・用品	「無料招待」、「無料サービス」、「無料体験」など「無料」をセールストークに広告でうたったりして人を集め、高額な商品やサービスを売りつける。
【アンケート商法】 化粧品、浄水器、エステ	「アンケートに答えて」などと話しかけ、「このままではシミ・シワになる」と不安をあおって化粧品を売りつけたり、「アンケート調査に協力を」といいながら消費者の警戒心を解き、説得して商品を売りつける。
【かたり商法】 浄水器、リースサービス、建物清掃サービス、布団	あたかも公的機関や有名企業の職員か、その関係者であるかのように思わせ、誤認させて商品を売りつける。
【当選商法】 宝くじ、和服	「当選した」、「景品が当たった」、「あなただけ選ばれた」など特別扱いであるように思わせて契約させる。
【利殖商法】 商品相場、証券、分譲マンション	「値上がり確実」、「必ず利益が上がる」など利殖になることを強調して契約させる。素人には危険なものが多い。
【開運商法】 印鑑、祈とうサービス、アクセサリー、数珠	「先祖のたたりで不幸になる」、「不幸から免れるためにこれを購入するよう」に勧め、「災いを取り除くため」と称して商品を売りつける。
【振り込め詐欺】 金銭（示談金、賠償金）	家族を装い、交通事故や借金、医療ミス、痴漢などを理由にその示談金などの名目で今すぐ必要だからと、お金を振り込ませる悪質な犯罪行為。電話で「おれおれ」と息子をかたる場合が多かったので「おれおれ詐欺」ともいわれた。
【架空請求詐欺】 金銭（情報料）	使った覚えのないアダルトサイトや出会い系サイトの情報料などを手紙、はがき、メールなどで請求してくるもの。中には裁判所などの公的機関名をかたるケースもある。
【ワンクリック詐欺不当請求】 金銭（情報料）	迷惑メールやショートメッセージメールに添付されたURL（ホームページアドレス）をクリックすると突然、「登録されました」と表示され、不当な料金を請求される。バナー広告（ホームページ上の企業広告をクリックすると、自動的に広告主のサイトに入るというもの）や無料サイトなどにアクセスして、いきなり入会したことになるケースもある。携帯電話だけでなくパソコンでも同様のことが起きる。
【フィッシング詐欺】 金銭	金融機関やオンラインショップなどからのメールを装い、住所や氏名、銀行口座番号やクレジットカード番号、有効期限、ID、パスワードなどを返信させたり、偽のホームページのフォームなどにこれらの個人情報を入力させ、金銭をだまし取る行為。
【ネットオークション詐欺】 金銭	ネットオークションやネット通販を利用した詐欺犯罪。代金を前払いしたのに商品の引渡しがされず連絡が取れないなどのケースが多い。また、匿名性の高い取引であることから、個人情報を悪用し、他人になりすましてオークションに参加し詐欺をはたらくケースもある。

国民生活センター「くらしの豆知識 '07・'06・'05」より。

に多い。主な問題商法は，**図表1-1**のとおりである。

　1985年の豊田商事の金のペーパー商法およびベルギーダイヤモンドのマルチ商法の被害は，大きな社会問題となった。新たに発生した悪徳商法に対応するため，後追い的に訪問販売法等の改正が行われ，2000年には，訪問販売法が改正されて，特定商取引法に名称が変更されている。同年，日本では，はじめて，消費者と事業者との間の契約を一般的に規制する法律として，消費者契約法が制定されている。2004年には，特定商取引法の改正が行われている。同年，38年ぶりに消費者保護基本法を改正して，新たに消費者基本法に名称が変更されている。2006年には，貸金業規制法が抜本的に改正され，貸金業法となった。2008年には，特定商取引法および割賦販売法の抜本的な改正が行われている。また，2009年には，明治以来の産業育成型行政機構の抜本的な見直しを迫る消費者庁及び消費者委員会設置法および消費者安全法が制定され，2009年9月に消費者庁が発足している。包括的な金融サービス法および消費者信用法の制定を含めて，欧米の消費者法に比べても，遜色のない日本型消費者法の形成が求められる時代が到来している。

　消費者法の範囲は広い。消費者基本法，消費者安全法，民法，刑法，特定商取引法，消費者契約法，割賦販売法をはじめ，多くの法律がある。本書では，市民の立場から，消費者取引法を中心にして，具体的事例を挙げながら，消費者被害の救済に実際に活用できる法律を説明する。とりあえず，消費者法の一覧としては，甲斐道太郎・清水誠 編『消費者六法2010年版』（民事法研究会）を参照。

2 消費者基本法

消費者保護基本法から消費者基本法へ　消費者保護基本法は，1968年に制定された。基本法とは，特定の行政分野における基本政策あるいは基本方針を宣明するために制定される法律をいい，消費者保護基本法は，わが国における消費者行政の基本政策・方針を明らかにするものである。そこでは，「消費者の利益の擁護及び増進に関し，国，地方公共団体及び事業者の果たすべき責務並びに消費者の果たすべき役割を明らかにするとともにその施策の基本となるべき事項を定めることにより，消費者の利益の擁護及び増進に関する対策の総合的推進を図り，もつて国民の消費生活の安定及び向上を確保することを目的」（1条）とし，国の責務（2条），地方公共団体の責務（3条），事業者の責務（4条）を定め，同時に，「みずからすすんで消費生活に関する必要な知識を修得するとともに，自主的かつ合理的に行動するように努めることによって，消費生活の安定及び向上に積極的な役割を果たすものとする」という消費者の役割（5条）を規定していた。消費者保護基本法には，消費者の権利は出てこない。消費者は，保護の客体であり，行政による保護の結果，反射的に消費者の利益が擁護されるという考え方に立っていたと考えられる。

2003年5月の国民生活審議会消費者政策部会報告書「21世紀型の消費者政策の在り方について」を受けて，2004年，38年ぶりに，消費者保護基本法が改正され，消費者基本法に名称が変更された。消費者基本法は，一部の地方自治体の消費生活条例および国際消費者機構（Consumers International, CI）の消費者の権利に倣って，はじめて消費者の権利を謳っている。「消費者と事業者との間の情報の

質及び量並びに交渉力等の格差にかんがみ、消費者の利益の擁護及び増進に関し、消費者の権利の尊重及びその自立の支援その他の基本理念を定め、国、地方公共団体及び事業者の責務等を明らかにするとともに、その施策の基本となる事項を定めることにより、消費者の利益の擁護及び増進に関する総合的な施策の推進を図り、もつて国民の消費者生活の安定及び向上を確保することを目的とする」という目的規定（1条）を受けて、以下の6つの権利を謳っている。すなわち、「国民の消費生活における基本的な需要が満たされ、その健全な生活環境が確保される中で」、①安全が確保される権利、②選択の機会が確保される権利、③必要な情報が提供される権利、④教育の機会が提供される権利、⑤意見が政策に反映される権利、⑥被害が適切かつ迅速に救済される権利である（2条1項）。消費生活における基本的な需要が満たされる権利および健全な生活環境が確保される権利という2種類の基本的な権利を挙げる論者もある。

同時に、消費者を弱者＝保護の客体と捉えるのではなく、「自主的かつ合理的に行動することができるように消費者の自立を支援することを基本とする」（2条1項）という消費者政策の基本的な転換が図られている。消費者の自己責任との関係で議論がありうるところである。

消費者と事業者との間には、大きな格差が存在し、これが消費者問題を発生させる原因となっている。消費者基本法では、情報の量および質の格差と交渉力等の格差、すなわち「消費者と事業者との間の情報の質及び量並びに交渉力等の格差にかんがみ」という文言が、明文で規定されている（消費者基本法1条）。また、国の責務（3条）、地方公共団体の責務（4条）、事業者の責務等（5条～8条）、消費者基本計画（9条）、法制上の措置等（10条）が規定されている。

消費者政策の推進　消費者基本法第2章においては，基本的施策として，安全の確保（11条），消費者契約の適正化（12条），計量の適正化（13条），規格の適正化（14条），広告その他の表示の適正化等（15条），公正自由な競争の促進等（16条），啓発活動及び教育の推進（17条），意見の反映及び透明性の確保（18条），苦情処理及び紛争解決の促進（19条），高度情報通信社会の進展への的確な対応（20条），国際的な連携の確保（21条），環境の保全への配慮（22条），試験，検査等の施設の整備等（23条）の規定が置かれている。第3章においては行政機関等として，行政組織の整備及び行政運営の改善（24条），国民生活センターの役割（25条），消費者団体の自主的な活動の促進（26条）の規定が置かれている。第4章では，消費者政策会議（27条，28条），消費者委員会（29条）の規定が置かれている。

　政府は，消費者政策の計画的な推進を図るため，消費者基本計画（2005年4月8日閣議決定）を策定し，消費者基本計画に基づき，消費者政策を進めている（消費者基本法9条，27条，29条）。国には，消費者政策会議（27条1項），消費者委員会（29条），消費者庁，各省庁，独立行政法人国民生活センターがある。消費者庁は，従来の縦割り行政を是正し，安全・表示・取引分野にわたる消費者行政を一元的に担う組織として，内閣府の外局に設置される（消費者庁及び消費者委員会設置法2条1項）。消費者庁の設置により，各省庁から消費者庁に移管された法律（特定商取引法，景品表示法等）もあるが，多くは各省庁との共管となっている。同時に，内閣府本府に，消費者委員会が設置される（同6条1項）。消費者委員会は，独立して職権を行使する（同7条）。新しい消費者行政のイメージについては，**図表1-2**参照。地方公共団体では，ほぼすべての都道府県・市町村に消費者政策を専門に取り扱う部署や，消費生活センターがある。そ

図表1-2 新しい消費者行政

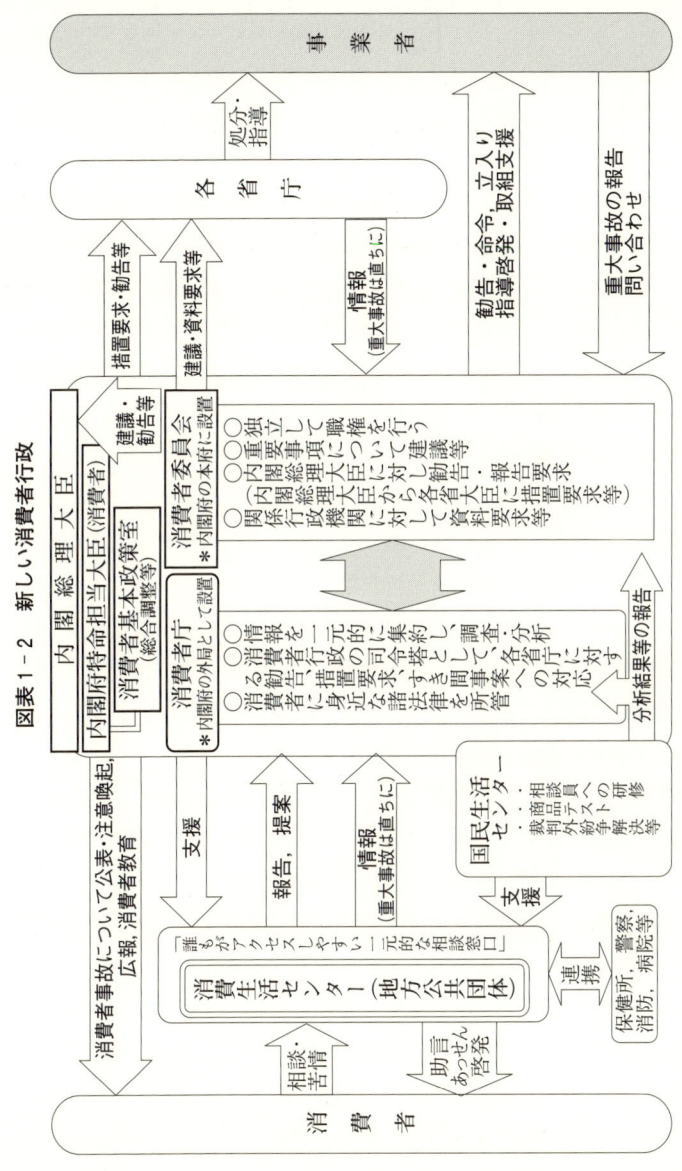

消費者庁ホームページ。

の数は，2006年4月1日現在，都道府県に152，政令指定都市に22，その他の市・特別区に342，町に15，合計531である。

　消費者政策を推進する各行政機関は，以下のように，それぞれ異なった役割を担っている。

　消費者政策会議は，消費者基本計画案の策定，検証，評価，監視を行う（同27条2項各号）。消費者基本計画案の作成および消費者基本計画の検証，評価および監視の結果の取りまとめを行おうとするときは，消費者委員会の意見を聴かなければならない（同27条2項）。消費者委員会は，基本的事項を調査審議し（同29条），消費者庁は総合的に調整し，消費者庁を含め，各省庁が個々の施策を実施する。独立行政法人国民生活センターは，情報提供，研修教育，商品テスト，苦情処理，重要消費者紛争の解決を行う。

　都道府県および市町村は，各自の消費者政策の実施に必要な基本的枠組みを定める消費生活条例を制定し，各区域内の苦情処理等のあっせんを行う。各消費生活センターは，国民生活センター等と連携を保ちつつ，情報提供，苦情処理，商品テスト等を実施している。

　都道府県には，消費生活センターの設置が義務付けられ，市町村も設置が努力義務とされている（消費者安全法8条）。このように，各行政機関が異なった役割を担っている中で，最も重要な位置を占めるのは消費生活センターである（国民生活センターも苦情処理を行うが，大多数の苦情処理を行うのは各消費生活センターである）。というのは，消費者が直接にまたは電話で支援を求めてくる最前線の場所が，消費生活センターであって，消費者への情報提供のみならず消費者と事業者の間をあっせんするという苦情処理をとおして，消費者被害の実態を正確に把握することができるのも，消費生活センターであるからである。全国共通番号（0570-064-370；守ろうよ，みんなを）で消費者相談を受け付ける消費者ホットラインが動き出し

ている。

消費者関係法規

(1) 安全の確保（消費者基本法11条）　近年，製品や食品の安全性に対する消費者の関心が高まっている。雪印乳業事件や三菱自動車によるリコール隠しをはじめとする不祥事が次々に明らかになっていることも関係している。消費者基本法では，消費者の権利として，第一に安全が確保される権利を挙げている。製品や食品・医薬品に欠陥があった場合，事後的には，民法709条の不法行為責任または製造物責任法（PL法）に基づき，損害賠償責任を追及することは可能である（→第8章・4 製造物責任法 を参照）。しかし，一度失われた生命・健康を取り戻すことは不可能であり，様々な法律によって事前規制が行われている。製品や食品の安全性と関係する法律は非常に多くあるが，消費者安全法，薬事法，食品衛生法，電気用品安全法，消費生活用製品安全法，自動車運送車両法等がある（→第8章・3 安全性確保のための法規制 を参照）。

(2) 消費者契約の適正化等（同12条）　消費者契約の適正化のために最も重要な法律が民法である（→第1章・3 民法の射程と限界 を参照）。次に，2000年に制定された消費者契約法が重要であり，2006年の改正により，消費者団体訴訟制度が導入された（→第2章・消費者契約法 を参照）。消費者信用については，割賦販売法，利息制限法，出資法および貸金業法がある（→第4章・消費者信用取引 を参照）。特定商取引法は，クーリング・オフの権利をはじめ，消費者被害防止のために重要な法律である（→第3章・特定商取引法 を参照）。金融商品については，金融商品取引法および金融商品販売法がある（→第5章・金融商品取引 を参照）。最後に，電子商取引については，電子消費者契約法がある（→第6章・電子商取引 を参照）。

(3) 規格の適正化（同14条）　工業標準化法（JIS法），農林物資の規格化及び品質表示の適正化に関する法律（JAS法）がある。

(4) 広告その他の表示の適正化等（同15条）　不当表示や過大な景品付販売が行われたのでは，消費者の選択の機会が確保される権利は，守られない。不当表示や過大な景品付販売を規制する一般法として景品表示法がある（→第7章・広告・表示の適正化 を参照）。

(5) 公正自由な競争の促進等（同16条）　公正かつ自由な競争が確保されていなければ，消費者の選択の機会が確保される権利は絵に書いた餅になる。公正かつ自由な競争を促進するための法律として，独占禁止法がある（→第9章・公正・自由な競争と消費者 を参照）。

(6) 消費者被害の救済　消費者にとって最も頼りになるのが消費生活センターではあるが，事業者があっせんに応じなければ，消費者被害の救済はできない。被害を受けた消費者は，裁判手続または裁判外手続を通じて，自らの権利を実現していかなければならない（→第10章・消費者被害の救済 を参照）。

3　民法の射程と限界

　前節で見たような様々な消費者被害を民法により救済しようとする場合，いかなる規定を適用しうるだろうか。一般に，民法では対等平等な当事者間の法律関係を想定しているため，事業者（＝プロ）と消費者（＝アマチュア）という非対等な当事者間の関係から生じる消費者問題では，民法に頼っていては被害を救済する上で非常に困難であるとされている。以下では，消費者問題に適用しうる民法の諸規定を概観し，その射程と限界を明らかにしてみよう。

1 行為能力制度

はじめに—権利能力,意思能力,行為能力　消費者取引は契約という形をとるが、民法上、契約が有効に成立するためには、契約の両当事者に、権利能力、意思能力、行為能力が備わっていなくてはならない。逆にいえば、これらの能力が備わっていない場合、その契約は無効となり、契約当事者は当該契約から生ずる義務を負担しなくてもよいこととなる。

ここで「権利能力」とは、「権利や義務の帰属する主体になりうる能力」である。人は出生した時から、私法上の権利・義務の主体となりうる（民法3条1項）ので、通常の消費者契約ではこの権利能力は問題ない。

次に、「意思能力」であるが、一般に、契約を結んだ当事者は契約を守らなくてはならないが、その根拠は自分自身の自由な意思に基づき契約を結んだからである。そして、そのことの基礎になる能力が意思能力であって、法律学的にいうと「自己の行為の結果を認識し、判断できるだけの精神的な能力」ということになる。この意思能力を欠く契約は無効である。ただし、その行為の当時、意思能力が欠けていたことは、行為者自身（＝消費者）が証明しなければならず、通常、これはとても難しい。逆に、契約の相手方（＝事業者）は、その人に意思能力があるかどうかはっきりしないために、後で無効を主張され、不利益を被るおそれもある。

そこで、民法は、意思能力が不十分な一定の範囲の者について、契約などの法律行為を単独で完全に有効に行える能力（＝行為能力）を一律に制限して、それによってそれらの者を画一的に保護するという方法をとっている。この行為能力を制限される者には2つのグループがあり、1つは「未成年者」であり、もう1つは「成年後見制度」といって、成年者でも一定の者の行為能力が制限されている。

**未成年者の取消権
（民　法　5　条）**　未成年者（＝年齢20歳に満たない者，民法4条）は，一般に，社会的経験が十分でなく，前述の意思能力が十分とはいえないので，民法上一律に保護されている。未成年者が契約を結ぶなどの行為をするときは，両親等の法定代理人の同意を必要とする（民法5条1項）。未成年者がこの同意を得ないで契約などをした場合は，未成年者本人および法定代理人（両親等）はそれを取り消すことができる（同2項）。取消権は追認することができるときから5年間行使しないときは時効によって消滅する（同126条）。

　契約等が取り消されると，当該契約等ははじめから無効であったものとして取り扱われる（同121条本文）。したがって，未成年者は代金などを支払う義務を負わないし，既払金は，その返還を求めることができる。さらに，すでに商品等を受け取っていたり，それを使用した場合でも，そのままの状態で返還すればよい。使用料や損害賠償を支払う義務はない（同条但書）。

　こうして，消費者契約において，消費者が未成年者である場合には，未成年者の取消権を使って，不当な契約，意思に反する契約を取り消すことにより，被害を免れることができる。

成年後見制度　次に，成年に達した者であっても，精神上の障害などによって十分な判断力を持たなくなった人に対しては，未成年者と同様の保護が規定されている。成年後見制度には3つのタイプがあり，①軽度の精神上の障害（認知症・知的障害・精神障害等）により判断能力が不十分な人を保護の対象とする「補助」（民法15条），②精神上の障害により判断能力が著しく不十分な人を保護の対象とする「保佐」（同11条），③精神上の障害により判断能力を欠く常況にある人を保護の対象とする「成年後見」（同7条）の3つである。

手続の概略は,以下のとおりである。
① 本人,配偶者等が家庭裁判所に申し立てる(成年後見では本人は申立不可)。
② 補助(保佐,成年後見)が必要な場合,家庭裁判所が補助(保佐,成年後見)開始の審判をし「補助人(保佐人,成年後見人)」を選任する。
③-1 補助人に対し,当事者が選択した特定の法律行為につき代理権または同意権(取消権)を付与する。(特定の法律行為とは,13条1項規定の行為の一部で,預金の管理,不動産等の重要な財産の処分,介護契約など)。補助人の同意なしになされた法律行為は,本人または補助人は取り消すことができる(17条4項)。
③-2 保佐人に対し同意権を付与する。保佐人の同意なしになされた法律行為(13条1項所定の行為)は,本人または保佐人は取り消すことができる(同条4項)。(申立てにより選択した「特定の法律行為」について,保佐人に代理権を付与することもできる)。
③-3 成年後見人には広範な代理権と取消権が付与される。(ただし,日用品の購入その他日常生活に関する行為は,本人の判断に委ね,取消権の対象から除外される)。本人(成年被後見人)の法律行為は取り消すことができる(同9条)。

以上により,例えば補助人が本人に代わって契約を結んだり,本人の契約締結に際し補助人の同意が必要となり,同意のない場合は後で取り消すことができる。こうして,本人の不十分な判断能力をサポートすることができる。したがって,被補助人が悪徳商法の被害にあって高額の買い物をした場合にも,後から当該契約を取り消すことが可能である。

ただし,以上の成年後見制度は,未成年者の保護とは異なり,事前に家庭裁判所に申立てをして,保護の必要があると認められ,補

助人等が選任されていないと保護されない。したがって，悪質商法にあってから，利用しようとしても不可能であり，その意味で，消費者被害救済という点では，十分な制度とはいえない。

2　錯誤，詐欺，強迫

　民法においては，①動機，②内心的効果意思，③表示意思，④表示行為という4つの過程を経て，消費者の契約締結意思が形成されると考えられている。しかも，このうち，契約意思を構成するのは，②〜④の過程であるとされ，意思表示と呼んでいる。そして，この意思表示に問題がある場合には，契約の効力が制限される。

錯誤（民法95条）　「法律行為の要素に錯誤があったとき」，つまり契約の重要な部分に錯誤（＝勘違い）があるとき，その意思表示は無効となる，すなわち契約は無効となる。「錯誤」の種類には①表示行為の錯誤（表示上の錯誤，表示内容の錯誤）と②動機の錯誤とがあるが，このうち，判例・通説は，①の表示行為の錯誤は民法95条に基づき無効となるが，②の動機の錯誤は95条にいう錯誤とはみなさず，無効とならないとしている。前述の契約意思の形成過程でも，②〜④が契約意思を構成するとされ，①の動機は契約意思を構成しないとされている。つまり，契約を結ぶにあたっての動機は人それぞれで，相手方にはわからないような動機の錯誤で契約の無効を主張されたのでは，相手方としては予想できない不利益を被ることになる。だから，そのような動機の錯誤は契約の無効を主張する根拠とならないということである。したがって，消費者契約で，動機の錯誤があったから契約は無効だと主張しても，裁判で認められるのは難しい。

　ただし，上記の点は，逆にいえば，「動機に錯誤があることを相手方が知っていた場合には，その契約を無効としても，相手方には

予想できないような不利益は生じない」ということになる。そこで，動機が相手方に表示されて相手方が知っていた場合には，動機の錯誤も95条の錯誤として契約無効を主張できるとの解釈も可能である。この論理を活用して，消費者契約でも，動機の錯誤を理由として契約の無効を主張して認められた判決もある（名古屋高判1985年9月26日，判時1180号64頁，判タ568号70頁）。

詐欺（民法96条） 例えば，5万円程度のダイヤのネックレスを，セールスマンに「100万円はする高級品だ」と説明され購入したなど，いわゆる騙されて契約を結ばされた場合，詐欺による契約といえるが，民法上，当該消費者の意思表示が「詐欺による」といえるためには4つの要件を満たす必要がある。すなわち，①詐欺者（＝セールスマン）に相手方（＝消費者）を欺こうとする意思と，欺くことによって一定の意思を表示させようという意思との二重の故意があること，②「欺罔行為」があること，③表意者（＝消費者）が詐欺者（＝セールスマン）の欺罔行為によって錯誤に陥り，その錯誤によって詐欺者の欲した意思表示をすること，④詐欺が違法性のあるものであること，である。

以上の要件を満たさないと「詐欺」とはいえず，表意者（＝消費者）は契約を取り消すことができない。しかし，実際には消費者の側で，①のセールスマンの二重の故意を立証するのは難しく，消費者契約において，詐欺による取消しが認められたケースは稀である。

強迫（民法96条） 例えば，セールスマンが突然，自宅にやって来て強引に上がり込み，執拗に浄水器を購入するよう説得され，怖くなって契約書にサインしてしまったというように，強迫，つまり脅されて怖くなり，契約をしてしまったというような場合も，その契約（＝意思表示）を取り消すことができる。「強迫」の場合も詐欺同様，4つの要件がある。①強迫者（＝セールス

マン)に，相手方(＝消費者)に恐怖感を感じさせようとする意思と，恐怖感によって意思表示をさせようという意思との二重の故意があること，②強迫行為があること，③表意者(＝消費者)が，強迫者(＝セールスマン)の強迫行為によって恐怖感を感じ，その恐怖感によって強迫者の欲した意思表示を行うこと，④強迫が違法性のあるものであること，である。

以上，4つの要件を満たしていれば「強迫」といえ，消費者は意思表示を取り消すことができる。しかし，この場合もセールスマンの内心に関する①の二重の故意について，消費者の側から立証するのは難しい。

以上のように，従来の民法理論では詐欺，強迫，錯誤によって消費者が不本意な契約を結ばされた場合にも，民法上のこれらの規定に基づき取消しや無効を主張することは容易ではないため，消費者契約について，取消しや無効の主張をしやすくする目的で立法されたのが消費者契約法である(→第2章消費者契約法 を参照)。

3　契約締結過程——当事者の合意

民法では，契約(例えば売買契約)は，当事者の合意を本質的な要素として成立すると考えられている(例えば555条など)。すなわち，申込みの誘引⇒申込み⇒承諾と進む中で，双方が契約条件を出し合い，合意し，契約を成立させるというのが民法のいう「契約の成立」である。また，一般に，この契約の成立に至るまでの間を，「契約交渉過程」と呼んでいる。

さらに，当事者の合意について，民法では書面を要しない，つまり，口頭で合意した場合も契約は有効に成立する。契約書を作るのは，合意の有無，契約の成立・不成立，さらには契約条件等について，あとで争いにならない，あるいは争いになっても証拠を残すた

めである。特定商取引法や割賦販売法等の消費者法では、事業者に書面の交付を義務づけているが、これは、消費者が締結した契約の内容を正しく知り、確認できるよう特別に事業者に義務を課したものである。

また、契約は口頭でも成立することを逆手にとって、例えば電話勧誘で、「けっこうです」などと曖昧な返事をした消費者に対して、合意した、すなわち契約が成立していると主張し、商品を送り付け代金を請求する等の悪質商法が行われている。不要な場合ははっきりと「いらない」旨の意思表示をすることが大切であるが、さらに特定商取引法では、電話勧誘販売の場合、電話でのやり取りで合意が成立しても、後日改めて消費者に対し契約書面を交付することを事業者に義務づけている（→第3章・3・1訪問販売、電話勧誘販売 を参照）。

4　契約内容の公正性

公序良俗違反
（民法90条）

さらに、正しい過程を経て成立した契約であっても、その内容に問題があり効力が否定される場合がある。公序良俗違反の場合（民法90条）である。民法90条では、公の秩序、善良の風俗に反する事項を目的とする法律行為は無効であるとして、一般的、包括的に、社会的妥当性を欠く契約等の無効を規定している。法律上は細かい要件などを規定してないので、運用はもっぱら裁判官の裁量に委ねられている。

そこで、公序良俗違反の契約とは、過去の判例に基づいて整理すると、①人倫に反する行為（例：妾契約、売春契約）、②正義観念に反する行為（例：殺人委託契約、贈収賄を目的とする契約）、③個人の自由の制限行為（例：芸妓前借金契約）、④暴利行為（例：賭博）などに分類される。

消費者取引に関していえば、先物取引、原野商法、サラ金などのケースで、消費者側が、公序良俗違反による無効を主張することが多い。詐欺とか、強迫とかの立証が難しいとき（例えば、密室での勧誘は、言った、言わないの争いとなり、客観的な証拠を挙げて立証することは困難なことが多いなど）、被害者側からいうと、一般条項は最後の拠り所である。

約款とその規制

前述のように、民法では、契約は当事者の「合意」を本質的な要素として成立するとされ、この合意に至るまでのプロセスも、申込みの誘引⇒申込み⇒承諾と進む中で、双方が契約条件の交渉をして、合意にこぎつけ、契約を成立させると考えられている。

しかし、現代の大企業の取引のように、日常的に多数の人や会社と契約を結ぶ場合には、このような契約の成立手続をとってはいられない。そこで登場したのが、約款である。約款とは、企業等が多くの顧客と契約を結ぶことを想定して、あらかじめ定型的に契約条件を決めておいたものをいう。企業は、個々の契約の際に、個別に相談することなく、あらかじめ決めてある契約条項（約款）に従って契約を結ぶことで、大量の契約を迅速に処理できることになる。約款の典型例は、銀行約款、保険約款、運送約款などであるが、今日では、クレジットカード契約、旅行契約、エステ契約、語学教室受講契約等々、様々な取引に約款が使われている。また、必ずしも約款という言葉を使っているとは限らず、取引規約、取引規定などの名称の場合もある。

民法の基本原則たる「契約自由の原則」によれば、誰と、どんな形式で、どんな内容の契約を結ぼうと、当事者間に合意が成立していれば、当事者の自由である。民法の諸規定は基本的に任意規定がほとんどであるため、民法に規定されている事項でも、当事者間で

別の取決め（＝特約）をすれば、その取決めが優先的に適用される。民法の規定は、当事者間に争いが生じたが、そうした取決めがなく契約の解釈に困ったときに基準となるのである。

このような考え方に基づくと、約款についても、これが当事者間の合意に基づく取決めであれば、民法よりも優先的に、その契約に適用されることになる。例えば、宅配便で、輸送中の事故により荷物を破損しても事業者は責任を負わない旨の約款の規定も、当事者が合意して、このような規定を置いたとすれば、消費者は損害賠償を請求できないことになってしまう。

そこで、約款は「本当に当事者間が合意した内容といえるのか？」が問題となる。実際に約款を見てみると、たいてい非常に小さな文字で印刷されており、しかも用語もわかりにくく、一般の人は、契約締結に際して、まず読まないし、読んでも意味がわからない。消費者は約款の内容を十分理解して合意したとはいいがたいのが実情である。

ところが他方で、約款は、契約の一方当事者（消費者契約では企業側）があらかじめ作成しておくものであるため、どうしても約款作成者にとって有利な内容となりやすく、相手方当事者（消費者側）は不測の不利益を被る場合がある。そこで、約款を規制する必要性が生じてくる。規制の手法としては、行政的規制、自主的規制、立法的規制、司法的規制がある。行政的規制は、行政庁が約款の内容をチェックするもので、旅行業、宅配便、引越し、保険業はいずれもこのタイプである。国土交通省などの監督官庁が、標準旅行業約款、標準宅配便約款といった形でモデル約款を定めている。自主的規制は業界団体等により標準約款を作成するもので、行政的規制を受けていない多くの業界で行われている。また、立法的規制は法律に定めた内容に違反する約款の条項の効力を否定するもので、後述

の特定商取引法，割賦販売法などにも規定されている。また，消費者契約法では特定の不当な契約条項につき，消費者がその無効を主張することができる旨定められている（→第2章消費者契約法 を参照）。さらに，司法的規制は，その条項が契約内容とみとめられるかどうか，裁判により判断する方法である。

5 事業者の法的責任

事業者の法的責任（民事責任）には，契約責任と不法行為責任がある。例えば，電気製品（テレビ）の売買契約で，購入したテレビの欠陥により火災が発生し，自宅が焼失した場合，被害者たる消費者は誰に対してどのような請求が可能だろうか？

まず，売買契約の相手方，売主に対しては，欠陥のある商品を販売したとして債務不履行責任を根拠に損害賠償を請求することが可能である（民法415条）。また，売主は売買の目的物に「隠れた瑕疵」（＝欠陥）があった場合に，その瑕疵につき過失の有無を問わず担保責任を負う（民法570条，566条）ことから，売主の瑕疵担保責任に基づく損害賠償を請求することもできよう。ただし，これらの責任は，あくまでも契約関係にあることが前提であるため，消費者は，売主である電気店にしか責任追及（＝損害賠償請求）できない。しかし，電気店は欠陥のあるモノを売った責任はあるが，欠陥のあるモノを製造した責任はメーカーにある。

そこで，メーカーの責任を追及しようとする場合，従来，消費者は，メーカーに対し不法行為（民法709条）に基づく損害賠償を請求していた。不法行為は当事者間に契約関係があることを前提としておらず，契約関係にない者同士の間で起こった被害についても損害賠償を請求できるためである。民法709条によれば，①加害者側の故意または過失，②加害者の行為の違法性（権利侵害，法的に非難さ

れるべき行為),③損害の発生,および加害行為と損害との間の因果関係,の要件を満たす場合に,加害者は被害者に対し損害賠償責任を負うとされている。ただし,消費者が裁判で,メーカーの故意・過失(①)や,商品の欠陥によって損害が発生したこと(③の因果関係)などを立証するのが難しく,敗訴するケースが多かった。

　このような背景の下,消費者にとって,債務不履行や瑕疵担保責任では追及できない,そして,不法行為でも認めさせることが困難な,メーカー(=製造業者)の責任を追及しやすくするために制定されたのが,「製造物責任法」である(→第8章・4製造物責任法 を参照)。

第2章 消費者契約法

1 立法の背景

　消費者被害を防止するため，あるいは発生している消費者被害を最小限にするには，消費者にその契約を取り消す権利を認めるなどその契約の拘束力から解放し，契約を締結しなかった時点に戻すことが原則的には望ましい。

　特定商取引法などの個別業法により，クーリング・オフや中途解約権などは認められているが，対象となる販売方法や商品が限定されており，すき間のない対応は困難だという現状があった。業法以外での救済は，錯誤による無効，詐欺・強迫による取消し，公序良俗違反による無効などの民法理論によることとなるが，それも最終的には司法による救済を待つ必要があった。また錯誤や詐欺の立証も困難であり，公序良俗違反はその概念上，適用される事例が限定されるという実情の下，民法理論により，消費者を契約による被害から救済するには厳しい現実があった。

　このような状況では，消費者は被害を受けたまま放置されていることとなる。規制緩和・撤廃の促進の下，事前規制が緩和される一方で，相変わらず消費者被害の事後救済が不十分のままでは，事業者の一方的に優位な状況は変わらず，一方では消費者が「自助・自立」，「自己責任」を求められるのは酷であるといえよう。また，規制緩和政策の目的たる健全な市場メカニズムも機能しないままとなろう。

他方，諸外国では消費者契約の適正化が図られ，不当な契約の拘束力から消費者を救済するための民事ルールの整備がすでになされていた。特に契約条項については個別立法や，確立した判例理論により，救済が図られていた。

　このような社会的，時代的背景下で，国民生活審議会消費者部会での審議・報告を経て，2000年に消費者契約法が制定されるに至った。消費者契約法は，従前の民事ルールでは解決しきれなかった被害からの救済という点では，民法の特別法という位置づけになる。また，消費者取引全般について，契約の根幹を定めた規定という点では，消費者法の一般法と位置づけられる。

　では，どのような点で消費者法の一般法と位置づけられるのか見てみよう。立法背景からは，次の契約締結過程と，契約内容という2つの側面から消費者契約の適正化が必要とされた。

契約締結過程の問題 ——多発する消費者被害

　契約締結の前提として事業者は販売のプロであるのに対し，消費者は日々少量多品種の商品・サービスを購入しており，事業者と消費者の間には，情報量，契約交渉力について格差が存在している。ここに，消費者被害発生の根本的原因がある。その結果として，消費者は錯誤に陥ったり，詐欺にあっていながら，場合によっては強迫を受けていながらも，意思表示をする時点では何も気づかずにいる。そして被害だと認識した時点では，不当な契約に拘束され続けることとなる。

　錯誤，詐欺，強迫ではいずれの場合も，消費者が意思表示をする「動機」の時点で，本来ならしなかったような「動機」の形成をしている。ところが，民法の判例では，この「動機」に対する救済は困難であり，消費者が裁判を起こしたとしても，勝訴の可能性は低いという実情があった。

そこで，意思あるいは動機の形成過程で，消費者が不当な干渉を受けたのなら，その結果締結した契約については，無効または取消しにより，いちはやく契約の拘束力から解放することが急務として指摘されたのである。

不当契約条項　契約締結過程では何ら問題を生じなかった契約だとしても，実際に契約が履行される段階あるいは契約解除などの契約終了時に消費者に被害を認識させるのが，不当に高額な違約金の定めなどの不当契約条項である。大量生産・大量取引に伴い，定型的取引が日常化したため，事業者が約款として取引条件をあらかじめ定型的に作成することとなったが，消費者はその内容について交渉することなく，場合によっては約款の存在すら知らずに契約を締結し，約款はそのまま契約内容とされてきた。

　不当契約条項の場合も，契約締結過程の問題と同じく，情報量，交渉力の格差が前提となっている。消費者は契約を締結するか，締結しないかの選択を迫られ，交渉の余地などないのが常である。すなわち消費者は契約条項の意味の説明を受けないために，必要な情報を与えられず，内容を検討することもできないにもかかわらず，結果的には契約内容にしばられることになるのである。そして，消費者にとって思いもよらない不利な契約内容が，あるとき不意打ち的に立ちはだかることとなる。

　約款は，そもそも約款使用者たる事業者が，消費者にそれを提示し，内容を説明した上で，契約内容とすべきものである。また，不意打ち的に使われる条項については，特にその存在を明示し，説明義務を尽くすことが，情報量・交渉力で優位な立場にある事業者に求められるべき姿勢である。しかし他方で，定型的・大量取引に伴い，このような義務の現実化は望めないとの実情もある。そこで，消費者を一方的に不利にする条項を無効とすることが必要とされ，

無効条項を明らかにするための類型化が求められたのである。

2　消費者契約法の内容

> 【Case 2-1】　主婦のAさんは，自宅の電気代の節約を考えていたところに，B家電メーカーからダイレクトメールが送られてきた。そこには，Bの製品をブレーカーに設置すると，電気代が従来より7％節約できると書いてあった。早速3万円で購入し，その機械を設置し，翌月の電気代を確認したところ，前年の同月と全く変わりはなかった。Bに問い合わせをしたところ，コンデンサーを内部につけている電気器具を使っていると，電気代は1％程度しか安くならず，自宅の家電製品をよく調べてから購入すれば良かったのに，という返事だった。
> 　Q1　Aさんは契約解除はできないか。できないとしても，代金の一部返還を求められないか。
> 　Q2　Aさんが小売店主の場合はどうなるか。

1　目的，適用範囲

　市場経済は個人たる国民，消費者を置き去りにして，企業利益を中心に展開されてきた。そこで，消費者契約法は改めて消費者の権利こそが重要であると明言している。すなわち，消費者契約法は，「消費者の利益の擁護を図り，もって国民生活の安定向上と国民経済の健全な発展に寄与することを目的とする」（1条）と規定し，消費者の利益の擁護が，国民生活の安定向上と国民経済の健全な発展の前提となり，経済全体の基礎は，消費者の利益にあるとしている。

　また1条の冒頭では「消費者と事業者との間の情報の質及び量並びに交渉力の格差にかんがみ」と規定し，消費者契約においては，当事者としての両者には所与のものとして情報の質・量および契約

交渉力につき格差があると指摘し、その意味でも、「消費者の利益」の一層の擁護が必要とされている。

次に、同法の適用範囲となる、「消費者」と「事業者」、そして「消費者契約」の定義であるが、まず消費者とは「事業として又は事業のために契約の当事者」とならない「個人」とされている（2条1項）。これは、契約の一方当事者の社会的属性に関わりなく、個人消費として生活利益のために取引をすることを意味する。したがって、日常生活のために食料品や文房具を購入することから、自動車や贅沢品の購入、エステなどの役務提供契約、住宅建設の請負契約、スポーツクラブ入会契約など、ありとあらゆる契約における個人が対象となる。

その相手方たる「事業者」とは、「法人その他の団体及び事業として又は事業のために契約の当事者となる個人」である（2条2項）。そして、これらの定義に該当する消費者と事業者との間で締結される契約が、同法の適用対象である「消費者契約」である（2条3項）。

それでは、税理士事務所を経営している税理士が家電量販店でパソコンを購入する場合はどうなるであろうか。まず、税理士が家庭で家族が使うためのパソコンとして購入した場合には、消費者とみなされよう。では、家庭で家族と共用して仕事にも使う場合には、どうなるか。家族用パソコンをたまたま仕事に使ったとしても消費者として使用することとなるであろうが、税理士が事務所の備品として購入しながら、家庭にそのパソコンを持ち込み使う場合には、やはり事業者として購入したこととなるので、消費者契約法は適用されない。

さらに、事業者に対しては情報提供（義務）が、消費者には契約内容の理解が努力規定として定められている（3条）。前述のように事業者と消費者の間の情報の量と質に格差があることを前提とす

る規定である。この事業者の努力規定は，消費者に対し，契約内容の理解に努力することが求められていることからも，単なる努力目標ではなく，消費者から求められる説明内容に十分に応えられる義務として位置づけられていると解すべきである。また民事ルールとしての努力義務であるので，この規定に違反すると認められた場合には，信義則違反や不法行為として損害賠償を導くものといえよう。

2 契約取消権（4条）

消費者契約法では，事業者の不当な勧誘により，消費者が誤認したり，困惑して締結した契約を一定の条件の下，取り消すことができるとしている。

この契約取消権は，従来の民事ルールによるよりも早く契約の拘束力を否定することを目的として設定されているため，ここでの要件は，民法の場合よりも，より緩やかに設定されている。

取消しのできる場合はいずれも事業者が「勧誘」をする際のものであり，その1つは「誤認」類型で（4条1項，2項），民法の錯誤（民法95条）・詐欺（民法96条1項）に対応し，もう一方は「困惑」類型で（4条3項），民法の強迫（民法96条1項）に対応するが，それぞれの要件は民法よりも射程を広くしている。

なお，「勧誘」とは，消費者に契約締結の意思表示をさせようと働きかける，あらゆる種類のものを含み，口頭による場合はもちろん，文書，態度，電子的手段など想定しうるものはすべて含まれる。

```
       ┌─ 重要事項の不実告知(4条1項1号)
  誤認 ─┼─ 目的物の将来性についての断定的判断の提供(同項2号)
       └─ 不利益重要事実の不告知(同条2項)
       ┌─ 事業者の不退去(4条3項1号)
  困惑 ─┤
       └─ 消費者への退去妨害(監禁)(同項2号)
```

【Case 2-2】 居住用マンションを探していたCさんは，不動産会社Dから日照・交通の便ともに申し分ない部屋を紹介された。隣の空室は賃貸となっていたので，入居予定者について問い合わせたところ，Dから「数名がルーム・シェアをするので少々出入りはあるが，それ以外は問題ない」との説明を受けたので，購入を決めた。実際に生活を始めたところ，隣室は暴力団事務所となり，物騒なので転居したくても，費用捻出のためには当該マンション売買契約を解約しなければまかなえない。

重要事項の不実告知

誤認類型の1つめの重要事項の不実告知とは，①事業者が重要事項について事実と異なることを告げ，②消費者はこれを事実と誤認し，③誤認により契約成立の意思表示をした場合である。

不実告知の前提となる「重要事項」とは，まず第1に，契約の対象物の内容そのもの（当該消費者契約の目的となるものの質，用途その他の内容）または当該対象物の取引条件（当該消費者契約の目的となるものの対価その他の取引条件）に関する事項でなくてはならない（4条4項1号・2号）。不動産売買契約の場合ならば，前者は所在地，面積，周辺の環境などを意味し，後者は価格，支払方法などを意味する。そして第2に，それらの事項のうち，契約を締結するか否かの判断に通常影響を及ぼすものである。日中は静かでも，深夜にはバイクが騒音をたてて通ることで有名な通りの場合などはこれに該当しよう。この「重要事項」の2つの要件は後述の「不利益事実の不告知」の場合の要件ともなる。

①の「事実と異なること」とは，事業者のした表示が客観的に事実と異なるものであり，事業者の主観は問題とならない。したがって，事実と異なるか否かについて，事業者自身が事実を誤認していても，客観的状況により判断される。

②の「消費者が事実と誤認」するとは，消費者が現実に誤認して

いれば，それが軽過失による場合であっても，消費者の救済を目的とする本法の趣旨から，要件を満たすと解釈されなければならない。

③は，「誤認」がなければ「意思表示」はなかったという相当因果関係が存在していることである。

> 【Case 2-3】 ボーナスの運用を考えていたEさんに，証券会社Fから新規上場株式募集の案内書が郵送されてきた。興味を持ったのでEさんがFに電話したところ，Fの社員が「この会社の上場を待っていたお客さんが多いし，ヒット商品を開発中なので必ず株価は値上がりします」といわれ，100株購入した。半年たったが全く値上がりせず，配当金もない。

断定的判断の提供　誤認類型の2つめの「断定的判断の提供」とは，①事業者が消費者契約の目的となるものに関し，将来における変動が不確実な事項につき断定的判断を提供し，②消費者がこの判断の内容が確実であると誤認し，③誤認により消費者が意思表示をした場合である。

①は，物品，権利，役務その他の当該契約の目的となるものに関して，将来におけるその価額や消費者が受けとるべき利益などについて，その変動が不確実であるにもかかわらず，確実であるかのように断言して契約を締結させる場合全般をいう。これは，金融商品に限定するものではなく，何らかの変動があるものを含む。例えば，絵画展で「この画家は人気が出てきており，今買うと将来財産的価値が高まる」などといわれて購入したが，人気は打ち止めで価値が上がらなかった場合なども含まれよう。事業者によって誤った判断が提供されたことにより，消費者が損害を受けたのなら，損害からの救済こそが法の趣旨である。

また，「絶対に」，「確実に」などの表現がなくても，全体的に断

定的と判断されれば、要件を満たす。

②は平均的消費者が、断定的判断の内容を「誤認」することであり、前述の重要事項の不実告知の場合と同様である。

③も、重要事項の不実告知の場合と同様の相当因果関係である。

> 【Case 2-4】 愛犬に子犬を産ませたいと考えていたGさんは、交配相手となる雄犬を探していた。ネットでみつけた販売業者に問い合わせたところ、血統も健康状態も申し分なく交配に適していると同種の雄犬を勧められ、早速購入した。実際には購入した犬の近親に遺伝性疾患が発症していて、その犬にも将来、発症する可能性は高かった。1年後その雄犬に遺伝性疾患が発症し、交配を諦めるようにと獣医に勧められた。

不利益事実の不告知　誤認類型の3つめの不利益事実の不告知とは、①ある重要事項またはそれに関連する事項について消費者の利益となる旨を告げ、かつ②その重要事項について消費者にとり不利益となる事実を故意に伝えなかったことにより、③消費者がそのような不利益事実は存在しないと誤認し、④誤認により意思表示をした場合である。

①は、重要事項そのものでなくとも、関連する事項について利益告知した場合も含まれ、告知内容の範囲は広くなっている。利益告知の内容は、消費者がそれをプラスに評価できる内容であれば、経済的利益に限定されない。消費者の意思の形成に強く働きかけた内容であれば保護を要するとの趣旨である。

②は、①と相関関係にある。ここでいう不利益となる事実とは、利益となることを告げられたために、そのような不利益事実は通常存在しないと消費者が考えるべきものに限られている。この不告知は事業者が「故意」にした場合とされるが、不利益事実の存在を事業者が単に認識していればよく、害意までは必要ではない。また、

消費者が不利益事実の存在を知らないと事業者が認識していることも「故意」に含まれる。消費者に事実を伝えるのが事業者の責務であるから，本来ならばあらゆる事実を事業者は情報提供義務に基づき，告知しなければならない。不告知を自らの利益とした事業者に対して，消費者の救済が優先されることは本法の趣旨に合致する。

③は，上の①・②をふまえて，消費者が不利益事実は存在しないと誤認したことであり，④は，誤認と意思表示の間に因果関係が存在することである。

このように見てみると，不利益事実の不告知では，実際には不利益事実が存在するにもかかわらず，利益だけを表示しているので，言い方を変えれば，不実告知に他ならない。そうであるとすれば，不実告知のため意思表示を強いられた当事者に取消権があるのは当然のこととも言える。それゆえ，要件の緩和が必要となろう。

【Case 2-5】 宝飾品販売人 I は，スポーツクラブで知り合ったHさん宅に夜 8 時過ぎに訪れ，稀少な真珠のネックレスの購入を強く勧めた。H さんは「買う気がないので帰ってくれ」といったが，I は「似合うから是非買って欲しい」と粘り，終電の時間まで居座られたので，やむなく契約書に署名・捺印した。

不退去　消費者に取消権が認められるもう 1 つの類型は困惑類型である。その 1 つめの事業者の不退去とは，①消費者が事業者に対し，住居等から退去すべき旨の意思表示をしたのにもかかわらず，②それらの場所から退去しないことにより，③消費者が困惑して意思表示をした場合である。

①・②は，事業者が消費者の住居または職場に来て，消費者に対する勧誘行為をしたために消費者が事業者に「退去」を促したにもかかわらず事業者が退去しなかったことである。退去を促す行為は，

「帰って下さい」という明らかな言動だけでなく，社会通念上そうした意思であるとみなされるものであればよい。

③の消費者の困惑とは，事業者の不退去の行為により，困り悩むことをいう。民法上の強迫では意思表示をした者が「畏怖」したことが必要だが，消費者契約法では「畏怖」に至らなくとも，心理的動揺があれば認められる，より広い概念とされる。

そして，困惑と意思表示の間に因果関係の存在が必要となる。

【Case 2-6】 20代女性のⅠさんは，女性Ｊに街角で無料の美肌診断に誘われた。診断をするという場所まで話しながら歩くうちに，Ⅰさんはこれはエステの勧誘だと気づき，別れて帰ろうとしたが，そのときはＪの同僚だというＫも横にいて，強引に喫茶店まで連れて行かれた。「エステに入会する気がないのなら，高額な化粧品の購入だけでも」と執拗に勧められ，周囲の目も気になり，10万円の化粧品セットの購入契約をしてしまった。

退去妨害（監禁） 困惑類型の2つめの退去妨害とは，①消費者が勧誘されている場所から退去したい旨の意思を事業者に示したにもかかわらず，②事業者がその場所から消費者を退去させなかったことにより，③消費者が困惑して意思表示をした場合である。基本的には，不退去型に類似する。

①・②は，勧誘されている場所から消費者が退去したいとの意思表示をしたが，契約の意思表示をするまで退去を許されなかったことである。勧誘されている場所は，事業者の事務所や宣伝会場だけでなく，路上や喫茶店など，勧誘に利用している場所を含む。妨害とは，暴力そのものや暴力を暗示するものによる場合だけでなく，引きとめられるなど，その状況において当該消費者が退去できない状況であれば足りる。

③は，退去妨害にあたる事業者の言動により，消費者が「困惑」し，意思表示をしない限り，退去妨害の状況が続くという，「困惑」と消費者の意思表示との間に因果関係が存在することが必要である。

3　取消権の行使期間等

以上の誤認および困惑による取消権の行使期間は，追認できる時から6ヶ月，契約締結の時から5年とされている（7条1項）。また，契約が取り消された場合，その意思表示ははじめから無効であったことになり（民法121条本文），その他についても民法の取消しに関する規定によることとされている（消費者契約法11条1項）。

4　不当条項の無効

> 【Case 2-7】　LさんはMホテルでの10ヶ月後の結婚式の契約をした。挙式については契約条項で，半年以上前の解約の場合には契約金額の50％，1ヶ月前の解約の場合には80％，当日の3日前以内の解約の場合には90％の解約料の定めがあった。また，ブライダル・エステも契約したが，そこには施術中に生じるいかなる肌トラブルも，当該エステは最善を尽くした結果なので，責任を負わないと記されていた。
> 　Q1　エステ施術中にLさんは頬にやけどを負った。挙式を控えていることから，賠償金の他，慰謝料も請求したいが，できるか？
> 　Q2　挙式の契約をして1週間後に，婚約解消をしたので解約したいが，どのような方法があるか？

消費者契約法は，消費者に不当に不利益となる不当契約条項について内容規制をしている（8条〜10条）。個別条項規制としては，債務不履行責任等の事業者の責任を免除する契約条項を当然無効（ブラックリスト）と定め（8条），消費者が支払う賠償額の予定と違約金条項について，一定割合を超える場合の無効を定めている（9

条)。

そして、これらの条項でもカヴァーしきれない条項に対応するため、一般条項として無効基準を定めている（10条）。

債務不履行責任を全部免責する条項（8条1項1号）　事業者の債務不履行により消費者に生じた損害を賠償する責任を全部免責することを内容とする契約条項は無効である。ここで対象となるのは、債務不履行に伴う全責任を免責する条項であり、当該債務の性質次第で免責の範囲がすべてに及ばないとする約定があれば、1号ではなく2号に該当することとなる。また約定の文言は問題とならず、実質により判断され、無効と扱われうる。

債務不履行責任を一部免責する条項（8条1項2号）　また、事業者の故意または重過失による債務不履行について、その責任の一部を免責する条項をも対象とする。例えば事業者による損害賠償額を一定限度に制限している条項が、無効と扱われることとなる。

不法行為責任を全部免責する条項（8条1項3号）　「債務の履行」に伴う事業者の不法行為責任を全部免責する条項も無効とされる。これは債務の履行そのものが不法行為の場合や、履行に伴う不法行為を含み、広く不法行為が行われた場合の救済を予定している。また、民法上の不法行為に限定されず、例えば製造物責任法による場合など、民法の特別法による不法行為も対象となる。特別法を除外し民法に限定することには理由がない。

不法行為責任を一部免責する条項（8条1項4号）　また、事業者の故意または重過失による不法行為について、その責任の一部を免責する条項も無効とされる。基本的な考え方は、債務不履行の一部免責条項と同様である。

瑕疵担保責任を制限する条項（8条1項5号）　消費者契約が「有償契約」である場合に、目的物に存在する「隠れた瑕疵」によっ

て，消費者が損害を受けた際の事業者の損害賠償責任を全部または一部を免責する条項も無効とされる。

「有償契約」とは対価性がある契約をいい，売買契約はもちろんのこと，利息付消費貸借契約，賃貸借契約，請負契約なども含まれる。

「隠れた瑕疵」とは，民法の売主の瑕疵担保責任（民法570条）の場合と同様に，契約締結時にすでに存在していても，通常の消費者にはその時点では発見できなかった瑕疵をいう。民法では，契約解除と，契約解除ができない場合の損害賠償請求が定められている（民法566条）。消費者契約法上の瑕疵担保責任制限条項が適用されるのは，損害賠償請求がなされる場合の全般である。

瑕疵担保責任制限条項が適用除外となる場合もある（8条2項）。代物の給付がなされる場合や，瑕疵が修補される場合には，それらにより契約上予定された目的物と同等の給付を得られ，損害賠償請求権が排除されても，消費者の権利は侵害されたことにはならず，責任制限条項を無効とする必要はないという趣旨である。

賠償額の予定・違約金条項（9条） 消費者契約の解除に伴う損害賠償の額を予定し，または違約金を定める条項で，それらを合算した額が，当該条項において設定された解除の事由，時期等の区分に応じ，その消費者契約と同種の契約の解除に伴い当該事業者に生ずるべき「平均的な損害の額」を超える場合，当該超える部分は無効とされる（9条1号）。あらゆる解約から生じる損害賠償の予定額や違約金条項に，この規定は適用される。損害賠償の予定と違約金は，厳密には性質が異なるが，本法では両者につき適用されるので，区別の実益はない。また，いずれも債務不履行に限定されず，あらゆる制裁金が対象となる。

「平均的な損害額」とは，ケース・バイ・ケースの損害額ではな

く，同種の契約解除における損害額である。したがって一般的かつ客観的損害額をいい，その額を超える部分は無効となる。

また，金銭債務の履行遅滞に対する制裁金の制限も定められている。すなわち，消費者が金銭債務の全部または一部を支払期日までに支払わない場合の損害賠償の額を予定し，または違約金を定める条項で，それらの合算した額が，支払残額に年利14.6％を乗じて計算した額を超える場合，その超える部分は無効とされる（9条2号）。

一般条項（10条） 不当条項をすべてリストアップするには限界があるので，いわゆる一般条項と呼ばれる包括的な規定が置かれている。

本法10条における「民法，商法その他の法律」とは，任意法規そのものだけでなく，判例，学説上確立した法原則など明確性を備えたものはすべて無効基準として該当する。不当条項規制の趣旨からも，消費者の権利義務の規律には，明文の規定の存否で区別する実益はないと考えられるからである。

信義則に違反する場合は，契約の各条項を含むあらゆる事情を考慮して判断される。その際，基本となるのは，本法の目的に定めてあるように，情報力・交渉力の格差の程度や状況である。事業者がこの格差を濫用して，自らに一方的に権限を与える条項や，消費者からの契約解除権を制限する条項などを設定している場合には当然無効となろう。また，条項の内容が明確で理解しやすいか否か，十分な説明がなされているか否かも，各条項の不当性の判断基準となる。事業者は消費者に比べて契約上有利な立場にあることが常に前提である以上，要求される信義則上の義務は当然に消費者に比べて重くなるといえよう。

一連の学納金返還請求訴訟では，同法9条と10条が問題とされた。合格手続として入学金と授業料が一括して納付される慣行があるも，

入学辞退する場合にこれら学納金不返還特約が争われる。判例では，9条で定める「平均的な損害」を超える部分に限って無効とし，授業料および後援会費等の返還が命じられた。他方，入学金については，「入学しうる地位を取得するための対価」であり，10条には該当せず，返還は認めていない（最二判平成18年11月27日判決，民集60巻9号3437頁など）。

5　消費者団体訴訟制度

　消費者団体訴訟制度は，諸外国ではすでに導入されており，消費者契約法制定前から消費者の権利保護には不可欠の制度として提言されていた。消費者保護のための立法による事後的救済は可能であっても，事業者による不当な行為に対する抑止力としては万全ではないとして，消費者による差止請求のための団体訴訟制度が必要とされていたのである。しかし，消費者契約法制定にあたっては濫訴の可能性などが指摘され，導入は見送られ，司法制度改革を経て，2006年にようやく差止請求権に限定された消費者団体訴訟制度が導入され，消費者契約法の改正に至った。

　差止請求権は「適格消費者団体」に認められる（12条）。差止対象となる不当行為は，事業者の不当勧誘（4条1項～3項）と，不当条項の使用である（8条～10条）。しかし，消費者契約法違反行為以外にも，より悪質と考えられる公序良俗違反（民法90条）や詐欺・強迫（民法96条）にあたる勧誘行為をも対象とすべきであり，また不当な契約条項については推奨行為も対象とすべきであった。さらに後訴を制限する規定，すなわち他の適格消費者団体を当事者とする差止訴訟ですでに確定判決等が存在し，相手方事業者等が同一である場合には，差止請求できないこととされている（12条5項2号）。適格消費者団体の訴訟活動を制限するもので問題である。その他に

も，適格消費者団体勝訴の判決が確定しても他の適格消費者団体および被害を受けた消費者がこの判決を援用する制度が認められなかった点も不十分である。

　消費者団体訴訟を担う消費者団体とは，「適格消費者団体」に限られている。「適格消費者団体」になるには，特定非営利活動(NPO)法人または公益法人として設立された団体が，内閣総理大臣の認定を受けた場合である(13条3項1号)。この認定には更新制度の下，3年の有効期間が設定されている(17条)が，認定が取り消される場合もある(34条)。また，帳簿書類の作成・保存(30条)や財務諸表等の作成・備付・閲覧・提出などの他，毎事業年度，学識経験者による調査を受けなければならない(31条)。

3　消費者契約法の限界と課題

　消費者契約法には2000年の立法当時から，様々な批判が寄せられていた。

　取消権が認められる，誤認・困惑類型は，そもそも民法上の錯誤・詐欺・強迫より要件が広く，適用しやすいと説明がなされているが，主体が消費者である以外に，錯誤・詐欺・強迫の成立要件との違いは明確とはいいがたい。そもそも民法上の意思表示理論が，表意者の保護を目的としていながら，実際には取引の安全に寄与することのほうが多かったことに，民法適用の限界があったにすぎない。消費者契約法では，消費者に主体性を求め，市場メカニズムの基礎を担うとしているが，消費者が現実に個々の取引について，自らの誤認・困惑を立証し，取消権を行使しているとはいえない。消費者が自分の力で援用しやすい法律としていくことが必要なのではないか。

例えば困惑類型では、事業者と消費者が物理的に近くにいることを前提としている。しかし「困惑」はこれら以外でも、たとえば電話勧誘でもありうるので、単純な類型化だけでなく、高齢者であるとか、専業主婦であるというように消費者の属性も考慮に入れると、法の活用に道が広がる。

　不当条項については、受験生が大学に対し入学金等の返還を求めた学納金訴訟において損害賠償の予定・違約金条項は成果を収めているといえよう。

　また、不動産賃貸借契約における更新料の定めを無効とする判決が多く出るようになったことは、一般条項の有効性を争うようになった面でも、消費者団体訴訟が導入された点でも、消費者契約法の活用が広まった意味では評価できる。

　しかし、免責条項に関する訴訟がないだけでなく、約款そのものは消費者にとって複雑ゆえに、面倒で理解しがたいという問題点を解決していないため、取消権の場合と同様に、不当条項について、消費者の主体性を求めることは依然困難である。

　消費者団体訴訟は差止請求事件では成果を収めるようになったが、実際には事業者による説明の態様についての差止めは、内容が曖昧であるとされ、認められない場合の方が多い。さらには、損害賠償請求権が認められていないため、事後的救済が図られているとは評価できない。このため、限定された消費者団体に限定された権利が認められたに過ぎない状況に、今のところ変化はない。

　契約における消費者被害を未然に防止するには、消費者の意識が最も大切なものとなる。法律の内容が消費者にとってなじみにくいという一般的な傾向を解決することはなかなか困難ではあるが、例えば、立法化以降蓄積された相談案件、判例などをもとに、消費者契約法のガイドラインを作成・更新し、具体的に活用できる法とす

ることなどが望まれよう。

　そのためにも，消費者契約法の社会的認知度を増やし，かつ，権利の担い手としての消費者にその権利意識を強くさせるべく消費者教育の機会を増やすことが，行政，その代表たる消費者庁に求められよう。

第3章 特定商取引法

1 立法の背景および改正の経緯

悪徳商法いろいろ　消費者被害をひきおこす販売方法には，アポイントメントセールス，キャッチセールス，無料商法，アンケート商法，SF（催眠）商法，ネガティブ・オプション，点検・かたり商法，資格商法，内職商法，デート商法，マルチ商法……など様々なものがある。あなたはこれらのうちいくつを知っているだろうか？　実際に勧誘された経験はないだろうか？　これらの商法はいずれも，店舗で商品等を販売する方法以外に，より多くの顧客により多くの商品・サービスを販売するために事業者が考案した販売方法である。（本書2頁，**図表1-1**「主な問題商法一覧」を参照）。

　店舗販売の場合は，消費者が買いたい商品を販売しているお店に出かけて行くという具合に比較的主体的に行動しているのに対し，上記のような販売方法では，家庭や職場に突然，セールスマンが訪問してきたり電話をかけてきたり，あるいは街頭で声をかけられるというように，消費者にとっては不意打ち的である。しかも，家の玄関先や電話でのやり取り，あるいは連れて行かれたサロン・事務所などでは他人の目が届かないため，セールスマンによる強引な勧誘が行われやすく，消費者は断りにくいという問題がある。実際に，巧みなセールストークや詐欺的あるいは強迫的な勧誘行為により消費者が不本意な契約を結ばされる被害が多数生じているのである。

訪問販売法から特定商取引法へ　これらの販売方法を規制対象とする「特定商取引に関する法律」（以下，特定商取引法という）は，2000年に改称される前は「訪問販売等に関する法律」といい，1976年制定の当初は「訪問販売」，「通信販売」，「連鎖販売取引」，「送りつけ商法」を適用対象としていた。

　その後，新たな消費者被害に対処するため，数次にわたる法改正が行われてきた。そのうち主なものとして，1988年改正では「訪問販売」の概念をキャッチセールスやアポイントメントセールス等にまで拡大するとともに，指定商品制の対象を商品だけでなくサービスに拡大した。また，クーリング・オフ期間も7日から8日間に延長されるなど大幅な改正が行われた。

　1996年改正では「電話勧誘販売」も規制対象に加えられ，1999年改正では英会話教室やエステなどのサービス取引での被害多発を受けて継続的なサービス取引（「特定継続的役務提供」）が規制対象に追加された。また，2000年にはいわゆる内職・モニター商法による被害の多発を受けて，それらの商法を「業務提供誘引販売取引」として規制対象に加えた。さらに，点検商法やデート商法などのように勧誘目的を隠して消費者に近づく商法や，クーリング・オフ権行使を妨害する悪質事業者による被害が多く発生したことから，2004年改正では訪問販売に関する規制を強化した。また，マルチ商法被害も増加し，かつ深刻化していることから，連鎖販売取引の規制も強化した。

　さらに近年，高齢者宅を対象とした訪問販売によるリフォーム詐欺や次々販売等の悪質商法が社会問題化したことを契機に，2008年，割賦販売法とともに（→第4章・3 割賦販売法 を参照）本法の改正が行われた。改正では，訪問販売等の指定商品・役務制の廃止，過量販売による契約解除権の創設，未承諾の電子メール広告の送信禁止，

通信販売の返品ルールの明確化（契約解除制度の創設），適格消費者団体の差止請求権の不当な勧誘行為等への拡大などが行われた。

2 規制の対象となる取引

現在，特定商取引法が規制の対象としている取引は以下のとおりである。詳しい規制内容は後述するが，ここではざっと概観しておこう。

① 訪問販売（2条1項）　点検商法，パーティー商法など家庭や職場にセールスマン等が訪問してきて勧誘する形態の販売方法，あるいはキャッチセールスなどのように街頭などで呼び止めて店舗などに連れて行き勧誘する販売方法がこれにあたる。

② 電話勧誘販売（2条3項）　いわゆる資格取得商法に見られるように，事業者が家庭や職場に電話をかけてきて資格取得講座の受講などを勧誘する販売方法がこれに該当する。

③ 特定継続的役務提供（41条）　英会話教室やエステのように，比較的長期間にわたり特定のサービスを受けることを内容とする契約である。特定サービスとして，エステ，外国語会話教室，学習塾，家庭教師派遣，パソコン教室，結婚相手紹介サービスの6業種が政令指定されている。

④ 業務提供誘引販売取引（51条）　パソコンでのホームページ作成内職や浄水器のモニター会員など，高収入の仕事を提供するといって勧誘するいわゆる内職・モニター商法といわれるものである。

⑤ 通信販売（2条2項）　ダイレクトメール，カタログショッピング，テレフォンショッピング等のように，送付されたカタログなどに基づき消費者が郵便等（電話，FAX，メールも含む）の方法で

商品の購入などを申し込む契約である。最近増加しているインターネット通販もこれに含まれる。

⑥ ネガティブ・オプション（59条）　いわゆる送り付け商法である。申し込んでもいないのに，振替用紙などと一緒に商品を一方的に送り付けてくるものである。

⑦ 連鎖販売取引（33条）　いわゆるマルチ商法である。化粧品や洗剤などの商品を購入して販売組織に加入し，自己の知人などに商品を販売したり，組織に勧誘したりすることにより，後順位の加入者を増やせばそれだけ紹介料等の収入が増えるなどと勧誘するものである。

3　規制対象となる取引ごとの規制内容

【Case 3-1】　Aさん宅に事業者がやって来て，「床下の無料点検サービスをしています」といわれたため頼んだところ，床下にもぐった後，「カビや湿気がひどく，このままにしておくと家が倒れてしまいます！」といって床下換気扇の取り付けと調湿剤の散布を勧められた。心配になったAさんはその業者に工事を依頼したところ，工事完了後に50万円を請求された。その場では仕方なく支払いに合意したが，後日，知り合いに床下を見てもらうと，家が倒れる心配はなく，また工事もいい加減なものであることが判明した。そこでAさんは電話で業者にクーリング・オフの申出をしたが，すでに工事が完了しているのでクーリング・オフはできないといわれた。Aさんは支払いを拒否できるか？

【Case 3-2】　Bさんは，駅前の繁華街を歩いていたところ，「アンケートに答えてくれたら粗品を差し上げます」と声をかけられ，アンケートに答えていると，さらに「無料でお肌の診断をしてあげる」と近くのビルの事務所に連れて行かれた。そしてお肌の診断を受けた後も，化粧品の購入を強く勧められたため，断りきれずに契約書にサインしてしまっ

た。化粧品は7点セットで20万円，分割払いである。数日たって，Bさんは，断りきれずに契約してしまったものの20万円もする化粧品セットは高額すぎるため，やはり購入を取りやめたいと考えた。そこで業者に電話でクーリング・オフを申し出たところ，勧誘時に化粧品7点セットのうちの2点を販売員に勧められるままに開封し使用していたためクーリング・オフはできないといわれた。Bさんは業者のこの説明を信用し諦めてしまったため8日を経過してしまったが，クーリング・オフできるか？

1 訪問販売，電話勧誘販売

定義（2条） 本法において「訪問販売」とは，販売業者または役務提供事業者（以下，販売業者等という）が，営業所等以外の場所において行う，または営業所等以外の場所で消費者を呼び止めて営業所等に同行させて行う商品もしくは指定権利の販売契約，または役務の提供契約（以下，商品等の売買契約等という）をいう（2条1項1号・2号）。

いわゆる訪問販売は前者の「営業所以外の場所において行う」売買契約等に該当し，アポイントメントセールスやキャッチセールスのように電話や街頭での呼びかけにより消費者を店舗などに来させて勧誘する場合は後者の「営業所以外の場所で消費者を呼び止めて……」に該当する。【Case 3-1】はいわゆる点検商法といわれるもので前者に該当し，【Case 3-2】はキャッチセールスであるため後者に該当する。

次に，「電話勧誘販売」とは，販売業者等が電話をかけ，または政令で定める方法で消費者に電話をかけさせて，その電話において行う勧誘によって，消費者からの郵便等による申込みにより締結した商品等の売買契約等をいう（2条3項）。

販売業者から消費者に電話をかけてきた場合はもちろん，あらかじめ電話・郵便などの方法で消費者から電話をかけるように仕向けた場合も含まれる。いずれの場合でも，その電話で勧誘がなされ，その勧誘によって消費者が契約の申込み等を行ったということが必要である。

　消費者からの申込み等の方法は「郵便等」によりなされる必要がある。「郵便等」とは，(a)郵便，(b)電話機，ファクシミリ装置，その他の通信機器または情報処理の用に供する機器を利用する方法，(c)電報，(d)預金または貯金の口座に対する払込みを指す（施行令2条，施行規則2条）。したがって，販売業者等による電話での勧誘行為の後に，消費者が，ハガキ，封書，電話，ファックス，メール，郵便振替等々により契約の申込みをした場合は電話勧誘販売に該当する。

指定商品制の廃止　2008年改正以前は，訪問販売および電話勧誘販売による取引のすべてが特定商取引法の規制対象となるのではなく，それらのうち政令で指定された商品，権利，役務に関する取引のみが本法の規制対象とされていた。これを指定商品・指定権利・指定役務制という。逆にいえば，訪問販売による取引でも，指定商品等の売買でなければ，後述のクーリング・オフ権等を行使できなかったのである。指定商品等は政令で指定していたため，大規模被害が出たものを事後的に指定せざるをえず，後追い的で悪質業者とのイタチゴッコが解消されないとして，立法当時から批判されてきたが，2008年改正で商品，役務については政令指定制が廃止され，権利のみが指定制の下に残された（参照：**図表3-1**）。

適用除外（26条）　指定制が廃止されたため，本法は原則としてすべての商品，役務に関する訪問販売等に対し適

図表 3-1　訪問販売等の指定権利

1	保養施設, スポーツ施設を利用する権利
2	映画, 演劇, 音楽, スポーツ, 写真または絵画, 彫刻その他の美術工芸品を鑑賞し, または観覧する権利
3	語学の教授を受ける権利

用されることとなったが, 適用を除外するものについては法律, 政令で定めている。例えば, (a)当該契約が本人にとって営業のための売買契約等である場合, (b)弁護士法, 金融商品取引法, 宅地建物取引業法, 旅行業法などで規定する役務の提供等, (c)その他, 他の法律の規定によって購入者等の利益を保護することができると認められる取引 (金融取引, 通信・放送, 運輸, 法律に基づく国家資格を得て行う業務に関するもの) である。また, (d)消費者から事業者に訪問や電話をかけることを要請した場合, (e)露天商や御用聞き販売など従来から利用されているもの (施行令8条) についても適用されない。

主な規制内容　訪問販売および電話勧誘販売に対する規制内容はおおむね同様であるため, ここでは一緒に説明しよう。主な規制内容は**図表3-2**のとおりである。以下, 詳しく見ていこう (( ) 内は訪問販売に関する条文, 〔 〕内は電話勧誘販売に関する条文)。

① 事業者名等の明示義務 (3条) 〔16条〕

突然の訪問や電話の場合, 消費者にとっては誰が何の目的で近づいてきたのか明らかではないため, 販売業者等は, 訪問販売あるいは電話勧誘販売 (以下, 訪問販売等という) の勧誘をする際には, 消費者に対し, 事業者名, 勧誘目的であること, 販売する商品等の種類を明示しなくてはならないこととされている。なお, これに違反した場合, 後述⑨の行政処分の対象となる。

図表 3-2　特商法の主な規制内容

	I 訪問販売 2条1項 *指定商品・役務制廃止	II 電話勧誘販売 2条3項 *指定商品・役務制廃止	III 特定継続的役務提供 41条6条件（指定期間・全額の要件）	IV 業務提供誘引販売 51条 業種の限定なし	V 連鎖販売取引 33条	VI 通信販売 2条2項 *指定商品制廃止
定義・適用要件	○（3条）	○（16条）				
事業者名等の明示義務	○（3条の2）*	○（17条）		○（51条の2）	○（33条の2）	
再勧誘等の禁止	○（3条の2）*					
書面交付義務	○（申込書面・4条、契約書面・5条）	○（18、19条）	○（42条）	○（55条）	○（37条）	○（前払法の承諾通知・13条）
不当な勧誘行為の禁止	○（6条）	○（21条）	○（44条）	○（52条）	○（34条）	
広告に表示すべき事項	—	—	—	○（53条）	○（35条）	○（11条）
誇大広告の禁止	—	—	○（43条）	○（54条）	○（36条）	○（12条）
未承諾のメール広告の送信禁止	—	—	—	○（54条の3、4）*	○（36条の3）*	○（12条の3、4）*
クーリング・オフ	○（8日以内・9条）	○（8日以内・24条）	○（8日以内・48条）	○（20日以内・58条）	○（20日以内・40条）	契約解除制度（8日以内、15条の2）*
過量販売による契約の解除権	○（9条の2）*					
不当勧誘による契約の取消権	○（9条の3）	○（24条の2）	○（49条の2）	○（58条の2）	○（40条の3）	—
中途解約権、損害賠償額の制限	（損害賠償額等の制限・10条）	（損害賠償額等の制限・25条）	（中途解約権＋解約手数料上限規定・49条）	（中途解約権・解約料の上限規定・58条の3）	（中途解約権、1年以内の解約・40条の2）	—
事務所への書面の備付義務	—	—	○（45条）	—	—	—
合理的根拠を示す資料の提出	○（不実告知・6条の2）	○（不実告知・21条の2）	○（不実告知・44条の2、誇大広告・43条の2）	○（不実告知・52条の2、誇大広告・54条の2）	○（不実告知・34条の2、誇大広告36条の2）	○（誇大広告・12条の2）
行政による監督制度	○（指示・7条、業務停止・8条、報告・検査・66条）	○（22条、23条、66条）	○（46条、47条、66条）	○（56条、57条、66条）	○（38条、39条、66条）	○（14条、15条、66条）
差止請求権	○（58条の4）	○（58条の6）	○（58条の8）	○（58条の9）	○（58条の7）	○（58条の5）
主務大臣に対する申し出制度（60条）	○	○	○	○	○	○

*は2008年で改正された項目

【Case 3-1】では，事業者は「無料点検」といってAさんに販売目的を告げていないため，同条に違反していると考えられる。

② 再勧誘の禁止等（3条）〔17条〕

一度断っても何度もしつこく訪問・電話して勧誘を繰り返す悪質な販売業者等に対する規制として，契約を締結しない旨の意思表示をした消費者に対し再勧誘してはならないこととされている。これは2008年改正以前には電話勧誘販売にのみ置かれていた規定であるが，訪問販売にも導入された。加えて，訪問販売では販売業者等は，消費者に対し勧誘を受ける意思があることを確認する努力義務が課されることとなった。これは改正法の原案段階では義務規定であったものが，改正時に努力（義務）規定とされてしまった。訪問販売による被害が後を絶たないことからも，そもそも消費者が望んでいない訪問は許すべきではなく，不招請勧誘は禁止すべきであろう。

③ 契約内容を明らかにする書面の交付義務（4条，5条）〔18条，19条〕〔承諾等の通知：20条〕

訪問販売等ではセールスマンによる巧みなセールストークにみられるように口頭での説明が中心で，契約の内容が消費者にとって必ずしも正確に認識されていない場合があるため，後日，トラブルとなることも多い。そこで，販売業者等は，消費者から契約の申込みを受けた場合あるいは契約を締結した場合には，契約内容を記載した書面を交付することが義務づけられている（4条・18条＝申込書面，5条・19条＝契約書面）。この書面に記載すべき事項としては，商品等の種類・販売価格，代金の支払時期および方法，商品の引渡時期，クーリング・オフに関する事項，その他経済産業省令で定める事項（販売業者等の名称，住所等，担当者名，契約締結の年月日，商品名，商品の数量，瑕疵担保責任に関する特約，契約解除に関する特約等：施行規則3条～6条）などである。

ところで，民法の原則によれば，消費者が契約を結ぶ場合であっても，通常は合意があれば口頭でも契約は有効に成立する。それは，スーパーやコンビニでいちいち契約書にサインして買い物をする人はいないことからも明らかであろう。ただ，訪問販売等の場合は，契約内容を明確にする必要から，本法により販売業者等に書面交付義務を課しているのである。なお，後述のように，この書面交付の日はクーリング・オフの起算日とされているため，販売業者等は書面交付を怠ると，消費者からクーリング・オフされる可能性は残り続けることとなる。

また，この書面交付義務に違反すると，後述⑨の行政処分の対象となるとともに罰則（100万円以下の罰金）が科せられる（72条1項1号）。

④　不当な勧誘行為の禁止（6条）〔21条〕

販売業者等は不当な勧誘行為が禁止されている。禁止されている行為としては，(a)契約締結の勧誘に際し，または契約解除等を妨げるため，契約にかかる重要な事項（商品の種類・品質等，販売価格等，支払時期および方法，商品の引渡時期，クーリング・オフに関する事項，契約締結を必要とする事情に関する事項，その他消費者の判断に影響を及ぼす重要事項）について「不実のことを告げる行為」（6条1項），すなわちうそをいって勧誘すること，および(b)契約締結の勧誘に際して，これらの事項について「故意に事実を告げない行為」（6条2項），すなわちそれらの事項を知りながら正確な説明をしない行為，(c)契約を締結させるため，またはその撤回・解除を妨げるために消費者を「威迫して困惑させる行為」（6条3項），すなわちおどしたり，長時間の説得などで困らせて契約の締結を迫るなどの行為，(d)「契約の勧誘目的であることを隠して近づき，公衆の出入りする場所以外の場所で契約の勧誘をする行為」（6条4項）である。

(d)は，例えば，街頭で「アンケートに答えて下さい」などと消費者に声をかけ，通常の店舗ではないビルの一室などに連れて行き勧誘するキャッチセールスや，商品の無料説明会・日用品の安売り会場などの名目で消費者を狭い会議室などに集めて高額な羽毛布団などを買わせる催眠商法などがこれに該当する。

【Case 3-2】では，販売員が販売目的を隠してBさんを店舗以外の閉鎖的な場所に連れて行き勧誘しているため，(d)の禁止行為に該当するといえよう。

なお，主務大臣は，商品の種類・品質等につき不実のことを告げる行為をしたか否かを判断するため必要であれば，販売業者等に対し，期間を定めて，告げた事項の裏づけとなる合理的な根拠を示す資料の提出を求めることができる。販売業者等がこれを提出しないときは，推定がはたらき，後述⑨の主務大臣による指示および業務停止命令の適用について，当該販売業者等に不実告知行為があったものとみなされる（6条の2）〔21条の2〕。

これらの禁止行為に違反した場合は，後述⑨の行政処分の対象となるとともに刑罰が科される（6条1項～3項＝3年以下の懲役または300万円以下の罰金，併科もあり：70条。6条4項＝1年以下の懲役または200万円以下の罰金，併科もあり：70条の3）。

⑤ クーリング・オフ（9条）〔24条〕

民法の原則によれば，一度成立した契約は拘束力を有し，契約当事者はこれを簡単に解除することはできない。しかし，訪問販売等では，消費者は突然，セールスマンから勧誘を受け，巧みなセールストークで，場合によっては強引に契約を締結させられる場合も少なくない。民法の規定では，当事者の意思が十全でない場合，錯誤，詐欺，強迫などにより契約の取消しや無効の主張をすることも可能であるが，実際に上記のような場合に消費者がこれらの規定を活用

することは，立証の点できわめて難しい。そこで，特商法では，訪問販売等の場合に限り，このような不本意な契約から消費者を守るため，契約締結後一定期間内であれば，消費者が熟慮の上，これを解除したいと希望した場合に一切の負担を負うことなく，契約の拘束力から免れる権利を認めたのである。

第2章で述べた消費者契約法においても，事業者の不当な勧誘行為により消費者が誤認に陥り，あるいは困惑して締結した契約を一定期間内であれば取り消すことができるが，クーリング・オフは販売方法，期間に限定があるものの，理由の如何を問わないで解除できる点で消費者に有利な制度である。

(a) 消費者は，前述③の契約書面（法定の記載事項がすべて記載されているもの）を受け取った日から8日以内であれば，契約を無条件で解除することができる。なんら理由を問わず，費用負担もなく一方的に解除できる（9条1項）。通常は一度結んだ契約を解除するにはいわゆる解約損料・違約金（損害賠償）を支払わなければならないが，クーリング・オフではその必要はない（同条3項）。商品等の返送にかかる費用も事業者の負担である（同条4項）。すでに商品が引き渡されたり，役務が提供された場合も，事業者側は消費者に対し，商品の使用料や役務の対価を請求することはできない（同条5項）。また，事業者が代金の一部等をすでに受領している場合はすみやかに消費者に返還しなければならない（同条6項）。さらに，例えば住宅リフォームのように，サービスの提供契約で土地や建物その他の工作物の現状が変更されたときは，消費者は，事業者に対し無償で元通りに（＝原状回復）するよう要求することができる（同条7項）。そして，これらの規定に反する特約で消費者に不利なものは無効である（同条8項）。

したがって，【Case 3-1】では，Aさんは工事が完了していても，

書面受領から8日以内であればクーリング・オフをすることができ，床下も工事前の状態に戻すよう要求することができる。

(b) クーリング・オフの申出は販売業者等に対して書面で行う（書き方は，資料編→②「クーリング・オフ通知の書き方」を参照）。電話でのクーリング・オフも有効と認められた判例もあるが（1994年8月31日福岡高判，判時1530号64頁），後日争いになることを避け，証拠を残すために，書面で（少なくとも簡易書留〔配達記録郵便〕で，できれば内容証明郵便を利用して）申し出るほうがよい。

クーリング・オフの書面は，契約書面受領の日から8日以内に発送すればよい。これを発信主義という（9条2項）。8日以内に事業者の元に到着する必要はない。なお，契約書面受領の日から8日間という場合，民法等の原則的な考え方とは異なり，書面を受け取った日を1日目として計算することとされている点も注意を要する。さらに，事業者には③でも述べたようにクーリング・オフについて契約書面に記載して消費者に告知する義務がある（クーリング・オフについて一定以上の大きさの活字を用いて赤枠内に赤字で明示するように決められている）ので，契約書面とは正確にはクーリング・オフについて記載のある法的に有効な契約書面をさす。そのような契約書面が渡されていなければ，渡された日から計算することとなる。

(c) また，悪質な事業者によるクーリング・オフ行使の妨害行為に対しては，事実上，行使期間を延長する規定が置かれている（9条1項但書）。すなわち，事業者が前述の④の禁止行為に違反して，クーリング・オフに関し不実の事を告げ消費者を誤認させることにより，または消費者を威迫して困惑させることにより，当初の期間内に消費者がクーリング・オフを行使することを妨害したときは，当該事業者が改めてクーリング・オフに関する事項等を記載した書面を，口頭での説明とともに消費者に交付した日より8日以内であ

れば、消費者はクーリング・オフを行使できる（施行規則7条の2）。

(d) クーリング・オフができない商品、役務もあるので注意が必要である（26条2項～4項）。

まず第1は、「その全部の履行が契約の締結後直ちに行われることが通例である役務」であり、具体的には営業所等以外の場所における勧誘を契機として行われる海上タクシー、飲食店での飲食、あん摩・マッサージ・指圧、カラオケボックスなどの役務提供である（施行令6条）。第2は、「その販売条件等についての交渉が相当の期間にわたり行われることが通常の取引の態様である商品又は役務」であり、自動車（商品）および自動車リース（役務）である（同条の2）。第3は、「契約の締結後速やかに提供されない場合には、消費者の利益を著しく害するおそれがある役務」であり、具体的には電気、都市ガス、熱の供給、葬儀に関する役務提供である（同条の3）。そして第4は、「その使用もしくは一部の消費により価額が著しく減少するおそれがある商品」であり、具体的には、従来政令指定されていた健康食品、不織布、衛生用品、化粧品等に配置薬を加えた8類型である（参照：**図表3-3**、同条の4）。

8類型の商品については、販売業者から交付された書面に、使用した場合はクーリング・オフできなくなる旨の記載があり、かつ、消費者が自分から使用した場合はクーリング・オフできない。ただし、化粧品等をセットで買って、いくつかある中の1瓶だけ開けてしまったような場合、他の瓶はクーリング・オフできる。「セット販売なので1瓶開けたらセット全体がダメになるから」との口実でクーリング・オフを妨害する販売業者もあるが、1瓶ごとにクーリング・オフ可能である（同種の商品が通常市販されているときの小売最小単位が基準）。また、化粧品のセールスなどで、化粧の仕方の指導と称して販売業者が故意に瓶を開けさせ、使用させる手口が見られ

図表3-3 使用・消費した場合にクーリング・オフできない商品

1	動物および植物の加工品（一般の飲食の用に供されないものに限る）であって，人が摂取するもの（医薬品を除く）
2	不織布および幅が13センチメートル以上の織物
3	コンドームおよび生理用品
4	防虫剤，殺虫剤，防臭剤および脱臭剤（医薬品を除く）
5	化粧品，毛髪用剤および石鹸（医薬品を除く），浴用剤，合成洗剤，洗浄剤，つや出し剤，ワックス，靴クリームならびに歯ブラシ
6	履物
7	壁紙
8	薬事法第31条に規定する配置販売業者が配置した医薬品

るが，クーリング・オフの妨害であり，消費者はクーリング・オフ可能である。したがって，【Case 3-2】では，化粧品は上記の消費により価額が著しく減少する商品に当たるが，Bさんは販売員に勧められて化粧品を開封しているため，開封したものも含めてクーリング・オフ可能である。また事業者はBさんにクーリング・オフできないと説明している点はクーリング・オフの妨害に当たるため，事業者がBさんにクーリング・オフに関する事項等を記載した書面を，口頭での説明とともに交付した日より8日間はクーリング・オフすることができる。なお，いわゆる生鮮食料品等も，「相当の期間品質を保持することが難しく，品質の低下により価額が著しく減少するおそれがある商品」（26条4項2号）であるためクーリング・オフはできない（ただし政令指定はされていない）。

さらに第5に，3000円未満の現金取引の場合である（施行令7条）。訪問販売などで，契約締結後直ちに商品を受け取り，あるいは役務の提供を受け，代金を支払ってしまった場合で，その代金の総額が3000円未満の場合もクーリング・オフできないので注意が必要であ

る。

⑥ 過量販売による契約の解除（9条の2）

2005年頃から、高齢者など判断能力が不十分な消費者に対し、呉服、ふとん、健康食品などを次から次へと売りつける、いわゆる次々販売による被害が増加した。例えば、一人暮らしの高齢者にふとん10組、あるいは浄水器を4台も購入させた例、一人の消費者に高額の呉服を数十着も購入させた例もある。クーリング・オフ期間内であればクーリング・オフも可能だが、この期間を過ぎると、2008年改正以前には単に不要な商品を大量に売りつけられたというだけでは契約解除はできなかった。また、このような商法では、不当な勧誘行為により契約させられる場合も多く、契約の取消しも可能であるが（後述⑦を参照）、とりわけ判断能力が不十分な高齢者などの場合は不当な勧誘行為が行われたことの立証が困難である。

そこで、2008年改正においていわゆる過量販売に対する規制が導入された。すなわち、正当な理由なく、「日常生活において通常必要とされる分量を著しく超える商品」の売買契約等の締結を勧誘する行為については行政処分（主務大臣の指示、業務停止命令）の対象とした（7条3号、8条、後述⑨を参照）。そして、「日常生活において通常必要とされる分量を著しく超える商品」の売買契約等については、消費者に契約締結を必要とする特別の事情がなければ、契約締結後1年間は契約を解除することができることとした（9条の2第2項）。過量販売は同一事業者によって行われる場合も、複数の販売業者によって行われる場合（消費者がすでに同種の商品を十分購入していることを知りながら、自らもあえて同種の商品を大量に購入させる場合）もあるが、本条は両者に適用される（同条1項1号・2号）。

なお、契約解除の際の清算方法等はクーリング・オフの規定が準用される（同条3項）。したがって、いわゆる解約損料・違約金を支

払う必要はないし，商品等の返送にかかる費用も事業者の負担である。すでに商品の引渡しや役務の提供が終了している場合も，事業者側は消費者に対し，商品の使用料や役務の対価を請求することはできず，事業者が代金の一部等をすでに受領している場合はすみやかに消費者に返還しなければならない。さらに，サービスの提供契約で土地や建物その他の工作物の現状が変更されたときは，消費者は，事業者に対し無償で原状回復するよう要求することができる。

また，次々販売などの悪質商法は，クレジット契約，とりわけ個別信用購入あっせん契約と結びつくことにより消費者被害の高額化をひき起こしていることから，特商法と同時に行われた割賦販売法改正により，個別信用購入あっせん契約についても過量販売による契約解除権が導入された（→本書第4章・3割賦販売法 を参照）。

⑦　禁止行為違反の勧誘による契約の取消権（9条の3）〔24条の2〕

本条は不当な勧誘行為により消費者が誤認をし，それによって契約を締結してしまった場合に取消しを認めるというもので，消費者契約法の規定と同趣旨である（消費者契約法については第2章を参照）。

具体的には，前述④の，契約にかかる重要な事項について(a)「不実のことを告げる行為」により消費者が告げられた内容が事実であると誤認して，または，(b)「故意に事実を告げない行為」により当該事実が存在しないと誤認して，契約を締結した場合に当該契約を取り消すことができる。この取消権は，消費者契約法と同様，追認することができる時から6ヶ月，または契約締結の時から5年を経過した場合は時効により消滅する。

【Case 3-1】では，Aさんは「このままでは家が倒れる」という事業者のうそを信じて契約しており，クーリング・オフ期間を過ぎていた場合でも，本条に基づき契約を取り消すことができる。

なおここで，本法の取消権では消費者契約法の取消事由よりも広範囲となっている点に注意を要する。まず，不実告知または事実不告知の対象となる重要事項が，消費者契約法では契約の「目的となるものの質，用途その他の内容」および「対価その他の取引条件」に関する事項で「契約を締結するか否かの判断に通常影響を及ぼすもの」（消費者契約法4条4項）に限定されているのに対し，本法ではそれらの事項に加えて，消費者が「契約の締結を必要とする事情に関する事項」（6条1項6号）およびその他消費者の「判断に影響を及ぼすこととなる重要なもの」（同項7号）が規定されている。また，事実の不告知の要件が，消費者契約法では重要事項について「消費者の利益となる旨を告げ，かつ不利益事実を故意に告げない場合」に限定されているのに対し（消費者契約法4条2項），本法では「故意に事実を告げない行為」のみとされている点である。なお，④の(c)，(d)については取消しの対象とされていないので注意が必要である。

⑧　契約解除に伴い消費者が支払う損害賠償額（＝違約金）の上限の定め（10条）〔25条〕

クーリング・オフ期間（8日間）を過ぎてから，⑥，⑦以外の事由で契約を解除したいという場合は通常の（＝民法上の）契約解除となる。つまり，クーリング・オフやこれらの解除権等は事業者の勧誘行為に問題があったために消費者の契約意思が十全でなかった場合に，契約拘束力の例外として期間を限定して，消費者に特別な負担を負わせずに契約を解除することを認めたものである（民法の修正）。しかし，通常の契約解除の際には，当事者には原状回復義務が生ずるため，例えば消費者がすでに商品等を使用していた場合は，その使用料を支払わなくてはならない。また，解除により相手方に生じた損害があれば損害賠償しなくてはならないため，例えば

事業者が販売に要した費用などは賠償しなくてはならない（民法545条）。これらを通常，違約金あるいは解約損料等といい，その額は原則として当事者の合意によって決められる。

　しかし，悪質な業者の中にはこの違約金等を不当に高く設定して，消費者に契約解除をさせないようにする者もいる（例えば，現物まがい商法で大きな被害をもたらした豊田商事の純金ファミリー契約の解約料は契約金額の30％であった）。そこで，そのようなことのないように，本法では違約金等の額の上限を規定している。それぞれの場合に応じた違約金等の上限は以下のとおりである。

(a) 当該商品等が返還された場合……当該商品の通常の使用料の額等。

(b) 当該商品等が返還されない場合……当該商品等の販売価格に相当する額。

(c) 解除が役務提供の開始後である場合……提供された当該役務の対価に相当する額。

(d) 解除が商品の引渡しおよび役務提供の開始前の場合……契約の締結および履行のために通常要する費用の額。

⑨　行政による監督制度──主務大臣による指示（7条）〔22条〕，業務停止命令（8条）〔23条〕，報告徴収・立入検査（66条）

　事業者が上記①，②，③，④，⑥の義務および禁止行為に違反した場合，主務大臣による事業者への必要な措置をとるべき旨の指示（＝改善指導），さらに指示違反に対する業務停止命令等の規定が置かれている。

　まず，主務大臣は，事業者が前述の①「事業者名等の明示義務」，②「再勧誘の禁止」，③「契約内容を明らかにする書面の交付義務」，④「不当な勧誘行為の禁止」に違反し，または以下の(a)～(d)に該当する行為をした場合で，訪問販売等の取引の公正および消費者の利

第3章　特定商取引法　*61*

益が害されるおそれがあると認めるときは，当該販売業者等に対し，必要な措置をとるべきことを指示できる。

(a) 契約解除により生ずる債務の全部または一部の履行を拒否または不当に遅延した場合。

(b) 前述の④の禁止行為以外で，重要事項につき故意に事実を告げない場合。

(c) 日常生活において通常必要とされる分量を著しく超える商品の売買契約の締結について勧誘すること（→前述⑥参照）その他顧客の財産の状況に照らし不適当とみとめられる行為として省令で定めるもの。

(d) その他，取引の公正および消費者の利益を害するおそれがあるものとして省令で定める禁止行為をした場合（消費者が迷惑を覚えるような仕方での勧誘等，老人等の判断力不足に乗じた勧誘，適合性の原則に反する勧誘，契約締結に際し消費者に虚偽の記載をさせる行為，消費者につきまとうなどの行為等：施行規則7条）。

また，主務大臣は，事業者が前述の①～④の禁止に違反し，または前述の(a)～(d)に該当する行為をした場合で，訪問販売等の取引の公正および消費者の利益が著しく害されるおそれがあると認めるとき，または上記の指示に従わないとき，当該販売業者等に対し，1年以内で業務の停止を命令することができる（8条1項）。主務大臣は業務停止を命じた場合，その旨公表しなければならない（同条2項）。

なおこの他，主務大臣は，本法を施行するため必要があると認めるときは，販売業者等に対し報告を求め，または店舗等の立入検査を行うことができる（66条）。

上記の指示に違反した者，報告・検査を拒むなどした者は100万円以下の罰金を科され（72条1項2号・10号），業務停止命令に違反

した者は2年以下の懲役または300万円以下の罰金に処す（併科もあり：70条の2）とされている。

⑩ 主務大臣に対する消費者の申出制度（60条）〔60条〕

「何人も，特定商取引の公正及び購入者等の利益が害されるおそれがあると認めるときは，主務大臣に対し，その旨を申し出て，適当な措置をとるべきことを求めることができる。」つまり，誰でも（＝被害者に限らず），特定商取引法に違反する行為を行っている業者に対して行政が措置をとるようにと，主務大臣に申出を行うことができる。すべての取引類型に共通の規定である。申出を受けた行政機関は，関係当事者に対し必要な調査を行い，適当な措置をとるべき義務を負うこととされている。

なお，この申出制度の円滑化を図るため，指定法人制度が導入されている。すなわち，公益法人であって，申請に基づき，特定商取引等適正化業務を適正かつ確実に行うことができると認めて主務大臣が指定する法人（＝指定法人）は，(a)上記の申出をしようとする消費者に対する指導・助言，(b)主務大臣からの要請に基づく，申出にかかる事実関係についての調査，(c)特定商取引に関する情報・資料の収集・提供，(d)苦情処理業務等を担当する者の養成を行うこととされている（61条）。現在，「財団法人日本産業協会」が指定されている。

⑪ 適格消費者団体による差止請求（58条の4～9）

2008年改正により，従来，消費者契約法に基づき認められていた適格消費者団体の差止請求権が，特商法についても認められることとなった。

適格消費者団体は，訪問販売等に際しての，販売業者等による(a)不当な勧誘行為（不実告知，事実不告知，威迫困惑行為），(b)著しく虚偽または誇大な広告，(c)不当な特約（クーリング・オフや解約時の損

害賠償につき消費者にとり不利となる特約）を含む契約の締結について，それらの行為の停止や予防に必要な措置をとることを請求（差止請求）することができる（58条の4～9）。すでに見たように（⑨参照），特商法には監督官庁による行政処分が規定されているが，適格消費者団体による差止請求には今後，それらを補完する役割が期待される。（消費者団体訴訟制度については本書第2章5を参照）。

2 特定継続的役務提供（41条以下）

> 【Case 3-3】 Cさんは英会話が習いたいと思い，「ただ今，無料体験期間中」と書かれた広告を見てD英会話学校に出かけた。授業風景を見たり，資料をもらったりしていたところ，無料でカウンセリングをしていると個室にとおされ，「思い立ったときに始めよう！」と強引に契約を勧められたため，2年間利用可能なチケット200枚で30万円の購入契約を結んでしまった。また，「自宅でも学習をした方が上達が早いから」と，自習用のCD（10万円）を勧められ一緒に購入することにした。
> Q1 帰宅後，Cさんが，高額すぎる上に教室に通い続ける自信もないため契約をやめたいと思った場合，自分から出かけて行って結んだ契約でもクーリング・オフできるのだろうか？ また，一緒に購入したCDもクーリング・オフできるだろうか？
> Q2 Cさんが2ヶ月ほど教室に通ってチケットを20枚使用した時点で，授業内容が自分に合っていないため解約したいと思った場合，中途解約はできるのだろうか？ 違約金はどうなるのだろうか？

【Case 3-3】のような英会話教室の受講契約やエステの契約は，一定期間，継続的に消費者がサービス（＝役務）の提供を受けることを内容とする契約であり，商品等の一回的売買契約とは様々な点で異なっている。まず，(a)サービスを対象とするため，消費者は，

契約締結の段階では商品のように手にとって吟味することはできず，サービスの内容や質はセールスマンの説明等に頼る以外にない。そのため，言葉巧みなセールストークによる被害も生じやすい。また，(b)サービスの内容や質は，実際に自分が提供を受けてはじめて判断できるのであり，さらにいえば，その効果や自分に合っているかどうかの判断は一定期間継続して提供を受けてみなければわからない。さらに，(c)契約期間が中長期にわたるため，契約期間中に，転勤や病気など消費者の事情が変わったり，あるいは事業者が倒産したりする事態もないとはいえない。これに対し，悪質な事業者は，消費者に契約解除させないために，あらかじめ中途解約を一切認めないとする規定や高額な違約金の規定を置くなど，トラブルが多発したため，1999年の改正で本法において継続的なサービス契約に対する規制を行うこととなった。

定義（41条） 本法において「特定継続的役務提供」とは，エステティック，外国語会話教室，学習塾，家庭教師派遣，パソコンスクール，結婚相手紹介サービスの6業種で，契約金額が5万円を超え，かつエステでは契約期間が1ヶ月を超える場合，それ以外の5業種では契約期間が2ヶ月を超える場合をいう（**図表3-4**を参照）。これらに該当する契約であれば，販売・勧誘形態に関係なく，消費者が自ら店舗等に出向いて締結した契約も適用対象となる。ただし，営業のための契約等には適用されない（適用除外規定〔50条1項〕）。

【Case 3-3】では，Cさんは英会話教室の受講契約を結んでいる。すでに見たように，英会話教室は「継続的役務提供」の6業種に含まれ，2年間で30万円の契約は2ヶ月以上5万円以上という要件を満たすため，自分から出かけていって結んだ契約でも本法は適用される。

図表3-4　特定継続的役務提供の6業種の要件一覧表

指定役務	指定期間	指定金額
エステティック	1ヶ月超	5万円超
語学教室	2ヶ月超	5万円超
学習塾	2ヶ月超	5万円超
家庭教師	2ヶ月超	5万円超
パソコン教室	2ヶ月超	5万円超
結婚相手紹介サービス	2ヶ月超	5万円超

主な規制内容　特定継続的役務提供に対する主な規制内容は，前掲**図表3-2**のとおりである。このうち，書面交付義務，不当な勧誘行為の禁止，不当勧誘による契約の取消権，行政による監督制度，差止請求権，主務大臣に対する申出制度については基本的に前述 **1** の訪問販売等に対する規制の内容とほぼ同様である。これらの規制内容の詳細については **1** を参照されたい。以下，特定継続的役務提供に特有の規制を中心に説明する。

①　書面交付義務（42条）

サービス提供事業者等は勧誘に際して，あるいは契約を締結した場合には，消費者に契約内容を記載した書面を交付することが義務付けられている（概要書面＝42条1項，契約書面＝42条2項・3項）。書面に記載すべき事項は，役務の内容，当該役務の提供を受ける際に消費者が購入する必要のある商品（＝関連商品）の種類・価格等，役務の対価，代金の支払時期および方法，役務の提供期間，クーリング・オフに関する事項，中途解約に関する事項などである。また，前払取引の場合は前受金保全措置の有無とその内容も記載を要する（施行規則32条〜36条）。

②　事業者による誇大広告の禁止（43条）

前述のように，サービスは商品と異なり，消費者が実際にサービスを受けてみない限り，契約締結前に手にとってその良し悪しを吟味することはできないため，事業者の説明や広告が契約を締結するか否かの重要な判断材料となる。ところが，サービス提供事業者の中には，例えば実際には不可能であるにもかかわらず「2ヶ月間で確実に10キロ減量！」とのエステの広告や，レッスンを受けられる時間帯は限られているのに「どの時間帯でもマンツーマンのレッスンを予約可能」との英会話教室の広告のように誇大な宣伝広告で消費者を勧誘する者も少なくない。

　そこで，本法では，サービス提供事業者等は，契約条件について広告するときは，当該特定継続的役務の内容，効果，その他の主務省令で定める事項（役務の対価，支払時期および方法，役務の提供期間等〔施行規則37条〕）について，「著しく事実に相違する表示」または「実際のものよりも著しく優良」もしくは「有利であると人を誤認させるような表示をしてはならない」旨規定している。

　なお，主務大臣は，上記の誇大広告に該当するか否かを判断するため必要であれば，事業者に対し，期間を定めて，当該表示の裏付けとなる合理的な根拠を示す資料の提出を求めることができる。事業者がこれを提出しないときは，推定がはたらき，主務大臣による指示および業務停止命令の適用について，当該事業者に誇大広告表示があったものとみなされる（43条の2）。

　③　不当な勧誘行為の禁止（44条）

　サービス提供事業者等は不当な勧誘行為が禁止されており，禁止行為もおおむね訪問販売等の場合（**1**・③の(a)(b)(c)）と同様である。ただし，(a)の契約にかかる重要な事項のうち「商品に関する事項」が「役務に関する事項」に，すなわち役務の内容，対価，提供期間などとなっており，また，その他の項目として消費者がサービスを

利用する際に購入する必要のある商品の種類・価格等や中途解約に関する事項，前受金保全措置の有無とその内容等が追加されている。

また，訪問販売等と同様，不当な勧誘により結んだ契約は取り消すことができる。

④　事業者に対する事務所への書面の備付け義務等（45条）

継続的役務提供契約では，過去に，エステや外国語会話教室，学習塾などで，高い施術料や受講料を支払わせておきながら倒産し，消費者がサービスの提供を受けられなくなった事例も見られた。

そこで，本法は，特定継続的役務提供契約のうち政令で定める金額（5万円）を超える金銭を前払いする取引では，事業者は，業務および財産の状況を記載した書類（貸借対照表，損益計算書および営業報告書）を営業所に備え付けなければならず，契約者はこれらを閲覧・謄写できる旨定めている。安心して契約を継続できる事業者か否か，消費者が経営内容を確認し判断できることとしたものと説明されるが，素人である消費者がこれらの書類を見ただけで，会社の経営内容についてどの程度把握できるかは疑問である。

⑤　クーリング・オフ（48条）

継続的役務提供契約におけるクーリング・オフの規定もほとんど前述の訪問販売に関する規定と同様である。クーリング・オフ期間は法定の契約書面受領日から8日間であり，期間内に書面で発信すればよく，クーリング・オフ権行使の妨害行為に対する規定も置かれている。特筆すべき点としては，「関連商品」，すなわち消費者がサービスを利用する際に購入する必要のある商品であって政令で定める商品についてもクーリング・オフが可能であるという点である（48条2項，施行令14条）。（資料編→③「特定継続的役務提供の指定関連商品一覧」を参照）。ただし，このうち健康食品および化粧品等については，これらを使用した場合はクーリング・オフできないため注意

が必要である。

【Case 3-3】のQ1では、契約書面受領後8日以内でありクーリング・オフできる。また、CDも関連商品であるため、クーリング・オフが可能である。

⑥ 消費者の中途解約権＋中途解約時の損害賠償額の上限の定め（49条）

すでに述べたように、継続的サービス契約において、中途解約を一切認めないとの規定や法外な違約金の定めが横行したため、本法では、クーリング・オフ期間を経過した場合も、消費者は将来に向かって特定継続的役務提供契約を解除することができる旨明記された。また、中途解約に際して事業者が消費者に対し請求できる違約金の上限も、以下のとおり法定されている（**図表3-5**を参照）。

(a) 解除が役務提供の開始前である場合は、契約の締結および履行のために通常要する費用の額として政令で定める金額。

(b) 解除が役務提供の開始後である場合は、(ⅰ)契約解除によって通常生ずる損害の額として政令で定める額と、(ⅱ)提供された役務の対価に相当する額とを合算した金額。

さらに関連商品についても、購入契約の解除が可能であり、その際の違約金の上限についても、訪問販売に関する規定（前述 **1**・⑧の(a)(b)(d)）に準ずる内容が定められている（49条5項・6項）。

【Case 3-3】のQ2では、クーリング・オフ期間は経過しているが、中途解約は可能である。契約解除により通常生ずる損害額は、外国語会話教室で「サービス利用後」の場合は「5万円または契約残額の2割のいずれか低い金額」である。【Case 3-3】では、以下のような計算となろう。

・ チケット1枚あたりの金額……300,000円÷200枚＝1,500円
・ チケットの既使用分……1,500円×20枚＝30,000円

図表3-5 特定継続的役務提供取引の解約手数料の上限額

指定役務	サービス利用前 (a)	サービス利用後 (b) (i)+(ii)
エステティック	2万円	2万円または契約残額の1割のいずれか低い金額+提供された役務の対価分
語学教室	1万5,000円	5万円または契約残額の2割のいずれか低い金額+提供された役務の対価分
学習塾	1万1,000円	2万円または1ヶ月分の授業料のいずれか低い金額+提供された役務の対価分
家庭教師	2万円	5万円または1ヶ月分の授業料のいずれか低い金額+提供された役務の対価分
パソコン教室	1万5,000円	5万円または契約残額の2割のいずれか低い金額+提供された役務の対価分
結婚相手紹介サービス	3万円	2万円または契約残額の2割のいずれか低い金額+提供された役務の対価分

・ 契約残額の2割……(300,000円－30,000円)×0.2＝54,000円

以上から、契約残額の2割（＝54,000円）と50,000円のいずれか低い金額である50,000円が契約解除により通常生ずる損害額とみなされ、これに提供されたサービスの対価分（＝チケットの既使用分）30,000円を加算した80,000円が、事業者がCさんに請求できる解約手数料の上限となる。また、自習用のCD（10万円）については、返還した場合は通常の使用料を、返還しない場合は販売価格である10万円を支払うこととなる。語学教室やエステ等の契約では、入学あるいは入会時に購入するポイント数が多いほどポイント単価が安くなるものも多いが、ある大手英会話学校で、解約時の使用済ポイントの清算に際し、入学時より高い単位で計算する旨の規定が用いられたケースで、最高裁は特商法49条2項1号違反（同号に定める上限をこえる金額の支払いを求めるもの）であるとして無効との判決を下した（最判2007年4月3日、民集61巻3号967頁）。

なお，継続的役務提供契約は，契約金額が高額となる場合が多く，クレジット契約を利用するケースがほとんどであるが，中途解約した場合やサービス提供事業者が倒産するなどしてサービスを受けられなくなった場合において，消費者がクレジット会社に対し抗弁対抗の主張が可能となるよう，1999年の割賦販売法改正により同法の適用対象にこれらの役務等が加えられている。

3　業務提供誘引販売取引（51条以下）

【Case 3-4】　Dさんは，新聞の折り込みチラシに「誰でも簡単に覚えられるホームページ制作の内職。講座受講者には仕事を優先的に保障。月収15万円以上間違いなし！」との広告を見つけ，業者に電話したところ，申込者が大勢いるため締切り間近だといわれ，あわてて契約してしまった。契約内容は，まず仕事をするために必要な特定の機種のパソコンとソフトを業者から購入し（合計50万円），ホームページ制作方法を身に付けるための講座（25万円）を受講。講座の最終試験に合格すれば，業者が仕事を回してくれる，というものであった。10日後，パソコン，ソフト，講座テキスト等が送られてきた。これらを見たDさんは，あらためて，「仕事を始める前にこのような高額の出費が必要では……」，「本当に仕事を保障してくれるのだろうか……」などと不安になり，やはりこの契約は取りやめたいと考えている。クーリング・オフできるだろうか。また，このような勧誘方法には問題があるのではないだろうか。

　【Case 3-4】のように，高収入が得られる内職を紹介するとの名目でパソコンを買わせたり，講座の受講契約を結ばせるが，講座が終了しても仕事を紹介しないという手口，あるいはモニター会員になって使用した感想などのアンケートを提出すれば毎月モニター料が支払われるとして浄水器や太陽熱温水器，羽毛布団などを売りつけ，購入後アンケートを提出しても報酬は支払われないといった手

口など，割の良い仕事で釣って商品を買わせたりサービス契約を結ばせる商法は，いわゆる内職・モニター商法と呼ばれている。内職の収入やモニター料をあて込んで高額の商品やサービスの契約を結んだが，実際には仕事を回してもらえない，モニター料が支払われないなどの消費者被害が多発したため，法改正によりこれらの商法を「業務提供誘引販売取引」として規制している。

定義（51条） 本法にいう「業務提供誘引販売取引」とは，以下のとおりである。

(a)物品の販売またはサービスの提供（あっせんも含む）を行う事業者が，(b)業務提供利益（＝その販売する商品または提供されるサービスを利用する業務に従事することにより得られる利益）を得ることができるとして消費者を誘引し，(c)消費者に特定負担（＝その商品の購入やサービスの対価の支払い，あるいはいかなる名義をもってするかを問わず金銭的負担をさせること）をさせる，(d)物品販売またはサービスの提供取引。

業務提供誘引販売取引については，前述の継続的役務提供のような業種の特定はなく，対象となる商品，役務等による限定はない。また，「店舗以外の場所」といった限定もないため，上記(a)〜(d)の要件を満たせば，店舗での契約も規制対象となる。ただし，以下に示す規制内容のうち，不当な勧誘行為等の禁止，事業者の書面交付義務，クーリング・オフなどの規定は，消費者が，業務を事業所等によらないで個人で行う場合に限り適用される（訪問販売等の規制においては，消費者が営業のために行う取引を適用除外としているが，ここでは，営業か否かではなく，個人で行うか否かで判断することとしている）。

【Case 3-4】では，Dさんは，事業者からホームページ制作の仕事を保障するとして（＝業務提供利益を得られることをもって）勧誘され，特定負担（＝パソコン＋ソフト＋講座受講料＝75万円）を伴う，パ

ソコン等の購入契約等を締結しているため,「業務提供誘引販売取引」の要件を満たすといえよう。

主な規制内容　業務提供誘引販売取引に対する主な規制内容は前掲**図表3-2**のとおりである。このうち,広告に表示すべき事項(後述②)と承諾をしていない者に対する電子メール広告の提供の禁止(後述④)以外の規制,すなわち,事業者名等の明示義務,書面交付義務,不当な勧誘行為の禁止,誇大広告の禁止,クーリング・オフ,不当勧誘による契約の取消権,損害賠償額の上限の定め,行政による監督制度,差止請求権,主務大臣に対する申出制度については,基本的に前述の**1** 訪問販売等,**2** 特定継続的役務提供に対する規制の内容とほぼ同様である。これらの規制内容の詳細については**1**および**2**を参照されたい。ここでは,業務提供誘引販売取引に特有の規制を中心に説明する。

①　不当な勧誘行為等の禁止(52条)

事業者等は不当な勧誘行為が禁止されており,禁止行為もおおむね訪問販売等の場合(**1**・④の(a)(b)(c)(d))とほぼ同様である。ただし,(a)の契約にかかる重要な事項に,特定負担に関する事項,業務提供利益に関する事項等が追加されている点に注意を要する。

②　事業者が広告に表示すべき事項(53条)

業務提供誘引販売取引では,事業者が広告に表示しなければならない事項として,商品または役務の種類,特定負担に関する事項,提供する業務について広告するときはその提供条件,その他主務省令で定める事項(事業者の氏名,住所等,商品名,電磁的方法により広告する場合のメールアドレス等)が定められている。

【Case 3-4】で,事業者が,講座終了後に提供する業務について,具体的な内容や提供条件,対価の額や支払方法などについて表示していなかったとすれば,本条違反となる。

③　誇大広告の禁止（54条）

誇大広告の禁止規定も置かれ，事業者は，契約条件について広告するときは，特定負担に関する事項，業務提供利益その他の事項について，「著しく事実に相違する表示」または「実際のものよりも著しく優良」もしくは「有利であると人を誤認させるような表示をしてはならない」とされている。

【Case 3-4】で，事業者は「月収15万円以上間違いなし！」と表示しているが，それが現実の裏付けのない数字や，ごく一部の契約者しか得られていない収入金額の場合は誇大広告に該当するといえよう。

④　承諾をしていない者に対する電子メール広告の提供の禁止（54条の3・4）

これまで，事業者は，電子メール広告をする場合に，消費者が広告の提供を希望しない旨の意思表示をした場合は電子メール広告をしてはならないとされていたが（これを「オプトアウト規制」という），迷惑広告メールの増加に対処するため，2008年改正により，消費者側の承諾を得ないで電子メール広告を送信することを禁止し，承諾のあった者に対してのみ送信を認めることとした（「オプトイン規制」）。また，業務提供誘引販売業者のみならず，その電子メール広告の委託を受けた者も同様の規制を受ける（54条の4）。なお，通信販売についても同様の規定がおかれた。

⑤　クーリング・オフ（56条）

クーリング・オフの規定も，行使期間が法定の契約書面受領日から20日間であることを除けば，**1**の訪問販売等に関する規定とほぼ同様である。クーリング・オフの行使期間については，契約の仕組みが複雑であることなどから，消費者が冷静になって契約内容について見直す期間として20日間を設定している。期間内に書面で発信

すればよく，クーリング・オフ権行使の妨害行為に対する規定も置かれている（妨害行為があった場合の期間延長も20日間である）。

【Case 3-4】では，契約した日から10日が経過しているが，クーリング・オフ期間は契約書面受領日より20日間であるため，Dさんはクーリング・オフできる。

4 通信販売（11条以下）

定義（2条2項）　本法において「通信販売」とは，販売業者等が，消費者から郵便その他の主務省令で定める方法（以下，「郵便等」という）により売買契約等の申込みを受けて行う商品もしくは指定権利の販売または役務の提供であって，電話勧誘販売に該当しないものをいう。

「通信販売」を「郵便等」という消費者からの申込みの手段・方法により定義しているため，販売業者の広告は，例えば，カタログやダイレクトメールを送付する方法や，チラシ，ラジオショッピングやテレビショッピング，インターネットのホームページなど，その手段を問わない。

また郵便等とは，前述の電話勧誘販売におけるのと同様，(a)郵便，(b)電話機，ファクシミリ装置，その他の通信機器または情報処理の用に供する機器を利用する方法，(c)電報，(d)預金または貯金口座に対する払込みを指す（施行規則2条）。したがって，ハガキ，封書，電話，ファックス，メール，郵便振替等々による申込みはいずれも該当することとなる。ただし，郵便等による商品等の売買契約の申込み等であっても，前述の「電話勧誘販売」に該当する場合は，電話勧誘販売に関する規定の適用を受けることとなる（→本章3・1 訪問販売，電話勧誘販売 を参照）。

また，指定権利については，訪問販売の指定権利と同様である

(前掲**図表**3-1「訪問販売等の指定権利」を参照)。

主な規制内容　通信販売に対する主な規制内容は，前掲**図表**3-2のとおりである。このうち，契約解除制度（後述①），承諾等の通知（後述④）以外の規制，すなわち，広告に記載すべき事項，誇大広告等の禁止，承諾をしていない者に対する電子メール広告の提供の禁止，行政による監督制度，差止請求権，主務大臣に対する申出制度については，前述の **1**〜**3** の規制内容とほぼ同様である。ここでは通信販売に特有の規制を中心に説明する。

①　契約解除制度（15条の2）

2008年改正で導入された規定である。通信販売においては，購入者の「カタログで見たのと風合いが違った」「サイズが合わなかった」というケースに対応するため，販売業者の多くは返品制度を採用している。ただし，通信販売については特商法上，訪問販売等で認められているクーリング・オフが認められておらず，返品制度自体も法的に義務づけられているわけではないため，返品を認めない場合も広告に明示すれば法律違反とはいえず，返品可能な期間の長さや送料負担の有無等の返品条件も事業者の任意である。そのため従来とりわけ返品について広告に表示のない場合についてトラブルも多く発生していた。

そこで，2008年改正で，通信販売によって締結した契約の解除（返品）を原則として認めることとした。購入者は，商品の引渡しまたは指定権利の移転を受けた日から8日以内であれば，契約を解除することができる。その際の商品の引き取り等にかかる費用は購入者の負担である（15条の2第2項）。ただし，販売業者が広告に返品に関する特約（販売業者の定める別の返品条件あるいは返品を受け付けない旨の定め）を表示していた場合はその限りでないとされているため，購入時には広告表示を慎重に確認する必要がある。

②　通信販売についての広告——事業者が広告に表示すべき事項（11条）

　通信販売では，消費者はもっぱらカタログやチラシ等の広告に基づいて購入意思を決定するため，広告の内容が重要となる。そこで，本法では，通信販売をする場合，事業者が広告に表示しなければならない事項を規定している（＝積極的広告規制）。広告に表示すべき事項としては，商品等の販売価格および商品送料，代金の支払時期および方法，商品の引渡時期，返品に関する特約事項，その他の主務省令で定める事項（販売業者等の名称，住所等，申込期限，瑕疵担保責任に関する特約，電磁的方法により広告する場合のメールアドレス等〔施行規則8条〕）などである。

　③　誇大広告の禁止（12条）

　さらに，事実と異なる広告により消費者が判断を誤ることのないように誇大広告の禁止規定も置かれている（＝消極的広告規制）。すなわち，事業者は，通信販売の契約条件について広告するときは，当該商品等の内容，返品に関する特約，その他の主務省令で定める事項（商品等の種類，性能等，商品の原産地等，商品等の販売価格および商品送料，代金の支払時期および方法，商品の引渡時期等〔施行規則11条〕）について，「著しく事実に相違する表示」または「実際のものよりも著しく優良」もしくは「有利であると人を誤認させるような表示をしてはならない」とされている。

　本条に違反する広告表示をした場合，100万円以下の罰金に処せられる（72条1項3号）。

　④　承諾等の通知（13条）

　商品の引渡し等を行う前に消費者に代金の全部または一部を支払わせる通信販売（＝「前払式通信販売」）では，事業者にとっては代金の回収が確実にできる反面，消費者にとっては事業者からの商品

の引渡し等が確実に行われる保証がなく,不安な状況に置かれることとなる。そこで本法では,前払式通信販売において,消費者から契約の申込みを受け,代金の全部または一部を受領したとき,事業者は遅滞なく,書面または電磁的方法により,承諾(または承諾しない旨)の通知をしなければならないと規定している。ただし,事業者が,代金の受領後遅滞なく当該商品の送付等を行った場合はこの通知は不要である(13条1項但書)。なお,この規定に違反し,通知を怠った場合は100万円以下の罰金に処せられる(72条1項6号)。

5 ネガティブ・オプション (59条)

注文していない品物が一方的に送り付けられ,代金の振込用紙が同封されていたとしても,当然のことながら消費者は代金を支払う義務はない。消費者は購入の申込みもしていなければ,合意もしていないため,売買契約は成立しておらず契約上の義務は生じないのである。

本法では,59条において「売買契約に基づかないで送付された商品」については,送付された日から14日以内に消費者が承諾をしない場合は,販売業者は消費者に当該商品の返還を請求できない旨,規定している。すなわち,消費者に一方的に送り付けられた商品は,14日間保管して,その間に業者が引取りに来ない場合は,自由に処分してよい。また,消費者から業者に対し商品の引取りを請求した場合は,その日から7日間保管し,それを過ぎれば処分してよい。

梱包を開封しても,商品を使用しなければ,承諾したとはいえず,この規定は適用される。しかし,14日以内に商品を使用した場合は,購入する意思がある(=承諾した)とみなされ(民法526条),事業者から代金の請求があった場合に支払いを拒否できないので注意が必要である。

なお，同様の手口で，代引き郵便（着払い郵便）の制度を悪用した送り付け商法による被害も多発している。特に，本人が不在のときに，家の人が代金を支払い郵便物を受け取ってしまうケースが多い。一旦，郵便物を受け取ってしまうと，後で代金の返還を求めることはできないため，注意が必要である。

6　連鎖販売取引（33条以下），無限連鎖講防止法

【Case 3-5】Eさんは，中学時代の知人から，誰でも簡単にできるビジネスがあるからと誘われ説明会に行った。最初に商品（健康食品）を購入して会員になり，あとは友人などに商品を販売したり，会員になるように誘って入会させるだけで，報奨金や紹介料として毎月数万円の収入が入るようになるという。説明会では成功した人の例が次々に紹介され，自分でもできそうだと思い契約書にサインし，会員になるための商品を7万円で購入した。
　Q1　Eさんが帰宅後，家族に話したところ，そんなうまい話には絶対落とし穴があるからやめなさいと反対され，あれこれ悩んでいるうちに2週間も経ってしまったという場合，Eさんはクーリング・オフできるだろうか？
　Q2　Eさんが，商品を取り寄せて，大学の友人に声をかけ，商品を勧めたり，会員にならないかと勧誘してみたが，誰も商品を買ってくれず，会員も増やせなかったため，契約締結後3ヶ月経っているがやめたいと思った場合，中途解約することはできるだろうか？

【Case 3-6】Fさんは，「会員同士で助け合うボランティアの会だから」と知人Gに誘われて，ホテルで開催されたセミナーに参加したところ，「入会時に1口3万円を支払うと，後から入会した会員が増えるごとに配当が入る仕組み」，「あなたは会員を4名入会させるだけで，それ以後は下位の会員が入会者を連れてくるから何もしなくても自動的に配当が入る」などと説明され，1口3万円くらいなら，と入会した。Gか

> ら，来週セミナーがあるので友達を２，３人連れてきて欲しいといわれている。バイトを探している友達がいるので，ぜひ連れて行きたいと思っているが大丈夫だろうか？

　【Case 3-5】はマルチ商法，【Case 3-6】はねずみ講である。これらは，金銭を支払うあるいは商品を購入するなどして入会し，自分の下に後続の会員を次々と入会させれば，自己の出資を上回る利益が得られるとして勧誘する，金品の配当組織（ねずみ講）あるいは商品の販売組織（マルチ商法）である。

　みんなが儲かるとか，助け合いの組織だとかいって勧誘するが，相当数の後続会員を確保しなければ自己の出資を上回る利益の獲得は困難である。勧誘の時には，無限に会員を加入させられるかのようにいうが，実際に計算してみると，１人の会員が２人ずつ後続会員を勧誘していったとしても28代目で日本の人口を突破する（１→２→４→８→16→32→64→128→……）。儲からない人が大量に出てくるのは当然であり，後続の会員ほど出資の回収が困難となることは明白である。

　そもそも「講」とは「一種の金融組合または相互扶助組織」をいい，その一種である「頼母子講」は「組合員が一定の掛金をなし，一定の期日に抽籤または入札によって所定の金額を順次に組合員に融通する組織」をいう（広辞苑）。しかし，これと似て非なるものが「ねずみ講」である。昭和40～50年代に大勢の被害者を出し社会問題となった事件に「第一相互研究所事件」がある。これは最終的にねずみ講の禁止法（無限連鎖講の防止に関する法律）の立法に至った有名な事件である。しかし，その後もねずみ講による被害は後を絶たない。最近ではインターネットを利用したねずみ講まで現れている。

これに対して，マルチ商法は，お金の受渡しだけでなく，化粧品や洗剤などの商品の売買を伴い，商品の販売組織という形態をとる。しかし，その本質は会員を拡大する（リクルートする）とお金が入ってくるという点にあり，その危険性はねずみ講と同様である。最近では「ネットワークビジネス」などと呼ばれ，大学生をはじめとする若者にも広がってきている。

　マルチ商法，ねずみ講とも，入会した会員は後続会員の獲得に奔走することとなるが，上述のように後続の会員ほど行き詰まる仕組みであり，金銭的被害のみならず人間関係の崩壊をも招くなど非常に問題の多い商法である。

　特定商取引法では，第3章において，マルチ商法（本法では「連鎖販売取引」という）に対する規制を定めている。また，ねずみ講に対しては，無限連鎖講の防止に関する法律がある。

連鎖販売取引　本法でいう「連鎖販売業」とは以下の要件を満たすものである（33条）。(a)物品の販売または有償で行う役務の提供の事業であること（販売および提供のあっせんを含む），(b)取引形態としては，物品の再販売（＝自分が仕入れて，他人に売る），受託販売（＝他人から依頼を受けて販売する），販売のあっせん（＝顧客の紹介），同種役務の提供，提供のあっせん取引であること，(c)特定利益（＝他人を紹介して加入させた場合に，リクルート料，あるいはバックマージン等が支払われること）が得られるということで勧誘すること，(d)特定負担（＝組織に加入するために支払う加入料，あるいは商品購入代金等）が条件となっていること。

　連鎖販売取引についても，前述の継続的役務提供のような業種の特定はなく，対象となる商品，役務等による限定はない。また，「店舗以外の場所」といった限定もないため，上記の要件を満たせば，店舗での契約も規制対象となる。

【Case 3-5】では，商品（＝健康食品）の再販売等の仕事で，特定利益（＝報奨金や紹介料）が得られるとして勧誘し，特定負担（＝健康食品の購入＝7万円）を条件とする商品の販売取引であるため，「連鎖販売取引」に該当し，本法が適用される。

主な規制内容

主な規制は前掲**図表3-2**のとおりである。このうち，中途解約に関する規定以外の規制，すなわち，事業者名等の明示義務，書面交付義務，不当な勧誘行為の禁止，広告に表示すべき事項，誇大広告の禁止，承諾をしていない者に対する電子メール広告の提供の禁止，クーリング・オフ，不当勧誘による契約の取消権，行政による監督制度，差止請求権，主務大臣に対する申出制度については，基本的に前述の**1** 訪問販売等，**2** 特定継続的役務提供，**3** 業務提供誘引販売取引に対する規制の内容と同様である。これらの規制内容の詳細については**1**〜**3**を参照されたい。以下では，連鎖販売取引に特有の規制内容を中心に説明する。ただし，以下のうち，不当な勧誘行為等の禁止，事業者の書面交付義務，クーリング・オフ，中途解約などの規定は，連鎖販売加入者が事業を店舗等によらないで個人で行う場合に限り適用される。

また，以下の事業者に対する規制は，統括者（＝連鎖販売業で扱う商品に自己の商標を付したり，継続的に経営に関し指導を行うなど，一連の連鎖販売業を実質的に統括する者〔33条2項〕），勧誘者（＝統括者が連鎖販売取引について勧誘を行わせる者〔33条の2第1かっこ書〕），一般連鎖販売業者（＝統括者または勧誘者以外の，連鎖販売業を行う者〔同第2かっこ書〕）に適用される（以下，三者を対象とするときは「統括者等」という）。

① 不当な勧誘行為等の禁止（34条）

統括者等は不当な勧誘行為が禁止されており，禁止行為もおおむ

ね訪問販売等の場合（**1**・③の(a)(b)(c)(d)）と同様である。ただし，(a)の契約にかかる重要な事項に，特定負担に関する事項，特定利益に関する事項等が追加されている点，(a)の事項について，統括者および勧誘者に対しては故意に事実を告げない行為と不実のことを告げる行為が禁止されているが，一般連鎖販売業者に対しては不実のことを告げる行為が禁止されているのみである点に注意を要する（なお，(b)(c)(d)は三者に対し禁止されている）。

② クーリング・オフ（40条）

クーリング・オフの規定も，行使期間が法定の契約書面受領日から20日間であることを除けば，訪問販売等に関する規定とほぼ同様である。契約の仕組みが複雑であることなどから，消費者が冷静になって契約内容について見直す期間として20日間を設定している。期間内に書面で発信すればよく，クーリング・オフ権行使の妨害行為に対する規定も置かれている（妨害行為があった場合の期間延長も20日間である）。

【Case 3-5】のQ1では，契約締結から2週間が経過しているが，契約書受領から20日以内であるため，Eさんはクーリング・オフすることが可能である。

③ 消費者の中途解約権＋中途解約時の損害賠償額の上限の定め（40条の2）

クーリング・オフ期間の20日間を経過した場合も，連鎖販売加入者は，将来に向かって当該契約をいつでも中途解約することができる。また，中途解約した場合の違約金についても，統括者等は，契約の締結および履行のために通常要する費用の額，あるいは以下の(a)(b)の場合は当該額と以下の金額を加えた額を超える金額は請求できないとされている（40条の2第3項）。

(a) 解除が商品の引渡し後の場合……(ⅰ)引き渡された商品の販

売価格に相当する額，および(ii)提供された特定利益その他の金品に相当する額。
(b) 解除が役務の提供開始後の場合……提供された役務の対価に相当する額。

さらに，加入契約締結後1年以内に解約する場合には，加入者が，解約時からさかのぼって90日以内に引渡しを受けた商品については当該販売契約を解除することができる。すなわち，商品を返品することができる。ただし，当該商品を再販売していないこと，当該商品が未使用であることを要する（40条の2第2項）。

また，その場合の損害賠償額の上限も規定されている（40条の2第4項）。
(a) 当該商品が返還された場合，または当該商品の引渡し前の解除……当該商品の販売価格の10分の1に相当する額。
(b) 当該商品が返還されない場合……当該商品の販売価格に相当する額。

【Case 3-5】のＱ2で，Eさんは，契約締結後3ヶ月経過しており，クーリング・オフ期間は経過しているが中途解約は可能である。しかも，Eさんは入会後1年以内であるため，中途解約の日からさかのぼって90日を超えない期間に取り寄せた商品は未使用であれば，売買契約の解除，すなわち返品することができる。

無限連鎖講の防止に関する法律 本法はねずみ講の危険性にかんがみ，これを「無限連鎖講」として全面的に禁止している。本法はわずか7条から成るが，第1条の目的規定では，「この法律は，無限連鎖講が，終局において破綻すべき性質のものであるのにかかわらずいたずらに関係者の射幸心をあおり，加入者の相当部分の者に経済的な損失を与えるに至るものであることにかんがみ，これに関与する行為を禁止するとともに…（中略）…無限連鎖講がも

たらす社会的な害悪を防止することを目的とする」と規定している。

(1) 定義（2条）　本法において「無限連鎖講」とは以下の要件を満たすものをいう。

(a)金品（財産権を表象する証券または証書を含む）の出えん組織であること，(b)加入者が無限に増加するといって勧誘すること，(c)先に加入した者が先順位者，以下，これに連鎖して段階的に2以上の倍率で増加する後続の加入者がそれぞれの段階に応じて後順位者となること，(d)先順位者が後順位者の出えんする金品から自己の出えんした金品の価格等を上回る金品を受領することを内容とすること。

【Case 3-6】のように，ねずみ講の勧誘では，当初，詳しい仕組みの説明がなされることは稀である。ただ，3万円を支払って入会すること，「後から入会した会員が増えるごとに配当が入る」との説明，さらに後続の「会員を4名入会させる」ことが求められていることなどから，この組織は本法にいう「無限連鎖講」に該当すると考えられよう。

(2) 規制内容　(a) 無限連鎖講の禁止（3条）　何人も，無限連鎖講を開設，運営，講への加入，加入することの勧誘，これらの行為を助長する行為をしてはならない。本法では，無限連鎖講に関わるすべての行為を禁止している。

(b) 国および地方公共団体の任務（4条）　国等は，無限連鎖講の防止に関する調査および啓蒙活動を行うことが義務づけられている。

(c) 罰則規定（5条～7条）　無限連鎖講を開設し，または運営した者は，3年以下の懲役もしくは300万円以下の罰金（併科も可能）に処せられる（5条）。

業として無限連鎖講に加入することを勧誘した者は，1年以下の

懲役もしくは30万円以下の罰金に処せられる（6条）。

　無限連鎖講に加入することを勧誘した者は，20万円以下の罰金に処せられる（7条）。

　したがって，【Case 3-6】では，Gは，自ら無限連鎖講を開設し運営しているか，あるいは業としてFさんを勧誘したかによる違いはあるとしても，上記のいずれかの刑罰に処せられる。また，Fさんが友人をセミナーに連れて行ったとすると，無限連鎖講に加入することを勧誘した者として処罰される可能性があろう。

第4章 消費者信用取引

1 はじめに

　近年のわが国は，国内総生産（GDP）500兆円ほどの世界有数の経済大国であり，国内市場には，消費者の欲求を満たす商品・サービスが溢れている。しかし，消費者が商品・サービスを欲しても，資金不足のために，購入を諦めなければならないときもある。このようなときに，クレジットで後払いにすることや，消費者ローンから現金を借り入れて支払うことが，広く行われている。というのは，一方で，消費者にとっては，将来代金が支払われるだろうと販売業者から信用されて現在の商品・サービスを購入でき，自己の欲求を満足させることができる，という利点があるからである。他方で，販売業者にとっては，将来代金が支払われるだろうと消費者を信用して現在の商品・サービスを販売でき，自己の収益を増やすことができる，という利点もあるからである。けれどもその反面，消費者にとっては，即時に代金を支払う必要がないために，商品・サービスを購入し過ぎてしまう，という欠点があり，現金販売価格，割賦販売価格，賦払金分割支払金，頭金，申込金，支払期間など現金取引とは違う複雑な条件がわかりにくく，紛争が発生しやすい，という欠点もある。

　消費者が将来の収入で支払うことを条件として，現在の商品・サービスを購入したり，資金を借り入れたりする取引を，事業者が消費者に信用を与えること（与信）を捉えて，「消費者信用取引」と

いう。消費者信用取引は，消費者が商品・サービスを購入するにあたってその代金支払いを後払いにする「販売信用取引」と，消費者が資金を借り入れる「消費者金融取引」とに分類される。販売信用取引には，購入者と販売業者との二者間で行われる「割賦販売」，購入者，販売業者およびクレジット業者などとの三者間で行われる「信用購入あっせん」（クレジットカードを発行する包括信用購入あっせん，個々の取引ごとにクレジットを申し込む個別信用購入あっせん），および「ローン提携販売」とがある。

わが国では，全般的に消費者信用取引を規律する法律は，いまだ制定されていない。販売信用取引については「割賦販売法」が，消費者金融取引については「利息制限法」，「貸金業法」および「出資の受入れ，預り金及び金利等の取締りに関する法律」（出資法）が制定されているにすぎない。

2 　消費者被害の現状と背景

【Case 4-1】 Aは，クレジットを利用してカラープリンターをB販売店で購入し，デジタルカメラで撮った写真を印刷したところ，フルカラーで印刷されないので，B販売店に苦情を申し立てた。しかし，B販売店は，修理に応じる前に，倒産してしまった。Aは，クレジット会社に，支払いを続けなければならないのか。

【Case 4-2】 Aは，「当社のパソコンと教材を購入して研修を受ければ，当社が紹介する在宅ビジネスで高収入が得られる」とB販売業者から勧誘されて，クレジットで契約した。ところが，B販売業者は，仕事を紹介しないままに，連絡も取れなくなってしまった。Aは，クレジットの支払いを止めることができるのか。

【Case 4-3】 Aは，B呉服店の販売員Cから，「今月の売上ノルマを達成できないので，着物を買ったことにして欲しい。翌月には伝票を処理するから迷惑はかけない」と頼まれて，クレジット会社の確認電話に「ハイハイ」と応えた。数ヶ月後にクレジット会社から督促状が届いたので，Aは驚いてB呉服店に出かけたところ，B呉服店は店仕舞いをしていて，販売員Cとも連絡が取れなくなってしまった。Aは，クレジットを支払わなければならないのか。

近年のわが国における消費者信用取引額は年間74.4兆円をこえ，そのうち，信用購入あっせんによる取引額は年間約8.9兆円であり，サラ金による取引額は年間15.7兆円強である（2008年度）。

また，販売信用取引についての消費生活相談件数は年間8.7万件をこえ，そのうち，個別信用購入あっせんに関する相談件数は年間約4.4万件であり，サラ金に関する相談件数は年間12万件強である（2008年度）。

悪質商法による消費者被害が発生する背景には，購入者，販売業者およびクレジット業者などとの三者間で行われる販売信用取引の利用がある。というのは，販売業者は，購入者の支払能力を考慮することなく，高額な商品・サービスの販売代金を直ちに回収できるからであり，クレジット業者が契約の締結や債務の履行に関与していないために不当な勧誘行為，債務不履行，クレジットの不正使用などを行いやすいからでもある。また，消費者被害が高額化することも，販売業者による販売信用取引，特にその7割強を占める個別信用購入あっせんの利用が背後にあるからである。

三者間で行われる販売信用取引を利用する場合，商品・サービスを提供する者と分割代金を受領する者とが分離しているために，購入者と販売業者との間の契約について，販売業者に対するクレーム（無効，取消し，解除などの抗弁事由）が発生したとき，購入者は，そ

のクレームを理由として，クレジット業者への支払いを拒絶できるのか，という問題（抗弁の対抗，抗弁の接続，支払停止の抗弁）が特に重要となってくる。

　消費者金融取引については，貸金業者が，利息制限法の制限を超え，出資法の罰則が科せられる利率をわずかに下回る金利（いわゆるグレーゾーン金利）で，消費者の返済能力を無視して過剰に，消費者に貸し付けることが多く，また，苛酷に取り立てることからも社会問題となっている。経済的に余裕のない者が，貸金業者から高利で借り入れることは，そもそも無理があり，失業などによって収入が途絶え，一度返済が滞ると，直ちに苛酷な取立てが始まり，そのため，また高利で借り入れるという悪循環に陥ってしまう。ついには，多重債務者として，裁判所の調停委員による弁済合意のあっせんによる債務整理手続である「特定調停」や，債務者自身が破産手続を申し立てることにもなる（「自己破産」）。司法統計年報によると，近年，特定調停は年間10万件あまり，破産は年間14万件ほどが裁判所に申し立てられている（2008年度）。そのおよそ9割の申立てが貸金業関係によるものである。

3　割賦販売法

　割賦販売法は，戦後の混乱がおさまり経済復興が急務であった，第二次池田勇人内閣の「所得倍増計画」の下で，「この法律は，割賦販売及び割賦購入あっせんに係る取引を公正にし，その健全な発達を図ることにより，商品の流通を円滑にし，もつて国民経済の発展に寄与することを目的とする」（制定時1条1項）ものとして，1961年に制定された。その後，消費者保護の観点から，数次の改正を経た。1972年には，「この法律は，割賦販売等に係る取引を公正

にし,その健全な発達を図ることにより,購入者等の利益を保護し,あわせて商品等の流通及び役務の提供を円滑にし,もつて国民経済の発展に寄与することを目的とする」(旧1条1項)と,目的規定が大改正され,同時に,クーリング・オフに関する規定が導入された。1984年には,抗弁の対抗に関する規定が導入された。これらの改正によって,割賦販売法は,市場秩序に関する法という性格に,消費者・国民生活に関する法という性格も,合わせ持つことになった。

また近年,高齢者に執拗な勧誘を行い到底必要とはされないほどの多量の商品を売りつける訪問販売や,こうした悪質な勧誘行為を助長するようなクレジット業者による不適正な与信が社会問題となり,2008年6月に特定商取引法と割賦販売法の大改正が行われ,2009年12月1日から施行されることとなった。改正法は,「この法律は,割賦販売等に係る取引の公正の確保,購入者等が受けることのある損害の防止及びクレジットカード番号等の適切な管理に必要な措置を講ずることにより,割賦販売等に係る取引の健全な発達を図るとともに,購入者等の利益を保護し,あわせて商品等の流通及び役務の提供を円滑にし,もつて国民経済の発展に寄与することを目的とする」(現1条1項)と,目的規定を大改正した。この目的を実現するために,個別クレジット業者に登録制を導入し,その加盟店である訪問販売業者等の勧誘行為の調査を義務づけるとともに,虚偽説明等の不正な勧誘行為があった場合には,消費者は与信契約を取り消し,既払金の返還を求めることができることとし,また,クレジット業者に対し,信用情報機関を利用した消費者の支払能力調査を義務付け,過剰な与信を禁止することなどの諸規定を整備している。

割賦販売法は,商品・サービスの引渡と代金の支払時期が分離し分割されていることを本質とする売買契約の特殊な形態として,

「割賦販売」,「ローン提携販売」および「信用購入あっせん」を規律するのみならず,商品・サービスの引渡前に代金の全部または一部を分割で前払いするという「前払式割賦販売」,および,互助会や友の会のように会費を毎月一定額払い込むことによって商品・サービスを受けるという「前払式特定取引」も規制している。

割賦販売法による規制の主要なものは,①取引条件の表示義務,②書面交付義務,③クーリング・オフ,④解除等の制限,⑤損害賠償額の制限,⑥所有権留保の推定,⑦抗弁の対抗,⑧開業規制などである。

1 割賦販売法の規制対象取引

規制対象取引の分類 割賦販売法は,すべての代金後払い取引を対象とするものではなく,(1)契約主体,(2)契約方式,(3)支払方法,(4)商品・サービスなどにより分類された取引を,対象としている(図表4-1を参照)。

(1) 契約主体 契約主体から分類すると,販売業者自身が購入者に信用を付与するもので購入者・販売業者が当事者となる二者型と,販売業者以外の者が購入者に信用を付与するもので購入者・販売業者・クレジット業者などが当事者となる三者型とがある。

割賦販売法は,二者型の「割賦販売」(2条1項)と,三者型の「ローン提携販売」(同条2項)および「信用購入あっせん」(同条3項)の三類型を定めている。

三者型であるローン提携販売と信用購入あっせんとの区別は,保証の有無によるものである。販売業者が購入者の債務を保証するものがローン提携販売であり,保証しないものが信用購入あっせんである。

三者型の契約主体であるクレジット業者には,信販会社系,銀行

系，流通系，メーカー系などがあるが，割賦販売法は，これらの事業主体の種類による区別は行わず，契約の特徴によって区別している。

なお，1999年の改正により，信用購入あっせんの定義規定の中に，購入者・販売業者・クレジット業者・金融機関が当事者となる四者型の類型も規制されるようになった。

(2) 契約方式　割賦販売法は，契約の方式について，包括式と個別式を区別している。包括式とは，あらかじめ利用限度額（与信枠）を定めてクレジット・カード（「カード等」）を発行し，販売業者にこのカードを提示して，契約を締結する方式であり，個別式とは，商品・サービスを購入する度に，クレジットの申込書を作成し，信用調査と確認による審査を経て，契約を締結する方式である。

割賦販売法は，クレジット・カードなどの「カード等」について，「それを提示し若しくは通知して，又はそれと引換えに，商品若しくは権利を購入し，又は有償で役務の提供を受けることができるカードその他の物又は番号，記号その他の符号」と定義している（2条1項2号）。それゆえ，クレジット・カードを発行せず，「番号，記号その他の符号」の通知のみで，契約を成立させることが，インターネット上の取引で増大している。

(3) 支払方法　支払いの方法には，一括払いの方式（マンスリークリア方式），2ヶ月以上かつ3回以上に分割して支払うという割賦払いの方式，および，あらかじめ定めた与信枠に至るまで何度も商品・サービスを購入することができ，あらかじめ定めた計算方法で算出した月額を支払うというリボルビング方式がある。この3種類のうち一括払いの方式には，割賦販売法の適用はない。なお，特殊なものとして前払式の割賦払いも認められる（前払式取引）。さらに，2008年の改正により，信用購入あっせんについては，2ヶ月以上の1回払いおよび2回払いも規制対象とされた。

(4) 商品・サービス　商品・サービスについては，割賦販売法2条5項が，「指定商品」，「指定権利」および「指定役務」として定義づけ，これを受けて，政令が具体的に定めている（政令指定制度）。指定商品とは，「定型的な条件で販売するのに適する商品であつて政令で定めるもの」である。指定権利とは，「施設を利用し又は役務の提供を受ける権利のうち国民の日常生活に係る取引において販売されるものであつて政令で定めるもの」である。指定役務とは，「国民の日常生活に係る取引において有償で提供される役務であつて政令で定めるもの」である。

　割賦販売法が定める消費者保護の諸規定は，政令によって定められた指定商品・指定権利・指定役務に限って，適用される。旧法では，政令指定商品制度が，営業活動に過度の法規制を加えないためにトラブルが多発し法規制が必要なものに限る，という趣旨に基づくことから，消費者被害の発生する度に，後追いで指定が追加されるにすぎなかった。そこで，2008年の改正により，信用購入あっせんの規制対象となる商品および役務を政令で指定する方式を改め，原則全ての商品および役務を規制対象とするものとされた。しかし，権利の概念が必ずしも明確であるわけではないので，なお個別信用購入あっせんについては，政令で指定する方式が維持されている。

割賦販売　割賦販売とは，販売業者が，購入者から，代金を2ヶ月以上の期間にわたり3回以上に分割して受領することを条件として，指定商品，指定権利または指定役務を販売することである（2条1項，図表4-2を参照）。

　割賦販売は，契約主体について，二者型の類型に属するもので，販売業者自身が購入者に信用を付与する点に特徴がある。

　支払いの方法については，2ヶ月以上かつ3回以上の割賦払いの方式（同項1号）と，リボルビング方式（同項2号）とが認められ，

図表4-1 割賦販売法の規制対象取引

種類	契約主体	契約方式	支払方法	商品・権利・役務
割賦販売 2条1項	(二者型) 購入者 販売業者	包括・個別 1号	割賦 1号	指定商品 指定権利 指定役務
		包括 2号	リボルビング 2号	
前払式割賦販売 11条	(二者型) 購入者 販売業者	包括・個別	前払割賦	指定商品
ローン提携販売 2条2項	(三者型) 購入者 販売業者 金融機関	包括 1号	割賦 1号	指定商品 指定権利 指定役務
		包括 2号	リボルビング 2号	
信用購入あっせん / 包括信用購入あっせん 2条3項	(三者型) 購入者 販売業者 クレジット業者 (四者型) 購入者 販売業者 クレジット業者 金融機関	包括 1号	2月後払 1号	商品 権利 役務
		包括 2号	リボルビング 2号	商品 権利 役務
信用購入あっせん / 個別信用購入あっせん 2条4項		個別	2月後払	商品 指定権利 役務
前払式特定取引 2条6項	(二者型) 購入者 前払式特定取引業者	取次	前払割賦	商品 指定役務

一括払いの方式は認められていない。

　契約の方式については，支払方法としての割賦払いの方式をとるものには包括式と個別式とが認められるが(同項1号)，リボルビング方式をとるものには包括式しか認められていない(同項2号)。

　商品・サービスについては，政令指定制度がとられている。

図表 4-2　割賦販売

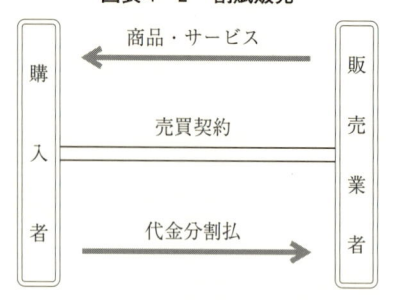

```
購入者 ←―― 商品・サービス ―― 販売業者
      ―――― 売買契約 ――――
      ―――― 代金分割払 ―――→
```

ローン提携販売　ローン提携販売とは，指定商品，指定権利または指定役務の代金支払いのために2ヶ月以上の期間にわたり3回以上に分割して返済することを条件とした購入者の債務を，販売業者が，保証をして，指定商品，指定権利または指定役務を販売することである（2条2項，**図表4-3**を参照）。

　ローン提携販売は，契約主体について，三者型の類型に属するもので，金融機関が購入者に信用を付与する点に特徴がある。また，販売業者は，事前に金融機関と提携し，購入者との売買契約の締結にあたって，購入者の金融機関への金銭消費貸借契約の申込を代行する点にも特徴がある。ローン提携販売は，同じ三者型の類型に属する信用購入あっせんと，契約手続や取引実態においてほとんど同じであるが，販売業者が購入者の債務を保証する点で違っている。

　支払いの方法については，2ヶ月以上かつ3回以上の割賦払いの方式（同項1号）と，リボルビング方式（同項2号）とが認められ，一括払いの方式は認められていない。

　契約の方式については，支払方法としての割賦払いの方式をとるものには包括式と個別式とが認められるが（同項1号），リボルビング方式をとるものには包括式しか認められていない（同項2号）。

　商品・サービスについては，政令指定制度がとられている。

図表 4-3　ローン提携販売

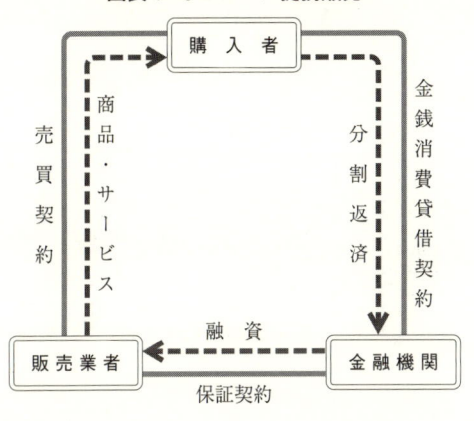

```
            購 入 者
    ┌─────────────────────┐
    │  商品・  │  分     │  金銭
 売  │  サービス│  割     │  消費
 買  │         │  返     │  貸借
 契  │         │  済     │  契約
 約  │         │         │
    販売業者 ←── 融資 ── 金融機関
              保証契約
```

　1999年の改正前において，ローン提携販売には，抗弁の対抗を認める規定が置かれていなかったので，その可否が問題とされていた。しかし，同年の改正により準用規定（29条の4第2項・3項）が追加され，抗弁の対抗の可否に関する問題は解決された。

信用購入あっせん　　信用購入あっせんとは，旧2条3項で定義された「割賦購入あっせん」を，2008年の改正により，「包括信用購入あっせん」（2条3項）および「個別信用購入あっせん」（2条4項）としたものであり，特定の販売業者が行う購入者への商品，権利または役務の販売を条件として，購入者から2ヶ月以上の後払い（2ヶ月以上の1回払いおよび2回払いも含む）を受けることをいう（2条3項・4項，**図表4-4**を参照）。

　包括信用購入あっせんはカード等（「カードその他の物又は番号，記号その他の符号」）を使用するが，個別信用購入あっせんはカード等を使用しない点で，両者は異なる。

　信用購入あっせんは，契約主体について，三者型の類型に属するもので，クレジット業者が購入者に信用を付与する点でローン提携

図表4-4　信用購入あっせん

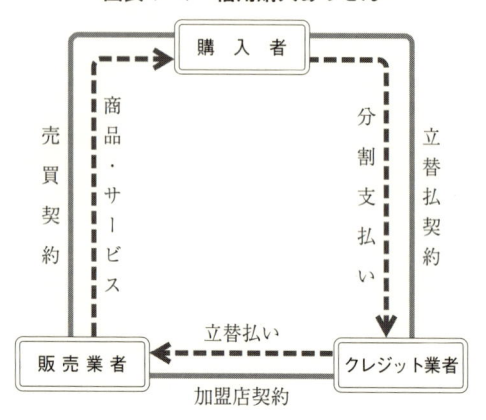

```
                    ┌─────────┐
          ┌────────→│ 購 入 者 │←────────┐
          │         └─────────┘         │
          │          商           分    │
        売│          品・         割    │立
        買│          サ          支    │替
        契│          ー          払    │払
        約│          ビ          い    │契
          │          ス                │約
          │                            ↓
    ┌─────────┐    立替払い      ┌───────────┐
    │ 販売業者 │←─────────────── │クレジット業者│
    └─────────┘    加盟店契約    └───────────┘
```

販売と類似するが，販売業者が購入者の債務を保証しない点で違っている。

支払い方法については，2008年の改正により，2ヶ月以上の1回払いおよび2回払いの方式も，規制対象とされた。なお包括信用購入あっせんにはリボルビング方式も維持されている（2条3項2号）。

契約の方式については，包括式（同項1号）と個別式（2条4項）が認められるが，リボルビング方式をとるものには包括式しか認められていない（同条3項2号）。

商品・サービスについては，2008年の改正により，政令指定制度が廃止され，原則としてすべての商品・権利・役務が規制の対象とされている。しかし，権利の概念が必ずしも明確であるわけではないので，個別信用購入あっせんに関しては，政令で指定する方式が維持されている。

四者型契約　四者型契約は，三者型に属する信用購入あっせんに金融機関が加わったもので，購入者，販売業者，クレジット業者および金融機関という四者が当事者となるものである。

図表 4-5　四者型契約（「提携ローン」，「保証委託型クレジット」）

```
                    購 入 者
        ┌─────────→┌───────┐←─────────┐
        │          └───────┘          │
     売  商          │ │ ↑           金 保
     買  品          │ │ │           銭 証
     契  ・          │ │ │           消 契
     約  サ         分 │ │           費 約
         ー         割 │ │           貸
         ビ         返 │ │           借
         ス         済 │ │           契
        ┌───────┐   │ │ │         ┌───────┐  約
        │販売業者│   │ │ │         │金融機関│
        └───────┘   │ │ │         └───────┘
         ↑          │ │ │          ↑ │
         │ 代       │ │ │       融  │ │ 融
         │ 金       │ │ │       資  │ │ 資
     加  │ 支       │ │ │       返  │ │
     盟  │ 払       │ │ │       済  │ │
     店  │ い       │ ↓ │          │ ↓
     契  │          │   │          │
     約  │          ↓   │          │
        └─────────→┌───────┐←─────────┘
                    │クレジット業者│
                    └───────┘
```

　この類型は，クレジット業者自身が販売業者に立替払いをするのでなく，購入者が金融機関から融資を受けるについて，クレジット業者がこれを保証し，金融機関からクレジット業者をとおして販売業者へその融資金が交付され，購入者からクレジット業者をとおして金融機関へ割賦払いで返済される，という形態である（図表4-5を参照）。

　四者型契約は，金融機関からの融資について，クレジット業者がその受領者となり，購入者から委託されてその保証をする点で，販売業者がその受領者となり，その保証をするローン提携販売とは異なる。

第4章　消費者信用取引

このことを捉えて,四者型契約は,「提携ローン」または「保証委託型クレジット」と称されるのである。

購入者が割賦金の返済について債務不履行に陥ったとき,四者型契約ではクレジット業者が金融機関に弁済して購入者に求償を請求するのに対して,信用購入あっせんではクレジット業者が購入者の債務自体である立替払いを購入者に請求する,という点も異なる。

従来,四者型契約は,信用購入あっせんに該当するものとして取り扱われていたが,1999年の改正により,信用購入あっせんの定義規定の中に,「(当該販売業者又は当該役務提供事業者以外の者を通じた当該販売業者又は当該役務提供事業者への交付を含む。)」という文言を追加挿入して,明白に規定された(2条3項各号・4項)。

2 割賦販売法の規制内容

割賦販売法は,割賦販売について基本的な規制を定め,これをローン提携販売および信用購入あっせんに準用する,という構造を採用している。

取引条件の表示義務 取引をするにあたって,その取引の条件を表示することが,義務づけられている。表示されるべき取引条件は,割賦販売では現金販売価格,割賦販売価格,支払いの期間および回数,手数料の料率などの事項である(3条)。これと同様に,ローン提携販売は29条の2,包括信用購入あっせんは30条,個別信用購入あっせんは35条の3の2によって,取引の条件を表示することが,義務づけられている。

書面の交付義務 取引時には,その契約内容を記載した書面を遅滞なく交付することが,義務づけられている。というのは,支払完了までの期間が長く,取引条件も複雑となるので,契約内容を明確化することを要する,という趣旨に基づくから

である。交付されるべき書面の内容は，割賦販売では割賦販売価格，賦払金の額，支払いの時期および方法，商品の引渡時期，契約の解除に関する事項，所有権の移転に関する定めがあるときはその内容などである（4条）。これと同様に，ローン提携販売は29条の3，包括信用購入あっせんは30条の2の3，個別信用購入あっせんは35条の3の9によって，契約内容を記載した書面を遅滞なく交付することが，義務づけられている。

なお，インターネットや携帯電話などの普及によって，購入者からあらかじめ承諾を得ているときは，契約内容を記載した書面に代えて，情報処理通信の技術を使用する方法で，提供することが認められている（4条の2）。ローン提携販売も包括信用購入あっせんも個別信用購入あっせんも同様である（29条の4第1項，30条の6，35条の3の22）。

クーリング・オフ　販売信用取引を用いる場合には，代金分割後払いであるために高額商品や不必要な商品を購入しがちであることから，2008年の改正前の旧法においては，契約締結後，契約内容を記載した書面の交付が行われた後，なお購入者に熟慮期間を与え，「申込みの撤回等」（「書面による当該契約の申込みの撤回又は当該契約の解除」）をすることができるクーリング・オフの制度を設けていた（旧4条の4，旧29条の3の3，旧30条の2の3）。しかし，実際には，特定商取引法によるクーリング・オフが用いられることが多く，割賦販売法によるクーリング・オフが用いられることは少なかった。そこで，2008年の改正によって，クーリング・オフの規定は，これを特定商取引法に委ねることとして，削除したうえで，個別信用購入あっせんについてのみ，新設した（35条の3の10）。

クーリング・オフは，契約内容を記載した書面を受領した日から

起算して8日を経過するまで行うことができる（35条3の10第1項）。なお，特定連鎖販売および業務提供誘引販売については，契約内容を記載した書面を受領した日から起算して20日を経過するまで，クーリング・オフをすることができる（35条の3の11第1項1号・3号）。なお，クーリング・オフについて妨害（不実告知による誤認，威迫による困惑）があった場合には，クーリング・オフができる旨を記載した書面を受領した日が起算日とされる。

クーリング・オフは，販売業者とクレジット業者に対して，それぞれ書面をもって行うものであるが，クレジット業者に対してのみ行った場合でも，販売業者に対して行ったものとみなされる（同条の3の10第5項）。

クーリング・オフがなされた場合，販売業者は購入者に対して損害賠償または違約金の支払いを請求できず（同条の3の10第6項），また，クレジット業者は購入者に対して立替金の支払いも請求できない（同条の3の10第7項）。さらに，販売業者は立替金をクレジット業者に返還する義務を負い（同条の3の10第8項），クレジット業者は購入者の既払金を購入者に返還しなければならない（同条の3の10第9項）。

契約の解除等の制限

割賦販売業者は，賦払金の支払義務が履行されない場合において，20日以上の相当の期間を定めてその支払いを書面で催告し，その期間内にその義務が履行されないときでなければ，契約を解除し，または，支払時期の到来していない賦払金の支払いを請求できない（5条）。契約の解除等の制限は，ローン提携販売には認められないが，包括信用購入あっせん（30条の2の4）と個別信用購入あっせん（35条の3の17）には認められる。

この規制の趣旨は，賦払金の支払いを1回でも遅滞したときに，

契約解除または期限の利益の喪失（期限が存在することによって，購入者が債務の履行を請求されないとか，権利を失わないなどの利益を喪失すること）という効果を直ちに発生させては，購入者にあまりに苛酷である，ということに求められている。

損害賠償等の額の制限　割賦販売業者は，契約が解除されたとき，当該商品が返還される場合には通常の使用料の額，当該商品が返還されない場合には割賦販売価格に相当する額，または，当該商品の引渡前の場合には契約締結および履行のために通常要する費用の額などに，これに対する法定利率による遅延損害金の額を加算した金額を超える額の金銭の支払いを，購入者に請求することはできない（6条）。損害賠償等の額の制限は，ローン提携販売には認められないが，包括信用購入あっせん（30条の3）と個別信用購入あっせん（35条の3の18）には認められる。

この規定は，消費者が弱く販売業者が強いという交渉力の不均衡性を背景に，販売業者が一方的に高額な違約金を請求するという事案が社会問題となったために，設けられたものである。

なお，法定利率は，割賦販売業者が商法上の商人に該当するため（商法4条），年利6％である（同514条）。

所有権留保の推定　割賦販売による指定商品の所有権は，その代金が完済される時まで，割賦販売業者に留保されたものと推定される（7条）。購入者は，割賦販売業者から指定商品を受け取って使用することができるが，その代金が完済される時まで，売却等の処分をすることができない。購入者はその代金を完済すれば所有権の移転を受けることができ，割賦販売業者は，所有権を留保しているので，購入者が残代金の支払債務を履行しないときには，契約を解除し，所有権に基づいてその商品の返還を請求することができる。このように，所有権留保は，割賦販売業者の

購入者に対する代金債権を確実にするための機能を果たしている。所有権留保の推定は、ローン提携販売、包括信用購入あっせんおよび個別信用あっせんには認められない。

抗弁の対抗　(1) 意　義　抗弁の対抗（抗弁の接続、支払停止の抗弁）とは、購入者が信用購入あっせんまたはローン提携販売によって指定商品等を購入した場合、購入者と販売業者との間の売買契約について販売業者に対する無効、取消し、解除等の抗弁事由が発生したとき、この抗弁事由をもって、クレジット業者または金融機関の割賦金の請求に対して対抗（支払拒絶）することができることである。1984年の改正により、抗弁の対抗に関する規定は、割賦購入あっせんについて定められ（旧30条の4、30条の5）、次いで、ローン提携販売についても定められた（29条の4による30条の4の準用）。さらに、2008年の改正により、割賦購入あっせんは包括信用購入あっせんおよび個別信用購入あっせんとされたことを受けて、それぞれに規定が設けられた（30条の4、30条の5、35条の3の19）。

購入者・販売業者が当事者となる二者型の割賦販売では、購入者が錯誤に陥って契約したときには契約の無効を主張して（民法95条）、詐欺・強迫によって契約させられたときには契約の取消しを主張して（同96条）、販売業者が契約どおりの履行をしないときは契約を解除して（同541条）、購入者は、販売業者への支払いを拒絶することができる。また、商品の引渡期限が過ぎても販売業者が商品を引き渡さないときにも、購入者は、同時履行の抗弁権をもって、販売業者への支払いを拒絶することができる（同533条）。

ところが、二者型の割賦販売とは異なって、三者型の信用購入あっせんには、次のような特徴がある。

すなわち、形式的には、購入者・販売業者・クレジット業者など

が当事者となる三者型の信用購入あっせんでは，購入者と販売業者との間の売買契約と，購入者とクレジット業者との間の立替払契約とは，法形式上別個のものである。この点を捉えて，クレジット業者は，立替払契約の中に，「販売業者との間に生じたクレームを理由に当社に対する支払いを停止することはできない」，「クレームについては，当社は無関係であり，購入者と販売業者との間で解決するものとする」という趣旨の条項（抗弁権の切断条項）を設けることが，通例であった。

しかし，実質的には，販売業者とクレジット業者とはあらかじめ提携関係（加盟店契約）を結び，クレジット業者は販売業者に立替払契約の締結を委託し，売買契約と立替払契約とは一体となって締結される。また，クレジット業者は，多くの販売業者との継続的な取引関係の中で，損失を分散させうる経済力を有している。他方で，購入者は，通常，売買契約と立替払契約とを別個のものと理解せず，二者型の割賦販売と同様に，売買契約に関して発生した事由をもって，クレジット業者への分割支払いを拒絶できると期待している。また，購入者が販売業者との一回限りの取引をするに際して，その購入者がその販売業者の実情を知ることは難しい。さらに，購入者は，損失を負担するだけの経済力を有していない。

このような状況の中で，信用購入あっせんについて，購入者と販売業者との間の売買契約に無効，取消し，解除等の問題が発生しているにもかかわらず，クレジット業者は，抗弁権の切断条項を根拠に，購入者に対して割賦金を請求する，という問題が多発した。そこで，割賦販売法が1984年に改正され，抗弁の対抗に関する規定が設けられたのである。

【Case 4-1】は，抗弁の対抗が認められる典型的な事案である。

(2) 要　件　抗弁の対抗が認められる要件は，(a)信用購入あ

っせん・ローン提携販売による取引であること，(b)商品等を購入していること，(c)販売業者に対して主張できる事由があること，(d)割賦払方式によるときは4万円以上，リボルビング方式によるときは3万8,000円以上の支払総額であることである。

(a)の信用購入あっせん・ローン提携販売については上述した。(b)の商品等についても上述した。(c)の販売業者に対して主張できる事由については，その事由の存在と範囲とが問題になる。

まず，その存在については，1984年11月26日通産省産業政策局長通達「昭和59年改正割賦販売法の施行について」が，具体例を次のように挙げている。

〈例〉

(ア) 販売業者に債務不履行等があること
　① 商品の引渡しがないこと
　② 見本・カタログ等によって提示された商品と現に引渡された商品とが違うこと
　③ 商品に明らかな瑕疵または隠れた瑕疵があること
　④ 商品の引渡しが遅れたため，商品購入の目的が達せられなかったこと
　⑤ 商品の販売の条件となっている役務の提供がないこと
　⑥ その他販売業者に債務不履行があること
(イ) 売買契約が成立していない場合，無効である場合または取消しうる場合であること

これを踏まえて整理すると，錯誤による無効，詐欺による取消し，消費者契約法による取消しなどが主張できる場合，商品の引渡しが

ないために同時履行の抗弁権や契約の解除が主張できる場合，引き渡された商品に瑕疵があるために瑕疵担保責任が主張できる場合，特定商取引法によるクーリング・オフや中途解約権が主張できる場合，または，特約によって約定解除権が主張できる場合が，販売業者に対する抗弁事由ということになる。

次に，その範囲については，売買契約の内容となる事項または契約書面等に記載された事項に制限されると解する見解（制限説）と，それらに制限されないと解する見解（無制限説）とが対立している。立法者および通説の立場は無制限説である。その理由は，割賦販売法は販売業者に対して「生じている事由」（30条の4，35条の3の19）と定めるのみで文言上特段の制限を設けていないこと，口頭の約束も契約になること，消費者保護の趣旨に区別はないことなどに求められている。

【Case 4-2】は，販売業者に対して主張できる事由の範囲が問題となる事案である。

(d)の要件は，少額の取引についても抗弁の対抗を認めることにすると，取引の安全が害されるおそれがあるので，政令で定められたものである（施行令21条，24条）。

(3) 行使方法　抗弁の対抗は，購入者がクレジット業者に対して，売買契約につき販売業者に対して主張できる事由があることを主張して，支払いを拒絶することによって，行使する。クレジット業者が，購入者に対して，抗弁の対抗をする旨の抗弁書の提出を求めるときは，購入者はその書面を提出するように努めなければならない，とされる（30条の4第3項，35条の3の19第3項）。

(4) 効　果　抗弁の対抗は，未払金の請求に対してその支払いを拒絶する，という効果がある。抗弁の対抗の事由が，同時履行の抗弁権のような一時的なものであれば，その事由が解消された時点

から，支払いを再開することになる。無効，取消し，契約の解除のように債務が消滅するものであれば，将来にわたって確定的に支払いを拒絶できる。

(5) クレジットの不正利用　クレジットの不正利用とは，販売業者がクレジットの仕組みを悪用してクレジット業者からの立替金を不正に取得することをいう。

クレジットの不正利用の手口には，販売業者が購入者の名義を無断で使用する「名義冒用」型，購入者が販売業者から依頼されて契約名義人となることを承諾する「名義貸し」型などがある。

【Case 4-3】は，名義貸しの事案である。

名義冒用について，購入者は，民法の基本原則からしても，何らの責任を負うこともない。

名義貸しについては，購入者が販売業者から依頼されて，契約書に署名捺印することや，クレジット業者からの確認に対して応答することなど，販売業者のクレジットの不正利用に協力しているかのような外観をあらわすので，購入者の責任につき問題が発生する。クレジット業者を何の事情も知らない善意の第三者であるとみる見解では，契約責任にしても，不法行為責任にしても，購入者に責任がある，と主張される（心裡留保につき民法93条，虚偽表示につき民法94条2項，詐欺につき民法96条2項，共同不法行為につき民法719条など）。それに対して，販売業者とクレジット業者とはあらかじめ提携関係（加盟店契約）を結び，クレジット業者は販売業者に立替払契約の締結を委託し，売買契約と立替払契約とは一体となって締結されるという点を重視して，クレジット業者を販売業者（加盟店）を管理する立場にある者であるとみる見解では，販売業者（加盟店）はクレジット業者の代理人ないしは履行補助者であり，クレジット業者は販売業者（加盟店）の管理について懈怠があるから，購入者に責任

図表 4-6　割賦販売法の規制の内容

	割賦販売	ローン提携販売	包括信用購入あっせん	個別信用購入あっせん
取引条件の義務	3条	29条の2	30条	35条の3の2
書面の交付義務	4条	29条の3	30条の2の3	35条の3の8, 9
クーリング・オフ	—	—	—	35条の3の10, 11
契約の解除等の制限	5条	—	30条の2の4	35条の3の17
損害賠償等の額の制限	6条	—	30条の3	35条の3の18
所有権留保の推定	7条	—	—	—
抗弁の対抗	—	29条の4	30条の4, 5	35条の3の10
適用除外	8条	—	35条の3の60	35条の3の60
開業規制	前払い許可 11条	—	登録 31条	登録 35条の3の23
過剰与信防止義務	38条	38条	30条の2, 30条の2の2	35条の3の3, 4
適正与信義務	—	—	—	35条の3の5, 7
過量販売の解除	—	—	—	35条の3の12
不実告知等による取消	—	—	—	35条の3の13〜16
業務の適正化	—	—	30条の5の2	35条の3の20

はない，と主張される。

開業規制　包括信用購入あっせんと個別信用購入あっせんには，クレジット業者の営業基盤を確保させることによって販売業者に不測の損害を被らせないようにするために，登録義務を課し（31条，35条の3の23），さらに包括信用購入あっせんには営業保証金供託義務が課せられている（35条の3による16条の準用）。

過剰与信防止義務　旧38条においては，支払能力を超える購入の防止に「努めなければならない」ものとされていた。しかし，近年，特に高齢者に執拗な勧誘を行い，到底必要

とはされないほどの多量の商品を売りつける訪問販売や，こうした悪質な勧誘行為を助長するようなクレジット業者による不適正な与信が問題となったことから，2008年の改正によって，クレジット業者は信用情報機関を利用して消費者の支払能力を調査することが義務づけられ，もって，過剰な与信が禁止されることとなった。

包括信用購入あっせんにおいては，カード等を交付する場合または限度額を増額する場合に，「年収，預貯金，信用購入あっせんに係る債務の支払の状況，借入れの状況その他当該利用者の包括支払可能見込額を算定するために必要な事項」を調査しなければならない（30条の2第1項）。ここにいう「包括支払可能見込額」とは，自己の居住の用に供する住宅その他の資産を譲渡し，または担保に供することなく，かつ，生活維持費に充てるべき金銭を使用することなく，支払に充てることができると見込まれる1年間当たりの額である（同条の2第2項）。調査に当たっては，「指定信用情報機関」（35条3の36第1項）が保有する「特定信用情報」を使用しなければならない（30条の2第3項）。なお，調査に関する記録の作成・保存の義務も負わされている（同条の2第4項）。この調査により，包括支払可能見込額を超える場合には，カード等の交付等が禁止される（同条の2の2）。

同様に，個別信用購入あっせんにおいても，個別支払可能見込額を調査し（35条の3の3），この調査により，個別支払可能見込額を超える場合には，契約の締結が禁止される（同条の3の4）。

割賦販売とローン提携販売については，従来通り，支払能力を超えると認められるものは行わないように努めなければならない（38条）。

適正与信義務 　2008年の改正により，訪問販売，電話勧誘販売，特定連鎖販売個人契約，特定継続的役務提供等契

約または業務提供誘引販売個人契約に係る個別信用購入あっせんの締結については、これに先立って、販売業者の勧誘時における不実のことを告げる行為等の有無に関する事項を調査しなければならないものとされた（35条の3の5）。この調査により、不適正な勧誘方法が認められる場合、与信は禁止される（同条の3の7）。

過量販売の解除 近年、特に高齢者に執拗な勧誘を行い、到底必要とはされないほどの多量の商品を売りつける訪問販売がみられたことを背景に、2008年の改正によって、特定商取引法に、訪問販売に係るその日常生活において通常必要とされる分量を著しく超える商品の売買契約等の申込みの撤回等の制度が、新設された（特定商取引法9条の2）。これに該当する個別信用購入あっせんについては、その申込みの撤回またはその解除が認められる（35条の3の12第1項）。ただし、1年以内に行使しなければならず（同条2項）、購入者に契約の締結を必要とする特別の事情があったときは除外される（同条1項但書）。クレジット業者は、購入者に対して、損害賠償または違約金を請求できないのみならず（同条3項）、既払金をも返還しなければならない（同条6項）。さらに、販売業者は、クレジット業者に対して、立替金を返還しなければならない（同条5項）。

不実告知等による取消 2008年の改正により、訪問販売、電話勧誘販売、特定連鎖販売個人契約、特定継続的役務提供等契約または業務提供誘引販売個人契約に係る個別信用購入あっせんの締結について販売業者が勧誘をするに際し、支払総額、各回ごとの支払分の額ならびに支払時期、商品の種類およびその性能もしくは品質または権利もしくは役務の種類およびこれらの内容のうち購入者等の判断に影響を及ぼすこととなる重要なもの等の事項につき不実のことを告げる行為をしたことにより当該告げ

第4章 消費者信用取引

られた内容が事実であるとの誤認をし、または故意に事実を告げない行為をしたことにより当該事実が存在しないとの誤認をし、これらによって当該契約をしたとき、購入者は、これを取り消すことができるものとされた（35条の3の13〜16）。クレジット業者は、購入者に対して、立替金相当額の支払いを請求することができず（35条の3の13第2項）、販売業者は、クレジット業者に対して、立替金相当額を返還しなければならない（同条3項）。購入者は、クレジット業者に対して、既払金の返還を請求することができる（同条4項）。

業務の適正化 2008年の改正により、包括信用購入あっせんについて、包括信用購入あっせん業者は、利用者等の利益を保護するため、苦情の適切かつ迅速な処理等のために必要な措置を講じなければならないものとされ（30条の5の2）、個別信用購入あっせんについて、個別信用購入あっせん業者は、購入者等の利益の保護を図るため、購入者等の知識、経験、財産の状況等に照らして適切な業務の運営の実施、苦情の適切かつ迅速な処理等のために必要な措置を講じなければならないものとされた（35条の3の20）。

前払式取引の規制 (1) 前払式割賦販売　前払式割賦販売とは、指定商品を引き渡すに先立って購入者から2回以上にわたりその代金の全部または一部を受領する割賦販売である（11条）。

前払式割賦販売には、営業許可（11条以下）、営業保証金の供託（16条以下）および前受金保全措置（18条の3以下）が課される。というのは、消費者から前払代金を預かった販売業者が倒産すると、多数の消費者が不測の損害を被ることになるから、営業基盤を確保した販売業者に限って営業を許すことにしたのである。

なお、代金を一括前払いした後で商品を受け取る販売は、前払式

> **Topic**
>
> ## クレジットカードのスキミング被害と国民生活センターの要望
>
> 　キャッシュカードやクレジットカードなどの普及とともに、カード犯罪も急増した。従来、紛失・盗難カードを悪用するものや、偽造身分証明書により真正カードを入手して悪用するものが知られていたが、近年、カード情報をスキマーで盗み取って（スキミング）、偽造カードを作成し、不正に使用するものが広まっている。
>
> 　2001年の刑法改正により、「支払用カード電磁的記録に関する罪」（第18章の2）が追加され、キャッシュカードやクレジットカードなどを不正に作った者や行使した者には、10年以下の懲役または100万円以下の罰金が科されることとなった（163条の2）。
>
> 　キャッシュカードについては、2005年の「偽造カード等及び盗難カード等を用いて行われる不正な機械式預貯金払戻し等からの預貯金者の保護等に関する法律」（預金者保護法）によって、預貯金者が暗証番号の管理を適切に行う限り、不正な預貯金の払戻しが補償されることになり、もって被害者の救済が図られることになった。しかし、クレジットカードについては、いまだ被害者の救済が図られていない。
>
> 　そこで、国民生活センターは、2006年9月6日に、「クレジットカードのスキミング等の不正使用に関するトラブル」を公表し、クレジット業界に対して、①スキミング等による偽造カードの不正使用については、預金者保護に準じたルールを会員規約に明示するよう検討すること、②消費者から請求について異議があった場合は、偽造カードが使われたものではないかといった観点からも迅速に十分な調査を行い、誠実に対応すること、③調査にあたっては、透明性を確保しつつ、その経過を消費者に説明するように努めること、④本人確認の厳格化と事故発生後の調査協力を促進するため、加盟店指導のさらなる徹底を図ること、⑤カードの偽造を防止する措置および取引の安全を確保する措置を講ずること、を要望した。
>
> 　　　　　　　　　　　　　　　　　　　　　　　　【岩田　公雄】

の割賦販売ではないので、規制されていない。また、代金前払いで商品券・プリペイドカードなどの証票を発行し、後日、その証票を提示して取引を行うものは、「前払式証票の規制等に関する法律」によって規制されている。

(2) 前払式特定取引　　前払式特定取引とは，購入者が代金の全部または一部を2ヶ月以上の期間にわたり3回以上に分割して前払いするもので，デパートの友の会などによる商品の売買の取次ぎや，冠婚葬祭互助会などによる指定役務の提供または取次ぎである（2条6項）。

前払式特定取引にも，営業許可（35条の3の61），営業保証金の供託および前受金保全措置が課されている（同条の3の62）。

4　貸金業に対する規制法

カードローンによる自己破産，多重債務による家族離散，ホームレス問題などは社会現象として存在するだけで，自分の日常生活とは関係ないと思いがちである。しかし，人の心は弱いものであり，買物をすることで充足感が得られたり，断れない人付き合いのために見栄を張ることもありうる。そのようなことを繰り返しているうちに，雪だるま式に借金が増え，身動きがとれなくなることは，誰の身にも可能性のないことではない。

【Case 4-4】　サラ金からの借金
　九州在住のAさん52歳は持ち家に住んでいるが，定年前にリストラされ，現在アルバイト収入と妻のパート収入で家計を賄っている。Aさんには東北に住む妹から，娘（Aの姪）が結婚することになったので，是非結婚式に来て欲しいといわれた。妹のためにも快諾したものの，家計が苦しく妻に出席費用とご祝儀を出してくれとはいえず，テレビCMでもよく見る，駅前にあるサラ金Bに足を踏み入れようとしているが……。
　Q1　利率は当事者間の合意で定めることはできないか？
　Q2　貸金業に対する規制にはどのようなものがあるのか？

【Case 4-5】 ヤミ金からの借金

会社員Cさんは会社から解雇され、生活費に困ったので、貸金業者Dから30万円を借りた。貸金業者Dは年利200％の利息をとる悪質業者であったが、Cさんはやむにやまれぬ状況にあった。Cさんは、貸金業者Dからの厳しい取立てに悩んでおり、自殺を考えたこともある。

Q1 Cさんを救済する法的な手段にはどのようなものがあるのか？

Q2 Cさんは、貸金業者Dに対する債務を支払うために、他の貸金業者から借り入れを行ったため、いわゆる多重債務者となっており、Cさん自身の財産では到底支払いができない。Cさんを救済することはできるのだろうか？

1 金利に対する規制

はじめに 友人であれサラ金であれ、お金を借りるということは金銭消費貸借契約（民法587条）を締結していることになる。契約内容については、当事者の意思が尊重され、相互に納得のいく話し合いをして、定めることができる。これが、本来の契約の姿であり、契約自由の原則によるものである。

金銭消費貸借の契約内容としては、当初の借金である元本をいくらとするか（民法上、元本債権という）、利率をどうするか、支払期限をいつにするかが中心的なものとなる。利率も、支払期限も、元本債権を前提とするものである。元本に利率を乗じて発生する利息を、民法上は利息債権という。

利率について、当事者間の合意で定める場合、これを約定利率という。もちろん、当事者間の話合いで無利息にすることもできる。また、利率について特に定めなかった場合には、民法が補充規定として働き、民事法定利率（年5％〔民法404条〕）による利息の支払い

がなされることとなる。民事法定利率の場合には、いかに借り手が利息の支払いに苦しんだとしても、それは残念ながら本人の自己責任とされ、法による救済の余地はない。

問題となるのは、約定利率である。実際には利率について交渉が一切なされなくても、契約書に署名・捺印すると、契約書の内容が合意（約定）されたこととなり、契約が成立した途端に契約内容に拘束される。目前のお金を必要とする当事者は、より有利な条件を提示する相手方を探すよりも、できるだけ早くお金を貸してくれる相手方との間で金銭消費貸借契約を締結しがちである。相手方の提示する条件をそのまま鵜呑みにしてしまうといっても過言ではないほど、切羽詰まっている状況が多いのであろうし、手軽に借りられるという現実もある。その際、契約内容となった利率の定めが、約定利率として当事者を拘束することになる。

借金の返済は、費用、利息、元本（民法491条）の順に行われるので、借り手は、元本が残っている限り、高金利であっても利息を支払い続けなければならない。

このような貸し手には自己の有利な状況を最大限利用する機会が常に存在する状況は、法のあるべき姿とはほど遠いこととなり、返済にあえぐ債務者の救済が図られなければならない。

公序良俗　債務者を契約の拘束力から解放するには、契約の効力を否定することが最短の方法となる。ここでは契約を全体として無効とすると、そもそもの目的である借金の意味がなくなるので、不当な高金利の約定を無効とするように、契約の一部無効が債務者の意思の解釈として妥当となる。

民法上、利率に関する定めは、民事法定利率以外には存在しない（民法404条）。その他に適用すべき条文としては、公序良俗（民法90条）となる。当事者間で合意した利率が、あまりに高利の暴利行為

であると判断されると，給付の不均衡を導くとしてその利率は公序良俗に反して無効とされる。実際に，「窮迫」，「軽率」，「無経験」を利用して「過当ナル利益」を得ることを目的とした契約が公序良俗に反するとの判決が出された（大判1934年5月1日，民集13巻875頁）。この判決では高金利そのものについての判断は避けられたが，判例の積み重ねもあり（最三判2008年6月10日，判例時報2011号3頁等），今日では高金利の違法性が認められ，近年の法改正に至った。これは次に説明する利息制限法が民法の特別法として存在するためである。

暴利行為と認められ高金利が無効とされると，新たに適用されるべき利率は，民事法定利率ではなく，民法の特別法である利息制限法によることとなる。そして，利息制限法による利率を超過する部分を無効とした上で，利息制限法の上限利率により利息と元本の引き直しがなされ，借り手の救済が図られる。

利息制限法　利息制限法は，2006年に改正・公布された。改正法では，従来は民事利息一般として特に定めていなかった，営業的金銭消費貸借のみに適用される規定が新たに全5条定められた。営業的金銭消費貸借とは，貸金業者による貸付のことである。

(1) 利息　利息については，個人間も営業も同一利率に制限される（利息制限法1条）。元本額に応じて，年15％～20％の利率が定められ，これを超える利率による利息は無効とされる。例えば，元本20万円での借金の最高利率は年18％であり，支払うべき利息は1年間の合計が3万6千円となる。これを超える利率の定めを当事者間でしたとしても，強行法である利息制限法に違反しているので，貸主は3万6千円を超える額を受領すると不当利得となり，借主に返還しなければならない（民法703条，704条）。

(2) 営業的金銭消費貸借　営業的金銭消費貸借に関する内容は，

みなし利息（3条）から除外される対象を限定する規定（6条）をはじめとして，賠償額の予定についても利率の年20％への一本化（7条），保証料を利息と合算する制限の規定（8条，9条）などである。

　①みなし利息　　みなし利息とは，元本以外で債権者が債務者から受け取る金銭をすべて利息として扱うことをいう。本来，契約費用は利息ではないために，脱法行為を招く可能性がある。そこで，契約締結費用や債務弁済費用として一括される経費のうち，印紙税等の税金，公証人手数料，債務者の受領・弁済のためのATM等費用，その他債務者からの要請に基づいて債権者が行う事務費用のうち政令で定めるものは，みなし利息から除外される。

　②賠償額の予定　　賠償額の予定とは，債務者の返済が遅れた場合に債権者に対して支払う損害賠償額を予め定めておくことをいう（民法420条）。いわゆる遅延（損害）金は賠償額の予定と推定される。その利率について，営業的金銭消費貸借以外では最高年29.2％（最高利率20％の1.46倍）とされ，営業的金銭消費貸借では年20％に一本化されている。損害賠償の予定については，債務不履行の時点で，実際の損害が損害賠償の予定額を超えたとしても，その額を変更することはできない。

　(3)　元本充当　　利息制限法の定める利率を超える利率による利息は無効とされる（1条1項）。元本40万円年利28％で契約した当事者の場合，契約のままだと3年間での単利の合計利息は33万6,000円となるが，利息制限法による利率は年利18％なので，利息合計は21万6,000円だけ支払えばよく，それ以上の請求に応じる必要はない。

　このような場合に判例は次のような経緯をとり，債務者の救済を図ってきた。

> **Topic**
>
> ## 過払金返還とみなし弁済（グレーゾーン金利）の廃止
>
> 　電車等の広告でみかける「過払金返還」とは，民事違法金利，すなわちグレーゾーン金利を支払っていた場合，それを不当に払い過ぎた弁済として未払いの弁済にあて，それでも残金がある場合に債務者へ返還することをいう。特に，改正法の完全施行前に締結された契約では，旧法が適用されるため，幅広いグレーゾーン金利が適用され，過払金の額も多くなり，一連の過払金返還訴訟が起こり，法改正を促した。
>
> 　2006年12月13日に貸金業法（貸金業の規制等に関する法律等の一部を改正する法律），出資法（出資の受入，預り金及び金利等の取締りに関する法律）そして利息制限法が改正された。これらの改正の最大の特徴は，「みなし弁済」規定（旧貸金業規制法43条）を廃止したことにある。
>
> 　利息制限法の上限金利を超える利息は，私法上無効であり，支払う義務はない。しかし旧貸金業規制法43条により，契約書面，受取書面をそれぞれ貸金業者が交付していれば，判例により「当該超過部分の支払い」が「有効な利息の債務の弁済」とみなされていた。その結果，利息制限法の上限金利を超えるが，出資法の刑罰金利を超えない金利については，グレーゾーン金利といわれ，事実上有効とされていた。
>
> 　しかし，貸金業者が交付せねばならない書面について，判例は厳格に解釈するようになり，書面の内容，交付時期について，貸金業者が要件を満たさないと判断され，過払金返還請求事件で貸金業者の敗訴が続き（最判2006年1月13日民集60巻1号1頁にはじまる）みなし弁済規定は空文化しつつあった。このような状況から，改正法では上限金利を利息制限法に一本化し（出資法5条2項），みなし弁済規定も撤廃した。
>
> 　　　　　　　　　　　　　　　　　　　　　　　　【山口　志保】

　まず，支払いすぎた利息を元本に組み入れることとした（最判1964年11月18日，民集18巻9号1868頁）。先の例の元本40万円，年利28％の場合，年利合計額11万2,000円と，利息制限法によって引き直した，年利18％の利息7万2,000円との差額の，4万円を超過利息として元本に組み入れるという方法である。翌年の元本は36万円となり，利息もこれに18％を乗じればよい。

図表 4-7 グレーゾーン金利

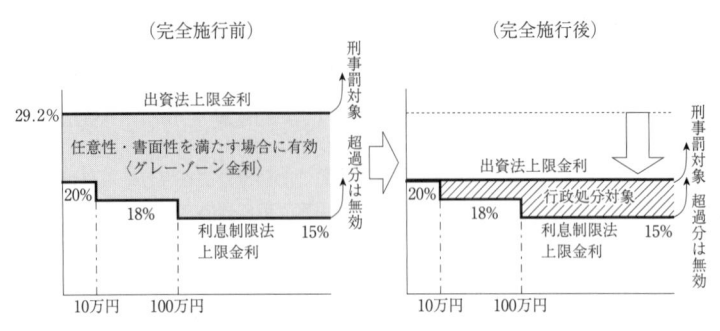

（完全施行前）

- 29.2% 出資法上限金利
- 任意性・書面性を満たす場合に有効〈グレーゾーン金利〉
- 20%
- 18%
- 利息制限法上限金利 15%
- 10万円　100万円
- 刑事罰対象
- 超過分は無効

（完全施行後）

- 出資法上限金利
- 20%
- 18%　行政処分対象
- 利息制限法上限金利 15%
- 10万円　100万円
- 刑事罰対象
- 超過分は無効

（注）金融庁　多重債務者対策本部有識者会議第1回資料を一部改変。

次に，債務者が年利28％のまま律儀に支払い続けたとして，上の理論を適用すると，予定の期間より早く元本も消滅したこととなる。これを知らずに利息として支払われた金額は，債務の不存在を知らずにした弁済となるので，貸し手は不当利得をしていたこととなり（民法703条，705条），借り手は返還請求ができる（最判1968年11月13日，民集22巻12号2526頁）。

さらに，1年目に元本40万円と利息合計21万6,000円を一括して返済した場合にも，超過部分は返還請求できる（最判1969年11月25日，民集23巻11号2137頁）とした。

出資法　2006年には出資法も改正された。従来は年利29.2％を超える金利で貸し付ける無登録業者をヤミ金といったが，改正法により年20％を超える貸し付けをする無登録業者がヤミ金と呼ばれる。また元本額にかかわらず，上限金利は一律20％とされ，これを超える金利は違法金利として無効とされる上に刑事罰が科される。

ヤミ金に対する刑事罰は，年利20％超109.5％以下については，5年以下の懲役もしくは1000万円以下の罰金であり，109.5％超の

年利については10年以下の懲役もしくは3000万円以下の罰金として，厳罰化されている（出資法5条）。改正法施行前に締結された利息契約にもこれらの厳罰は適用される。

2 遅延利息——損害賠償額の特約

金銭消費貸借契約では，損害賠償額を契約内容として定めることができる。当事者間で特にこれを定めなかった場合には，民事法定利率によって計算される（民法419条1項）。契約に損害賠償額の利率を定めた場合の利率も金利とは別に約定利率という。

支払期限に債務者が，すべての弁済ができなければ，債務者は債務不履行責任を追及されることとなる。その内容は履行すべき金額（費用，利息，元本）に，損害賠償額が加えられたものである。損害賠償額につき，約定利率があればそれが法定利率に優先し，また約定利率以上の損害賠償責任を負う必要はない。この約定利率が一定の率で定められることが多いため，一般的には遅延利息と呼ばれる。しかし，内容は損害賠償額であり，改めて遅延利息と呼ぶことにより，債務者は損害賠償の他に遅延利息も負担しなければならないと誤解しかねない。そこで，損害賠償額の特約と呼ぶことが適切であろう。

当事者間で，損害賠償額の特約についての定めはないが，利息債権についての約定利率がある場合には，損害賠償額の特約の割合はどのようになるのだろうか。例えば100万円の元本につき，年利10％での利息の特約がある場合には，年利の特約が損害賠償額の特約にも適用され，損害賠償額は年利10％で計算される。

損害賠償額の特約の利率であっても，利息制限法の適用を受ける。すなわち，利息制限法が定める年利の1.46倍を超える部分は無効とされ，友人間などの消費貸借では1.46倍で引き直しがされる。貸金

業者との消費貸借では，上限金利を年20％に一律化されている。

3 貸金業の規制等に関する法律から貸金業法へ

貸金業規制法は，サラ金三悪といわれる「高金利」，「過剰貸付」，「暴力的取立て」に対応するために1983年に制定され，2003年にはヤミ金対策法としての改正もなされた。しかし多重債務者問題は貧困問題へと一層の深刻化を示すようになり，多重債務者の発生を防止するために，2006年に貸金業者の規制だけでなく適正化をも目的として，従来の「規制法」は企業倫理を守るための「業法」へと改正された。

改正された貸金業法には，①金利体系の適正化，②ヤミ金融の罰則強化，③過剰貸付の抑制，④行為規制（取立規制），⑤参入規制，貸金業協会による自主ルール，⑥多重債務対策の規定などが盛り込まれた。

金利体系の適正化　(1) 契約締結費用と債務弁済費用の上限金利規制の対象化　改正法では，従来の制限金利を潜脱するために採られてきた，これらの費用を，上限金利に算入させる。また，保証料も合算して算入させ，合算の結果超過した部分の保証料を無効とし，保証業者には刑事罰が科される（貸金業法12条の8など，利息制限法の箇所も参照）。

(2) 上限金利の引き下げについては，出資法の箇所を参照のこと。

ヤミ金融の罰則強化　違法な高金利は処罰される。貸金業者による違法金利については，出資法5条の適用を受ける。無登録業者の無登録営業は禁じられ，出資法と同様の刑罰が科される（貸金業法47条2号）。

過剰貸付の抑制
──総量規制の導入──
1社から50万円以上，他社と合わせて100万円を超える貸付を受ける場合，総

借入残高が年収の3分の1を超える貸付を原則として禁じる（貸金業法13条の2）。そのために業者には返済能力調査義務が課され（同13条），指定信用情報機関に貸付を全件登録することが原則とされる（同41条の35）。ただし，住宅ローンについては対象外とする。

行為規制　(1)　適合性原則　　当該契約を締結するにあたって，借り手の判断能力や資産状況に照らして，借り手の保護に欠けるような勧誘を行なってはならない（貸金業法16条3項）。また借り手が契約締結の意思がない旨を表示した場合の勧誘を禁じている（同条4項）。

(2)　書面交付義務・説明義務（同16条の2）　　いわゆるリボルビング契約を極度方式基本契約（同2条7項）と定義して，契約書面の記載事項に定められた。また，貸金業者による契約内容の説明書面の交付を義務づけた（同2条，16条の2，17条）。

(3)　生命保険契約に関する書面交付義務，自殺を保険事故とする保険契約締結の禁止（同12条の7，16条の3）。

(4)　公正証書に関する説明義務（同20条）　　公正証書により強制執行を行うことができることは，法律の知識がなければ，認識できない。そこでこの内容についての説明義務を業者に負わせている。同様に，連帯保証人に対する説明義務も負わせ（同16条の2第3項，17条3項〜5項），両者とも書面として交付せねばならない。

(5)　取立行為規制（同21条）　　従来の類型では，威迫や平穏を害する言動に該当すると認められれば，行政処分や罰則の対象とされた。改正法では，さらに以下の取立も禁止している。債務者から弁済等の時期について申し出を受けているにもかかわらず，正当な理由なく，日中に電話や訪問による取立を行うこと。債務者から退去すべき意思を表示されながら，居宅や勤務先等から退去しないこと。そしてこれらの行為をすると告げることなどの3類型である。違反

行為は行政処分の対象となる（同24条の6の3，24条の6の4）ほか，刑事罰も科される（2年以下の懲役または300万円以下の罰金〔同47条の3第1項3号〕）。

参入規制，貸金業協会による自主ルール

(1) 参入規制　貸金業者には純資産額が5000万円必要である。そして，内閣総理大臣（金融庁）または都道府県知事の登録を受け（同3条），3年ごとに登録は更新を受けねば効力を失う。

登録要件も強化され，コンプライアンス体制が確立（同6条1項15号）されていない場合に，登録の取消，業務の全部または一部停止とされ，登録更新が拒絶される場合もある（同6条，24条の6の4，24条の6の5）。コンプライアンス体制確立のために，貸金業務取扱主任者制度が創設され，資格試験の合格者が主任者として登録され，各営業所または事務所ごとに配置されねばならない（同12条の3，24条の25）。

(2) 自主ルール　従来の貸金業協会連合会は，全国と各都道府県との二層構造のために，組織としての一体的機能が困難だった点と，任意加入だったために，制裁力が弱かった。改正法では，全国組織の貸金業協会の設立を確保し，各都道府県に支部設置義務を定めた（同25条，34条）。この新協会への非加入業者には加入を促すべく，社内規則制定の義務づけと，その遵守状況の当局による監督が定められている。

新協会の自主ルールは，過剰貸付の防止，リボルビングその他の返済に関する事項，広告，勧誘，取立に関する事項を定め，当局により認可を受けることで，業務の適正化が図られている（同法32条，33条）。

多重債務対策の規定

2006年5月現在で多重債務者は230万人いるといわれている。現実の多重債務者の救済

も急務であるため、法改正に伴う附則66条は政府の責務として、各施策の総合的かつ効果的推進の努力規定を定めた。そして、2006年12月22日には、多重債務者対策本部が発足され、金融担当大臣の下、「多重債務問題改善プログラム」が策定された。同プログラムでは、①相談窓口の整備・強化、②セーフティネット貸付の提供（低金利の公的貸付制度）、③予防のための金融経済教育の強化、④ヤミ金撲滅に向けた取締りの強化などが強調されている。また、「多重債務者相談強化ウィーク、キャンペーン」が毎年実施され、キャンペーン期間中に弁護士会・司法書士会が共同で多重債務者向けの無料相談会を開催している（金融庁のホームページ http://www.fsa.go.jp/policy/kashikin/index.html に掲載）。

5　多重債務の解決方法

任意整理　任意整理とは、裁判所などの公的機関を通じずに、弁護士に依頼して、利息制限法により利息を引き直し、残債務の弁済方法について和解交渉を行うことである。日弁連（日本弁護士連合会）では全国統一基準を設け、取引経過の全開示を要求すること、最終取引日における残元本の確定、弁済案の提示に際して遅延損害金や将来の利息を付けないこととしている。

任意整理に際して、出資法上の金利を上回るヤミ金については、利息制限法による引き直しをするまでもなく、受領した金銭は不法原因給付（民法708条）であるので返還する必要はない。過払金については不当利得返還請求ができる。

調停（特定調停法、民事調停法）　債務額が多額でない場合に、債務者が自ら簡易裁判所に調停申立てをし、債務整理を行うことができる。調停では債務者は利息制限法による引き直し計算を

して，調停委員のあっせんを受けながら，債権者との間で合意を導き，合意内容に基づき調停証書が作成される。調停証書には確定判決と同様の効力があり，両当事者はこれに拘束されることとなる。いわば，簡易裁判所を通した任意整理ともいえる。

個人再生手続（民事再生手続法） 自己破産とは異なり，自宅を維持しながら債務整理をする方法で，2001年から導入された個人版民事再生手続である。債務総額が5,000万円以下で，将来に一定の収入を得る見込みがある個人が利用できる。

自己破産（破産法） 任意整理や調停が困難な，多額の多重債務者が，最終手段としてとることができるのが，自己破産である。自己破産の申立てをし，「免責決定」を受けると，債務を免れることができる。破産であるので，財産はすべて破産管財人により売却され債権者に配当され，この配当額により債務が消滅する。

6　残された課題

改正された貸金業法の施行状況については明らかとされていない部分が多い。紆余曲折した国会審議の結果成立した改正法であり，当時の状況からは最善を尽くした立法であろうが，この内容が完全に施行されなければ，法の趣旨からかけ離れることとなる。まずは施行状況を確認するための見直し規定（改正附則67条）の最大限の活用を望みたい。

その際には，まず，上限金利の一本化というものの，段階的に利率を定めている利息制限法とは異なり，出資法上の利率が利息制限法の最高利率である20％に一本化されている点の改善を望みたい。同時に，利息制限法自体の金利見直しの問題がある。グレーゾーン

金利が廃止されたとはいえ，利息制限法も，公定歩合が9.08％の時代に定められたものであり，基準割引率および基準貸付利率（いわゆる公定歩合）が0.10％の2010年には，時代に即した金利とはいえない。

　その他にも，今回の改正には盛り込まれなかった，手形・小切手担保の禁止，仮登記の設定禁止，事業者の個人保証の禁止も，検討される必要がある。

　また，多重債務対策としての活動が行われるようになったのは評価に値するが，相談窓口にアクセスできている債務者は全体の2割程度といわれている。多重債務からの解放のためには信頼のできる専門機関への紹介体制を確立し，その周知徹底も必要となろう。政府，自治体による，より活発な広報活動を待ち望むものである。

第5章 金融商品取引

1 金融商品取引の増大と被害の発生

　金融の本来の意味は金銭の融通であり、換言すれば資金の需要と供給に関することである。そして金融商品とは、広義では資金の需要者と供給者を媒介する商品ということになる。もちろん消費者金融や住宅ローンなども金融商品といえるが、これらの信用取引は第4章で扱った。

　わが国の金融制度改革の議論を主導してきた金融審議会金融分科会第一部会「中間整理」(2005年7月7日) によれば、金融商品とは、「①金銭の出資、金銭等の償還の可能性を持ち、②資産や指標などに関連して、③より高いリターン（経済的効用）を期待してリスクをとるもの」とされる。我々に身近な金融商品といえば預貯金や保険などであるが、これらは通常、元本が保証されており、それを扱う金融機関が破綻した場合などの信用リスクには、預金保険機構による一定の保証などもあり、消費者取引として大きな問題を生じさせることは少ない。問題なのは、高いリターンに比例してリスク負担も大きい投資型金融商品である。

　日本は諸外国に比べて貯蓄性向が高いといわれてきた。しかし1990年代以降、日本経済の高成長が到底望めなくなり、企業のリストラなどの影響もあって賃金水準は全体に低下し、家計の保有する不動産などの資産の価格上昇も期待できなくなる一方で、社会保障の水準は年々低下し、国民の不安は確実に増大してきた。このよう

な中で，わが国政府は，「貯蓄から投資へ」という政策を積極的に推進してきた。この政策は，国民がその保有する貯蓄などの資産を，自らの責任において運用することで利益を得ようとする行動をとるように，積極的に仕向ける政策である。

　こうした後押しもあり，それまでには見られなかった各種の投資型金融商品が次々に開発され，金融商品の取引は年々増加してきた。そもそも投資型の金融商品取引は，消費者の「自己責任」の原則が冷徹に求められる世界であり，そのためには「自己責任」原則の貫徹を可能とする諸前提が法制度として整備されていなければならない。しかし法制度の整備は遅れ，そのためもあって消費者が深刻な被害にあう事例が数多く発生するようになった。1990年代のバブル崩壊期に顕在化したワラントや変額保険による被害，1998年の外為法改正により活発化した外国為替証拠金取引による被害など，投資型金融商品による被害が多く見られたのである。

　こうした被害に対処するために，2000年以降に，金融商品の販売等に関する法律（以下，「金融商品販売法」という）の制定，商品取引所法の改正，金融先物取引法の改正などが順次行われ，さらに2006年6月には，証券取引法等の改正と関係法律の整備法とにより，証券取引法等が大幅に改正され，金融商品取引法として施行されている。以下の記述は，2009年6月24日に改正された金融商品取引法によっている。

2　金融商品取引法

【Case 5-1】　ある日，Aさんに，外国為替に関する金融商品を勧める電話がかかってきた。ちょうど定期預金の満期を迎えていたので，次の投資先としてどうかと考え，営業員に来てもらうことにした。営業員は，

> 「為替取引をすれば月々100万円くらいの利益が出る」と熱心に勧めた。商品の仕組みが複雑でよく理解できないままに，まず200万円を預けた。その後も，自分が行っている取引の内容をよく理解できなかったが，とにかく損失が出て，「このままでは損害が大きいので，もう少し追加資金を入れれば来月にはきっと取り戻せる」といわれ，いわれるままに預金の解約金をどんどんつぎ込んでいった。しかし結局，損失が2,000万円にまで膨らんだところで資金が続かなくなってしまった。Aさんはつぎ込んだ資金を返してもらえるか。

　金融商品取引法は，金融商品をめぐる取引における消費者（投資家）保護を包括的・横断的に行うことを主要な目的とした投資サービス法として，証券取引法の改正という形をとって制定された。その基本的内容は，①業者に対する行為規制など，②開示制度，③金融商品取引所，④罰則・課徴金などであるが，消費者の視点から重要なのは①である。

金融商品取引法が対象とする取引　金融商品取引法が適用されるのは，有価証券の取引とデリバティブ取引である。有価証券は，証券や証書が発行されている権利（2条1項）と発行されていない権利（同条2項，「みなし有価証券」という）に分かれ，具体的には，①国債証券，②地方債証券，③特殊債券，④資産流動化法上の特定社債券，⑤社債券，⑥特殊法人に対する出資証券，⑦協同組織金融機関の優先出資証券，⑧資産流動化法上の優先出資証券・新優先出資引受権証券，⑨株券・新株予約権証券，⑩投資信託・外国投資信託の受益証券，⑪投資法人の投資証券・投資法人債券，外国投資法人の投資証券，⑫貸付信託の受益証券，⑬特定目的信託の受益証券，⑭信託の受益証券，⑮コマーシャルペーパー（CP），⑯抵当証券，⑰外国証券・証書で①～⑨と⑫～⑯までの性質をもつもの，⑱外国貸付債権信託の受益証券，⑲オプション証券・証書，⑳預託

証券・証書,㉑政令で定める証券・証書を指す。

ただし,みなし有価証券にはこれら以外に,①信託の受益権,②外国信託の受益権,③合名会社・合資会社の社員権,④外国法人の社員権で③の性質をもつもの,⑤集団投資スキーム持分,⑥外国集団投資スキーム持分,⑦政令で定める権利が含まれる（2条2項後段）。⑤の集団投資スキーム持分とは,民法上の組合,商法上の匿名組合,投資事業有限責任組合,有限責任事業組合（LLP）,社団法人の社員権その他の権利であって,出資者が出資又は拠出をした金銭を充てて行う事業から生ずる収益の配当や財産の分配を受けることができる権利（同条2項5号）であり,各種のファンドのことである。

デリバティブとは本来,将来発生するおそれのあるリスクを回避するために編み出された金融商品の総称であり,金融派生商品のことであるが,本法が対象とするデリバティブ取引は,①金融商品の先物取引,②金融指標の先物取引,③オプション取引,④スワップ取引,⑤クレジット・デリバティブ取引,⑥①〜⑤に類似する取引,あるいはこれらと同様の経済的性質を有する取引であって政令で定めるもの（2条20項〜25項）である。通貨・金利スワップや天候デリバティブもこれらに含まれることになった。

【Case 5-1】は「外国為替証拠金取引」の被害例であるが,この取引は2004年改正の金融商品販売法（後述）の対象とされ,また2005年改正の金融先物取引法の規制対象となり,さらに金融先物取引法が金融商品取引法に取り込まれたことにより,デリバティブ取引の1つとして金融商品取引法の対象とされることになった。

なお,銀行法,保険業法,不動産特定共同事業法,商品先物取引法（2010年中に改正法が施行されるまでは商品取引所法）などは金融商品取引法に取り込まれることなく残ったので,金融商品取引法は限

定的な投資サービス法という性格をもつにとどまり，すべての金融商品を対象とする金融サービス法への統合は，今後の課題とされた。しかし，外貨預金，変額保険，不動産ファンド，商品先物などの投資性の高い商品には，販売・勧誘について金融商品取引法と同様の内容の規制が課されている。

金融商品取引業者 規制を受ける金融商品取引業者は，「販売・勧誘」，「資産運用・助言」，「資産管理」を本来業務とし，第一種金融商品取引業，第二種金融商品取引業，投資助言・代理業，投資運用業に分けて，業務内容や参入要件等に差異が設けられている（第3章）。

特定投資家と一般投資家 本法の特徴の1つは，金融商品取引を活発に行わせるためには過剰な規制は避けなければならないという要請と，必要な投資家保護規制は確保しなければならないという要請から，投資家一般に対する取引として一律に規制を及ぼすのではなく，投資家の性格（プロとアマ）に応じて，その保護の程度に差異を設ける規制方法をとっていることである。これを規制の柔軟化あるいは柔構造化と呼んでいる。すなわち投資家を，「特定投資家（プロ）」と「一般投資家（アマ）」に分ける。ただし，一定条件の下に，プロからアマへの，あるいはアマからプロへの移行を認めている。こうして投資家は，①一般投資家にはなれない特定投資家（証券会社・銀行・保険会社などの適格機関投資家，国，日本銀行など），②選択により一般投資家になれる特定投資家（地方公共団体，上場会社など），③選択により特定投資家になれる一般投資家（特定投資家以外の法人や，その知識，経験および財産の状況に照らして特定投資家に相当する者として内閣府令で定める要件に該当する個人など），④特定投資家になれない一般投資家（上記以外の個人）に分かれることになる。なお，③の特定投資家になれる個人とは，取引の状況等か

ら合理的に判断して純資産額および投資性のある金融資産がそれぞれ3億円以上と見込まれ,かつ,最初の契約を締結してから1年を経過しているという要件を満たす者である(金融商品取引業等に関する内閣府令62条)。

そして,特定投資家には,後述する契約締結前の書面交付義務などの情報格差の是正を目的とする行為規制や,勧誘ルールの一部の適用を除外するなどの格差を設けている。さらに,特定投資家に限定された「プロ向け市場」も,2009年6月から開設されている。

行為規制 金融商品の取引について消費者に自己責任を求めるためには,いくつかの前提条件が整っていなければならない。

第1に,投資家は投資活動のプロである業者を信頼して取引するのであるから,業者にはそれにふさわしい受託者責任が求められる。本法のすべての行為規制の中核をなすものである。

第2に,業者と投資家との間には,情報の質や量,交渉力において大きな較差がある。したがって投資家がその投資判断に自己責任を負えるためには,商品購入に際してリスクを含めた十分な情報が提供されていなければならない。また,金融商品の内容はきわめて複雑なので,投資家が納得して投資できるようにするためには,業者に対して商品に関する十分な説明義務が課される必要がある。

第3に,業者による商品の勧誘活動は,投資家の実情に見合った適正なものでなければならない。虚偽を含む誇大な利益が得られることを示して勧誘する,そもそも投資家の資力や経験などにふさわしくない商品を強引に勧めるなどの,投資家の判断を誤らせる勧誘行為が許されないのは当然である。

本法に基づく行為規制の全体(特定投資家のみに関する行為規制は省略)は**図表5-1**のとおりであるが,主な内容を以下で確認していこ

図表 5-1 　行 為 規 制

○適用あり　×適用なし
※40条の2第4項のみは×

行為規制の内容	特定投資家	一般投資家
(すべての業務に関する規制)		
顧客に対する誠実義務（36条）	○	○
標識の掲示（36条の2）	○	○
名義貸しの禁止（36条の3）	○	○
社債の管理の禁止等（36条の4）	○	○
広告等の規制（37条）	×	○
取引態様の事前明示義務（37条の2）	×	○
契約締結前の書面の交付（37条の3）	×	○
契約締結時等の書面の交付（37条の4）	×	○
保証金の受領に係る書面の交付（37条の5）	×	○
書面による解除（37条の6）	×	○
虚偽告知の禁止（38条1号）	○	○
断定的判断の提供等の禁止（38条2号）	○	○
未登録信用格付業者に関する不告知の禁止（38条3号）	○	○
不招請勧誘の禁止（38条4号）	×	○
顧客からの勧誘受諾意思確認義務（38条5号）	×	○
契約締結意思のない顧客への再勧誘の禁止（38条6号）	×	○
内閣府令で定める行為の禁止（38条7号）	○	○
損失補てん等の禁止（39条）	○	○
適合性の原則等（40条）	×	○
最良執行方針等（40条の2）	○※	○
分別管理が確保されていない場合の売買等の禁止（40条の3）	○	○
(投資助言・代理業または投資運用業に関する規制)		
偽計・暴行・脅迫の禁止（38条の2第1号）	○	○
損失補てんの禁止（38条の2第2号）	○	○
(投資助言業務に関する規制)		
顧客に対する忠実義務と善管注意義務（41条）	○	○
禁止行為（41条の2）	○	○
有価証券の売買等の禁止（41条の3）	○	○
金銭または有価証券の預託の受入れ等の禁止（41条の4）	×	○
金銭または有価証券の貸付け等の禁止（41条の5）	×	○
(投資運用業に関する規制)		
権利者に対する忠実義務と善管注意義務（42条）	○	○
禁止行為（42条の2）	○	○
運用権限の委託（42条の3）	○	○
分別管理（42条の4）	○	○
金銭または有価証券の預託の受入れ等の禁止（42条の5）	×	○
金銭または有価証券の貸付け等の禁止（42条の6）	×	○
運用報告書の交付（42条の7）	×	○
(有価証券等管理業務に関する規制)		
顧客に対する善管注意義務（43条）	○	○
分別管理（43条の2・43条の3）	○	○
顧客の有価証券を担保に供する行為等の制限（43条の4）	×	○

う。

(1) 受託者責任　　受託者責任は,「誠実義務」(36条),「忠実義務・善管注意義務」(41条, 42条, 43条),「運用権限の全部委託の禁止」(42条の3第2項),「分別管理義務」(42条の4, 43条の2, 43条の3) などとして具体化されている。

(2) 広告規制　　業者が, 金融商品取引業の内容について広告や広告類似行為をするときは, 一定事項の表示が義務付けられる (37条)。その方法は, 新聞・テレビなどによる通常の広告は当然として, 郵便, 信書便, ファクシミリ送信, 電子メール送信またはビラ・パンフレットの配布等, 多数の者に同様の内容で行う情報提供である。

表示すべき事項は, ①業者等の商号, 名称または氏名, ②業者等である旨およびその登録番号, ③政令で定める, 顧客の判断に影響を及ぼすこととなる重要事項である。政令等では, 手数料・報酬などの対価に関する事項や保証金の額や計算方法などのほか, 元本割れのおそれがある場合にはその旨や理由, 元本超過損 (元本を上回る欠損) が生ずるおそれのある場合にはその旨や理由, 顧客の不利益となる事実などのリスク情報の表示も義務付けている。ただし, テレビやラジオのCMや看板等の場合には, 元本割れや元本超過損のおそれのある旨と, 契約書等を充分に読むべき旨の表示で良いことになっている。

また業者が広告等をするときは,「利益の見込みその他内閣府令で定める事項」について,「著しく事実に相違する表示」や,「著しく人を誤認させるような表示」を行うなどの不当表示があわせて禁止されている (37条2項)。

(3) 書面交付義務　　業者と投資家との間には大きな情報格差が存在すること, また, 有価証券やデリバティブの取引は, 投資家の

目には見えず,複雑で実態を確認しづらい商品を販売することであることなどから,契約の内容が投資家にきちんと理解できることが,最低限必要である。本法はそのために,契約締結前と契約締結時の2回,契約内容を投資家に書面により示す義務を業者に課している。

(a) 契約締結前の書面交付義務 (37条の3)　業者は,契約を締結する前に,内閣府令で定めるところにより,次の事項を記載した書面を顧客に交付しなければならない。

① 業者等の商号,名称又は氏名及び住所
② 業者等である旨及びその登録番号
③ 当該契約の概要
④ 手数料,報酬その他の顧客が支払うべき対価に関する事項であって内閣府令で定めるもの
⑤ 金利,通貨の価格,金融商品市場における相場その他の指標の変動により損失が生ずることとなるおそれがあるときは,その旨
⑥ 前号の損失の額が委託証拠金等の額を上回るおそれがあるときは,その旨
⑦ その他,顧客の判断に影響を及ぼすこととなる重要なものとして内閣府令で定める事項

この義務は,先述のように投資家の十分な理解を前提とした取引の要請という観点からの説明義務を具体化したものであり,単に法定の書面を交付すれば事足りるというだけでは不十分である。そのため内閣府令は,文字や数字の大きさ,記載枠,記載順序などを詳細に定め,「明瞭かつ正確に」記載すること,特に重要なものは「平易に」記載することにしている。

(b) 契約締結時等の書面交付義務 (37条の4)　契約が成立した場合,業者は契約内容の一定の重要な事項について,書面にして顧

客に交付しなければならない。契約の内容を投資家が確認するためのものであり、詳細は内閣府令で定められている。なお、業者が顧客からの保証金を受領した場合、受領書を交付しなければならない（37条の5）。

(4) 書面による解除（37条の6）　業者と契約を締結した顧客は、本法37条の4第1項の書面を受領した日から起算して10日（施行令16条の3第2項）を経過するまでの間、書面により契約を解除することができる。契約解除の効果は書面を発したときに生じ、この権利が行使された場合には、金融商品取引業者は手数料、報酬その他の対価の額として、内閣府令で定める額を超えて損害賠償や違約金を請求できず、対価の前払いを受けている場合には、内閣府令で定める額を超える部分は返還しなければならない。これは強行規定である。

ただし、これの対象となる金融商品取引契約は、「当該金融商品取引契約の内容その他の事情を勘案して政令で定めるものに限る」とされ、施行令では「投資顧問契約」（同16条の3第1項）に限定されてしまった。対象の拡大が必要と思われる。

(5) 禁止される勧誘行為（38条）　(a) 虚偽告知の禁止（同条1号）　金融商品取引契約の締結・勧誘に関して、顧客に対し虚偽のことを告げる行為が禁止される。

(b) 断定的判断の提供等の禁止（38条2号）　業者が顧客に対し、不確実な事項について断定的判断を提供したり、確実であると誤解させるおそれのあることを告げたりする行為が禁止される。「この銘柄は値上がりが確実だ」などと勧誘する行為がこれに該当するのであり、【Case 5-1】で、「月々100万円くらいの利益が出る」あるいは「来月にはきっと取り戻せる」などといって勧誘する行為も該当することになろう。

(c) 不招請勧誘の禁止（38条4号）　不招請勧誘とは,「勧誘の要請をしていない顧客に対し,訪問し又は電話をかけて,金融商品取引契約の締結の勧誘をする行為」である。わが国では外国為替証拠金取引による被害が顕著になったことを受けて,2005年7月の金融先物取引法の改正で,はじめて導入されたものであった。これまで外国為替証拠金取引や商品先物取引などのリスクの非常に大きい金融商品で消費者の被害を発生させてきた事例の大半は,この不招請勧誘から始まっていることを考えれば,被害の予防のためには重要な規制である。

さらに,本規定が適用される金融商品取引契約は,「当該金融商品取引契約の内容その他の事情を勘案し,投資者の保護を図ることが特に必要なものとして政令で定めるものに限る」とされ,取引所外でなされる店頭金融先物取引（債券先物,通貨先物,指数先物,先物オプションなどで,いわゆる外国為替証拠金取引も含まれる）に限定された（施行令16条の4第1項）。

しかし,そもそも投資型の金融商品は,不可避的に相当のリスクを伴うものである以上,不招請勧誘の禁止の対象をごく限定し,大半の金融商品について顧客からの要請なしに業者による自由な勧誘行為を容認することは妥当ではないと思われる。しかもこれまで対象とされていた取引所金融先物取引が外されたのは,規制の後退である。同法を審議した衆議院財務金融委員会が,「不招請勧誘禁止の対象となる商品・取引については,利用者保護に支障をきたすことのないよう,店頭金融先物取引に加え,レバレッジが高いなどの商品性,執拗な勧誘や利用者の被害の発生という実態に照らし必要な場合には,迅速かつ機動的に追加指定を行うこと」との附帯決議を行っているが,不招請勧誘の禁止される対象が一層拡大されることが是非とも必要であろう。

(d) 顧客からの勧誘受諾意思確認義務（38条5号）および再勧誘の禁止（38条6号）　顧客からの勧誘受諾意思確認義務は，顧客が勧誘を受ける意思をもっているかどうかを，業者が勧誘に先立ち確認することを義務づけるものであり，再勧誘の禁止は，勧誘を受けた顧客が契約を締結しない旨の意思（勧誘を引き続き受けることを希望しない旨の意思を含む）を表示しているのに，勧誘を継続する行為を禁止するものである。仮に不招請勧誘の禁止までの必要がないとした場合でも，業者に顧客の勧誘受諾意思を確認させ，勧誘を希望しない顧客への再勧誘を禁止することは当然のルールであろう。

しかし，この両規定の適用対象も，「当該金融商品取引契約の内容その他の事情を勘案し，投資者の保護を図ることが必要なものとして政令で定めるものに限る」とされ，その範囲は，不招請勧誘が禁止される店頭金融先物取引に加えて，市場金融先物取引や海外金融先物取引とされた（施行令16条の4第2項）。不招請勧誘の禁止が「特に必要なもの」であるのに比べてやや広いが，限定に変わりはない。これは，もし顧客の勧誘受諾意思確認や再勧誘の禁止をすべての金融商品取引に拡大した場合，業者の事業機会が減少し，その結果，投資家の投資機会も減少すると考えられているためである。

この両規定が適用される金融商品取引契約の限定は，この両規定が特定投資家を顧客とする場合には適用されないことを前提とすれば，そもそも勧誘を受けたくないといっているアマとしての一般投資家に対する再勧誘を，ほとんどの金融商品の勧誘について広範に許すことを意味する。投資家の保護よりも，業者の事業機会の確保を優先するものとして，疑問の残るところである。

(e) 内閣府令で定める行為の禁止（38条7号）　以上の行為以外でも，「投資者の保護に欠け，若しくは取引の公正を害し，又は金融商品取引業の信用を失墜させるものとして内閣府令で定める行

為」が禁止される。金融商品取引業等に関する内閣府令117条では，例えば，適合性原則に合わない説明，虚偽表示などによる勧誘，特別の利益提供を約束した勧誘，顧客に迷惑を覚えさせるような時間での電話や訪問による勧誘など28の行為が禁止されている。

(6) 適合性の原則（40条）　金融商品は次々と新しいものが開発され，その仕組みも複雑であるから，投資経験のない，あるいはわずかしかないアマとしての一般投資家にとっては，専門家としての業者の提供する様々な情報に大きく依存せざるをえない。だからこそ，すでに述べたような書面交付義務や虚偽告知の禁止，断定的判断の提供禁止のようなルールが必要なのであるが，実はそれだけでは十分ではない。なぜならば，仮に十分な情報が顧客に提供され，かつ，行き過ぎた違法な勧誘手段がとられていなかったとしても，勧誘を受ける顧客自体がそれらの情報を十分に理解し判断できなければ意味がないからである。

適合性の原則とは，「狭義には，一定の利用者に対してはいかに説明を尽くしても一定の金融商品の販売・勧誘を行ってはならないという意味であり，広義には，利用者の知識・経験，財産力，投資目的等に照らして適合した商品・サービスの販売・勧誘を行わなければならないといった意味である」とされている（金融審議会第一部会「中間整理（第一次）」1999年7月6日）。要するに，ある金融商品の内容や特徴を正確に理解できる人に対してだけ勧誘することが認められるというルールであるといえる。

本法では，「顧客の知識，経験，財産の状況及び金融商品取引契約を締結する目的に照らして不適当と認められる勧誘を行つて投資者の保護に欠けることとなつており，又は欠けることとなるおそれがあること」に該当しないように業務を行うことを求めている。従来の証券取引法で規定されていた適合性の原則では，「顧客の知識，

経験及び財産の状況に照らして不適当と認められる勧誘」とされていたが，適合性の原則を問題にした判例の積み重ねや諸外国の例を参考に，「金融商品取引契約を締結する目的」すなわち投資目的が考慮事項として追加された。ただしこの適合性の原則は，特定投資家に対しては適用されない（45条1号）。

3　金融商品販売法

> **【Case 5-2】** Bさんは，C保険会社保険外務員Dから高い利回りが得られると，変額保険の勧誘を受けた。Bさんの手持ち資金は十分ではなかったが，Dは，「銀行から融資を受ければよい，そうすれば，相続税対策にもなる」と説明した。Bさんは，C保険会社をあまり信用していなかったが，同席していた取引先のE都市銀行支店長Fの勧めもあり，変額保険契約を締結し，銀行からの借入金で保険料を支払うことにした。折しも，バブル崩壊で，変額保険の運用はままならず，保険契約を解約しても，支払保険料を大幅に下回る金額しか返還されない。Bさんは，E銀行に対する借入金債務返済のため苦しんでいる。BさんはC保険会社やE都市銀行の責任を問えるか。

　金融商品販売法は，前述の変額保険やワラントによる被害等，それまでの金融取引トラブルに関する裁判等が，もっぱら民法の一般原則によって争われ，業者の説明義務それ自体すら裁判でその存否が争われることも多かったなど，被害者である消費者の側の負担が大きかったことから，それまでの判例理論を参考にして，この負担の軽減を目的に民法の特例として制定された。その内容は，顧客に対する重要事項の説明義務とそれを果たさなかった場合の損害賠償義務の明確化を主な柱とし，さらに勧誘行為の適正化を図るための一定の措置を用意している。以下の叙述は，金融商品取引法と同時

に施行された2006年改正の金融商品販売法によっている。

対象とされる「金融商品の販売」は，預貯金・信託・保険・有価証券・デリバティブ等の幅広い金融商品が対象とされ（2条1項），金融商品取引法の対象は本法の対象でもある。

説明義務等　金融商品販売業者（代理・媒介・取次ぎなどを含む）には，顧客に対する重要事項についての説明義務が課されている。この重要事項は，次のように類型化される（3条1項1号〜7号）。

① (ⅰ) 金利，通貨の価格，金融商品市場における相場の変動などの指標の変動，(ⅱ) 業者などの業務や財産の状況の変化，(ⅲ) 顧客の判断に影響を及ぼすこととなる重要なものとして政令で定める事由を直接の原因として「元本欠損が生ずるおそれがある旨」

②　上記(ⅰ)〜(ⅲ)を直接の原因として「当初元本を上回る損失が生ずるおそれがある旨」

③　上記①〜②のおそれがある場合の，当該指標・当該者・当該事由

④　上記①〜②のおそれがある場合の，「おそれを生じさせる当該金融商品の販売に係る取引の仕組みのうちの重要な部分」

⑤　ワラントやデリバティブなど権利を行使できる期間の制限や解約期間の制限がある場合にはその旨

これらのうち②と④は，改正法により追加された事項である。②については，従来の規定では，損失が元本を上回るリスクがあっても，業者が元本割れのリスクを説明していれば足りることになっていたが，損失のリスクが元本の範囲内におさまるのか元本を超えるのかは，顧客が商品購入の判断をするにあたっては異なる意味をもつ重要情報なので，これを区別して規定したものである。また④は，取引の仕組みを説明していない場合に説明義務違反を認める判例が

多く出されたことから，法の規定に取り込んだものである。

【Case 5-2】は，1990年代に問題化した変額保険被害の例である。変額保険は通常の定額保険とは異なり，保険料を株式や債券を中心にして運用し，その運用実績に応じて，保険金額や解約返戻金が変動する保険であり，リスクの大きな金融商品である。C保険会社には，上記の説明義務の①，③，④に関する説明義務違反があったと思われるので，後述のように，Cは元本割れの部分については推定規定により損害賠償責任を負う。本法の制定前の裁判例では，銀行の責任については否定された事例が多い。変額保険の勧誘・締結で銀行が主導的な役割を果たし，自ら説明・勧誘まで行っている事例では，銀行の責任も認められるべきである。

なお，こうした説明義務は，専門的知識および経験を有する者として政令で定める者（プロ）や，説明を要しない旨の意思を顧客が表明した場合には適用されることはない（3条7項）。

また3条1項に基づく説明は，顧客の知識，経験，財産の状況，契約の締結目的に照らして，顧客に理解されるために必要な方法および程度によるものでなければならない（3条2項）という，金融商品取引法と同様の「適合性の原則」が改正法により導入された。

さらに業者が，「不確実な事項について断定的判断を提供し，又は確実であると誤認させるおそれのあることを告げる行為」も禁じられている（この「断定的判断の提供等の禁止」は改正法により導入〔4条〕）。

損害賠償責任　3条1項に基づく重要事項を説明しなかったこと，あるいは断定的判断の提供等を行ったことにより，顧客に損害が発生した場合，業者は損害賠償責任を負う（5条）。この責任は，無過失責任である。

また，元本欠損額が顧客の受けた損害であると推定する規定（6

条）が置かれ，原告・被害者側の立証責任の軽減が図られているので，業者の側が因果関係や損害がないことの立証責任を負うことになる。

このように本法は，説明義務の明確化などを前提に，不法行為責任の特則を定めるものであるが，本法の制定以降に問題となった事例の多くで損害賠償責任が認められたのは，ほとんど民法上の不法行為責任によるものであった。これは改正前の説明義務に関する規定内容が十分でなく，例えば業者が，ある程度の元本割れリスクを顧客に示しておきさえすれば，本法上の説明義務は果たされたことになるなどの限界があり，消費者にとって使い勝手が良くなかったからである。今回の改正で一定の改善が図られている。

なお業者は，勧誘に関する方針を定めて公表することが義務づけられている（9条）。これは消費者が業者選択の1つの目安にするためのものであるが，公表されている実際の方針は抽象的で，実効性あるものとはいいがたいのが実情である。

4　その他の投機的取引

先物取引　先物取引とは，価格や数値が変動する商品や指標について，将来のある期日に，ある価格や指標数値で売買することを約束し，反対売買をして差金決済を行う取引である。本来は，価格や指標数値の変動によるリスクを回避するためのものであるが，一定額の証拠金を用いればその何倍もの取引が可能なので，投機目的の市場となり，大きな利益を得やすいが，莫大な損害を出すことも多い非常にリスキーな取引である。一般消費者にとってはその仕組みはきわめて複雑で，しかも価格や数値の変動（相場）の動向を見て売り買いするなどは，十分な知識をもったプロで

なければ非常に難しく，この取引に手を染めた一般消費者の大半は，証拠金の没収だけでは終わらず，次々と追加証拠金を求められたり，取引終了時に清算金を請求されたりして，なけなしの資産を根こそぎ失って市場から撤退することになる。

わが国の商品先物市場は個人の一般委託者が多いという構造的特徴を持っており，悪質業者も多く，国民生活センターは，国内の商品先物取引について，「商品先物取引に関する消費者相談の傾向と問題点――知識・経験・余裕資金のない人は手を出さない！――」（2004年4月15日）との文書を，また海外での商品先物取引等については「海外商品先物取引，海外商品先物オプション取引の被害に注意！――知識や経験のない消費者は絶対に手を出さないこと――」（2006年7月6日）との文書を公表して，先物取引に一般消費者が手を出すことに強い警告を発してきた。これらは金融商品取引法の対象とされてもおかしくない取引であるが，対象とすることが見送られてしまった。

商品先物取引については，商品先物取引法により，「のみ行為の禁止」（212条），「誠実義務」（213条），「断定的判断の提供等の不当勧誘等の禁止」（214条），「適合性の原則」（215条）その他が法定されている。また，商品先物取引の被害は，そのほとんどが業者の勧誘行為から始まっていることから，再勧誘の禁止および勧誘の告知・勧誘受諾意思確認義務（214条5号・7号）が課され，ロコ・ロンドンまがい取引に代表される取引所外取引では不招請勧誘が禁止される（214条9号）。

株式等 例えば，ライブドア事件のように，市場における株取引でも，風説の流布や有価証券報告書の虚偽記載などで，個人投資家が被害にあうケースが出て，損害賠償を求める訴訟も提起されている。

市場取引外の株式投資でも被害が出ている。例えば，証券取引所などに上場されていない未公開株である。新規上場された場合に，初値が公募・売出価格の数倍になるケースもあり，投機対象として注目されたが，未公開株の販売は登録を受けた証券会社に限られており，無登録業者による上場見込みのない株式の販売など，詐欺的なものが多い。

　また，各種のファンドの形で，一般の投資家などから資金を集め，それを使った事業・資産からの利益を投資家に分配する仕組みもある。金融商品取引法により「集団投資スキーム」として規制対象とされたが，実態の不明な詐欺的業者の例も多く，注意が必要である。

　さらに，信用取引（金融商品取引法161条の2）でも問題が起こっている。信用取引とは，手持ちの資金がなくても，証券会社（金融商品取引業者）から株式・資金を借りて行う取引で，先物取引に近くなる危険な取引である。

第6章 電子商取引

1 消費者被害の現状

従来のカタログ販売，テレビ通販に加えて，インターネット通販，ネットオークション，携帯電話通販のような新たな形態の通信販売が急速に拡大している。それに伴い，消費者トラブルが増加している。ネット通販では，不十分な説明によるイメージ違いや価格等の表示ミス，商品未受領（手違い等詐欺ではないもの）に係る消費者トラブルが7割を超えている。オークションでは，商品未受領（詐欺）と不十分な説明によるイメージ違いに係る消費者トラブルが7割を占めている。また，テレビ通販では，TV広告のような性能・効果がないとの理由による返品希望が多い。以下では，典型的な消費者トラブル（被害）の救済策と予防策を考えてみる。

2 法規制

> 【Case 6-1】 Aさんは，インターネット通販を利用して，通販業者Bから，ナイキシューズを購入したが，サイズが合わないので返品したいと考えている。返品は可能か。

特定商取引法による通信販売の規制　特定商取引法は，第2章第3節において，通信販売に関する規定を置いている。通信販売についての広告（11条），誇大広告等の禁止（12条），合理的な根拠

を示す資料の提供（12条の2），通信販売における承諾等の通知（13条），指示（14条），業務の停止等（15条）である。電子メール広告規制を強化し，電子メール広告の受信を拒否する意思を伝えた消費者に対して一方的に電子メール広告を送りつけることを禁止する規制（オプトアウト規制）から，消費者が事業者からの電子メール広告の送信を事前に承諾しない限り，電子メール広告の送信を原則的に禁止するオプトイン規制を導入する。未承諾の電子メール広告が許容されるのは，①消費者の請求に基づき電子メール広告をするとき，②消費者に対し，契約の内容や契約履行に関する事項を通知する場合に，電子メール広告をするとき，③フリーメールやメールマガジンを利用した場合など，電子メール広告の提供を受ける者の利益を損なうおそれがないと認められるときに限られる（12条の3）。違反行為は行政処分の対象となり（14条, 15条），刑事罰も科される（72条1項4号）。

　通信販売は，訪問販売とは異なり，不意打ちや強引という要素がなく，消費者は自らの意思に基づいて契約をしているので，クーリング・オフの権利は認められていない。しかし，通信販売では，消費者は通販業者のカタログや広告のみに基づいて購入の意思決定を行うので，商品が届いてから自分の思っていた商品とは違う，または【Case 6-1】のように靴の寸法が違っていたという理由で返品したいと考えるのも当然のことである。そこで，クーリング・オフが認められない通信販売では，返品の可否が重要になってくる。良心的な通販業者であれば，一定の期間内の無条件の返品を認めているので，返品制度を設けている通販業者を利用することが，トラブルを未然に防止することになる。特定商取引法は，商品または指定権利について，通信販売業者に対し，返品の可否および返品の条件がある場合には，広告にその旨を表示しなければならないと定める

（11条4号，15条の2第1項但し書き）。返品の可否・条件・送料の負担を広告に表示していない場合には，商品の引渡しを受けた日から起算して8日以内であれば，無条件に返品が可能である。但し，返品に要する費用は，消費者の負担となる（15条の2）。条文上は，通信販売における契約の解除等となっており，クーリングオフと間違いやすいので注意すること。クーリングオフであれば，返品に要する費用も事業者の負担となる。

> 【Case 6-2】 Cさんは，インターネット通販で，通販業者Dからパソコンを購入する際，1台と入力すべきところを誤って3台と入力してしまった。通販業者Dからの請求によって，Cさんは，自分の入力ミスに気がついた。Cさんは，通販業者Dに対して3台分の代金を支払わなければならないだろうか。

電子消費者契約法 電子消費者契約及び電子承諾通知に関する民法の特例に関する法律（電子消費者契約法）は，電子商取引に関するトラブルを防止するための最低限のルールを定めている。株式の専門家である証券会社の従業員でも，入力ミスがあったことが問題となっている。ましてや，一般消費者が電子商取引を行うにあたって，勘違いや入力ミスを犯すことは避け難い。重大な過失があるとして，民法95条による錯誤の無効を主張できないのでは，消費者は，安心して電子商取引を行うことができない。そこで，電子消費者契約法は，確認・訂正画面を設けてある場合を除き，入力ミスは重大な過失とはならず，消費者は，民法95条の錯誤を理由に当該意思表示の無効を主張できる。逆に，通販業者の方で，確認・訂正画面を設けておけば，消費者の重大な過失を理由に，当該意思表示が有効であると主張できる。なお，特定商取引法施行規則16条は，顧客の意に反して契約の申込みをさせる行為として，確

認・訂正画面を設けてない場合を挙げており（16条1項2号），主務大臣の指示の対象となる（14条）。

> 【Case 6-3】 Eさんは，インターネット・オークションで，最新式のパソコンを格安の値段で落札し，すぐに代金の前払いをしたが，いつまでたっても商品が自宅に届かない。何度も連絡先に電話をかけても電話はつながらない。テレビの報道特集で，同一の被害が広がっていることをはじめて知り，自分も詐欺にあったことがわかった。オークション運営会社にクレームを申し立てても，運営会社は免責条項を楯にとって，クレームを受け付けてくれず，Eさんは，途方にくれている。法学部の学生であるFさんは，友人Eさんに法的アドバイスを与えたいと考えている。

売主による詐欺等による商品の未受領　電子商取引，特にインターネット・オークションは，匿名性があるため，消費者は，商品未受領という詐欺にあいやすい。本件では，加害者は，刑法上詐欺罪（刑法246条）により10年以下の懲役に処せられるが，相手方を特定することは困難である。被害者は泣き寝入りするしかないことになるが，それでは犯罪者の思うつぼである。泣き寝入りしないで，警察に被害届を出し，場合によっては，告訴（刑事訴訟法230条），告発（同239条）を行うべきである。警察によって加害者が特定できれば，民事訴訟により被害の回復を図り，または被害回復給付金支給法（犯罪被害財産等による被害回復給付金の支給に関する法律）により，被害回復給付金を受け取ることができる可能性がある。現在，刑事訴訟で損害賠償を請求することを可能とする付帯私訴制度の導入が検討されている。

インターネット通販でも，トラブルを回避するために，比較的信頼性のあるオンライントラストマークのある事業者と契約するのが

望ましい。民法上，詐欺等から消費者を守るために，最も有効な手段が同時履行の抗弁権（民法533条）である。すなわち，商品の引渡しを受けるまでは，消費者は代金を支払う必要はない。商品に欠陥があった場合も同じである（瑕疵担保責任〔同570条，566条〕）。インターネット・オークションを利用する場合には，商品と引き換えに代金を支払う代引き制度を利用するのが望ましい。出品者が，代金の前払いを要求してくる場合には，有料のエスクロー・サービスを利用して，前払いリスクを低減することが望ましい。最後に，オークション運営業者の中には，一定の限度額において，補償金を支払う制度を導入していることもあるので，補償制度を活用してみることが，本件において，被害を回復するための最も現実的な方法である。ただし，補償対象とならない場合が多いので注意を要する。

　インターネット・オークションは，出品者と落札者との間で契約が成立し，第三者であるオークション運営事業者は責任を負わないので，消費者は自己責任をとらなければならない世界である。電子商取引，特にインターネット・オークションを消費者に普及させるためには，サイト運営事業者の「第三者性」を克服し，システム提供者の責任の観点から問題を見直す必要がある。

第7章 広告・表示の適正化

1 広告・表示規制の意義・役割・種類

広告・表示規制の意義と役割 消費者が購入する商品やサービスは科学技術の発展の成果物である。しかし消費者は専門家ではないので、商品やサービスの内容を見ただけでは理解できないのが通常であるし、それらの構造や仕組みが複雑化すればするほどますます理解しがたいものになる。この情報格差を補うために必要なのが、企業によるその商品やサービスに関する情報提供であり、それを消費者の目に見える形で具体化した広告や表示である。

他方、現代における企業の広告・表示活動はマーケティング活動の主要な柱であり、企業は自社の商品やサービスが他社のそれとは違うことを浮き立たせようとする製品差別化競争を、膨大な資金を投下して積極的に展開している。それは自社の商品やサービスの優良性や有利性をことさらに際立たせようとするものなので、企業に不利な情報や消費者に不可欠な危険回避のための情報などは、ともすれば二の次となる傾向がある。極端な場合には、企業に不利な情報を故意に表示しない、有利な情報を誇大に表示する、事実とは異なる虚偽情報を表示するなどが行われることも多い。ここに広告・表示規制の必要性が生ずることになる。

広告・表示に関する規制は、第1に、消費者の選択権の確保（消費者が商品やサービスの内容や取引条件を同種の他の商品やサービスと比較して選択する）のために、第2に、消費者の安全である権利の確

保(商品に消費者にとって危険なものが使われていないか,安全な利用方法はどのようなものかなどを確認する)のために,第3に,消費者の被害救済を受ける権利の確保(商品やサービスの実際の内容や取引条件が表示と異なったり,商品やサービスを原因とする被害にあったりした場合に,責任の所在を確認し追及する)のために必要である。

広告・表示規制の種類 広告・表示規制は,一定の表示を義務づける場合と,誇大広告や虚偽表示などの不当表示を禁止する場合とがある。表示の義務づけを行う一般的な法律はなく,商品・サービス分野や事業分野ごとに表示の目的に応じて個別の法律が制定されている。他方,不当表示規制は,前記の個別の法律の中で禁止されている場合も多いが,一般法として不当景品類及び不当表示防止法(以下,「景品表示法」という)が制定されている。同法は2009年に改正され,それまでの独占禁止法の特例法という性格を喪失し,運用権限も公正取引委員会(以下,「公取委」という)から,内閣総理大臣とその権限委任を受けた消費者庁長官に移管された(ただし,公取委は後述の公正競争規約の認定には関与する)。景品表示法については,次の2で詳述する。

広告・表示規制の種類は,目的に応じて次のように分類することもできる。

(1) 危害防止のための安全性確保を目的とする表示規制 食品衛生法や薬事法などにおける表示規制である。例えば食品衛生法は,内閣総理大臣が,公衆衛生の見地から販売用の食品・添加物・器具・容器包装に関する表示の基準を定め,その基準に合う表示がないと販売等ができないこととし(19条),同時に,公衆衛生に危害を及ぼすおそれがある虚偽のまたは誇大な表示・広告を禁止している(20条)。

(2) 規格・計量の適正化の確保を目的とする表示規制 計量法,

農林物資の規格化及び品質表示の適正化に関する法律（JAS法），工業標準化法（JIS法）などにおける表示規制である。例えば計量法は，計量器の検定制度を定め，検定に合格した計量器には検定証印を付す（72条）などの規制を行っているし，JAS法は，農林水産大臣が農林物資の品質についての基準（品位・成分・性能などの品質，生産の方法，流通の方法についての基準）を内容とする日本農林規格（JAS規格）を定め，製造業者等はその規格による格付けを行い，格付けの表示を包装・容器等に付することができる（2条，7条，14条など）。この表示がJASマークである。

(3) 品質表示の適正化の確保を目的とする表示規制　　JAS法，家庭用品品質表示法などにおける表示規制である。例えばJAS法は，飲食料品の品質に関する表示について，製造業者等が守るべき基準（名称・原材料・保存の方法・原産地・表示方法など）を内閣総理大臣が定め（19条の13），この表示をしない者などに対して指示できる（19条の14）などを定めている。家庭用品品質表示法は，繊維製品，合成樹脂加工品，電気機械器具，雑貨工業品のうち一定のものについて，内閣総理大臣が表示の標準となるべき事項（成分・性能・用途・貯法などの品質，表示方法など）を定め（3条），この表示をしない者などへの内閣総理大臣または経済産業大臣の指示権や指示に従わない場合の公表権（4条），一定の場合の表示の命令権（5条〜7条など）を定めている。

(4) 契約条件・取引条件の適正化の確保を目的とする表示規制　　特定商取引法，割賦販売法などにおける表示規制である。例えば特定商取引法では，通信販売などについて，広告する場合に一定事項の表示が義務づけられたり（11条），誇大広告等が禁止されたりしている（12条）。（特定商取引法と割賦販売法における表示規制については第3章・3および第4章・3・**2**を参照）。

(5) **公正競争の確保を目的とする表示規制**　独占禁止法，不正競争防止法などにおける表示規制である。例えば不正競争防止法は，公正な競争とこれに関する国際約束の的確な実施を確保するために，需要者に周知されている氏名・商号・商標・商品容器などと同一または類似のものを用いて，他人の商品や営業と混同を生じさせる行為などの不正競争に対して，差止請求や損害賠償請求などの民事的救済制度と刑事制裁を用意するものである。

2　景品表示法

【Case 7-1】 A さんは DVD デッキを購入したいと考えて，「年末セール中」と広告している家電量販店 B 店に入った。以前から購入しようと思っていた機種の値札を見ると，「当店通常販売価格49,800円」という価格表示が二重線で消され，その下に赤色の太字で「セール価格34,800円」と書かれていた。A さんが下見のために 2 週間前に B 店を訪れたときには，同じ機種の値段が「40,800円」と表示されていたことを覚えていたので，この価格表示の仕方はおかしいのではないかと思い，それを販売員に伝えた。すると販売員は，「49,800円は 3 ヶ月前にはじめて入荷したときに 1 週間付けていた価格なのだから，うそをいっているわけではない」と説明した。しかし A さんは納得できなかった。

不当な景品類の提供を行ったり，不当な表示を行ったりして顧客を引きつける行為を，「一般消費者による自主的かつ合理的な選択を阻害するおそれのある行為」として制限ないし禁止するのが景品表示法である。不当表示規制に関して同法は，不当表示とは何かを具体化し，これをやめさせるための措置命令や都道府県知事の指示権限，自主規制ルールとしての公正競争規約などの緻密な規制手段

を用意する。これを運用するのは2009年9月に発足した消費者庁である。またこの法律は，景品類の提供についても，提供できる景品類の最高額や総額を制限している。

不当表示　景品表示法が規制の対象とする表示は，非常に広範囲である。すなわち，「商品，容器，包装」，「ダイレクトメール，ファクシミリ等によるものを含む見本，チラシ，パンフレット，説明書面及び口頭（電話を含む）」，「ポスター，看板，ネオン・サイン，アドバルーン，陳列物，実演」，「新聞紙・雑誌等の出版物，放送，映写，演劇，電光」，「情報機器（インターネット，パソコン通信等によるものを含む）」など，あらゆる手段を媒体とする広告や表示がすべて含まれる（2条4項）。

　景品表示法の禁止する「不当表示」は，①商品やサービスの品質・規格などの内容についての不当表示（4条1項1号），②商品やサービスの価格その他の取引条件についての不当表示（同項2号），③商品やサービスの取引に関する事項について一般消費者に誤認されるおそれがあるとして内閣総理大臣が指定する表示（同項3号）に分かれる。

　①の内容についての不当表示（優良誤認）は，一般消費者に対し，実際のものまたは事実に相違して競争業者のものよりも著しく優良であると示すことである。例えば，大豆イソフラボンが1カプセルに6 mgしか含まれていないのに，「大豆イソフラボン30 mg含有」と表示したり，中古車販売ですでに10万km以上走行しているのに，距離計をまき戻して「走行距離3万km」と表示したり，実際には競争業者も用いている技術なのに，「当社だけの独自技術に基づく商品」と表示したりすることなどである。

　なお消費者庁長官は，内容についての不当表示に該当するか否かを判断するために必要があれば，事業者に対して期間を定めて，

「当該表示の裏付けとなる合理的な根拠を示す資料」の提出を求めることができ，提出のない場合には，不当表示とみなすことになっている（不実証広告の規制〔4条2項〕）。例えば痩身効果や断熱機能のような効果・性能に関する表示などは，その客観的な判断が困難で，専門機関の調査・鑑定等が必要となり，その結果，行政処分に時間がかかって消費者被害が拡大するおそれがある。そこでこれを効果的に規制するために，不当表示に該当しないことの挙証責任を事業者側に転換したものである。

②の取引条件についての不当表示（有利誤認）は，実際のものまたは競争業者のものよりも取引の相手方に著しく有利であると一般消費者に誤認される表示である。例えば，携帯電話料金が割引となる場合はごく限定的なのに，すべての場合に料金が割引になるかのように表示したり，実際には旅行代金を別に支払わせるのに，「羽毛布団セットをご購入の方に，もれなく豪華旅行をプレゼント」などと表示したりすることなどである。

③の内閣総理大臣が指定した表示には，「無果汁の清涼飲料水等についての表示」，「商品の原産国に関する不当な表示」，「消費者信用の融資費用に関する不当な表示」，「不動産のおとり広告に関する表示」，「おとり広告に関する表示」，「有料老人ホーム等に関する不当な表示」の6つがあり，いずれも告示の形で指定されている。

【Case 7-1】は，量販店などで多用されている二重価格表示の問題であり，場合によっては上記②の取引条件についての不当表示に該当する。二重価格表示とは，自己の販売価格を，それよりも高い他の事業者の販売価格や自己の過去の販売価格などと併記して表示する価格表示の方法である。値引き幅の大きさなどを強調して，顧客を引きつける意図で用いられるが，比較対照価格が事実と異なる価格であったり，存在しない価格であったりすれば，不当表示とな

る。公取委が公表している「不当な価格表示についての景品表示法上の考え方」(消費者庁は従来の公取委のガイドラインや運用基準を踏まえた法運用を行っている)によれば、「最近相当期間にわたって販売されていた価格」を比較対照価格として表示するのであれば問題にはならない。しかし、販売されていた価格の期間が通算2週間未満の場合や、その価格で販売された最後の日から2週間以上経っている場合は該当しないので、事例の場合は不当表示にあたるおそれが強い表示といえよう。

規制手段 　不当表示の禁止に違反した事業者に対しては、消費者庁長官は行為の差止めや再発防止に必要な事項などを命じる(6条)。これを措置命令という。

不当表示はどこででも起きうる違法行為であり、違反事例も数多いので、消費者庁だけによる禁止規制では限界がある。そこで都道府県知事にも、不当表示規制の権限が与えられている。すなわち都道府県知事は、違反事業者に対して、行為の取りやめや再発防止に必要な事項などを指示することができる(7条)のであり、違反事業者がその指示に従わない場合には、消費者庁長官に対して、適当な措置をとるべきことを請求することができる(8条)。

公正競争規約 　景品表示法は、行政機関による禁止規制だけではなく、不当表示を未然に防止するために、消費者庁長官と公取委の認定を前提として、業界自身に表示の自主ルールを作成させる公正競争規約の制度を設けている(11条)。

不当表示の現実の態様は多種多様であり、商品やサービスの種類あるいは業界の取引慣行などによっても大きく異なるので、どのような表示が適正な表示といえるのかの基準を、業界の実情に即して決めさせることには一定の意味がある。また、不当表示の事例は多いので、行政による監視だけでは限界もある。公正競争規約の制度

は，業界において，いわば「不当表示の競争」が生じることを未然に防止し，行政による規制を待たずに不当表示の発生を防ぐための制度なのである。

事業者または事業者団体は，原材料名・内容量・期限表示・製造業者名などの必要な表示事項，表示する場合の基準，特定用語の使用の強制や使用の禁止（例えば，「アイスクリーム類及び氷菓の表示に関する公正競争規約」では，重量百分率で乳固形分15％以上，うち乳脂肪分8％以上のものだけを「アイスクリーム」と表示することとしている）などの表示に関する自主ルールを作成した上で，消費者庁長官または公取委に対してそのルールを公正競争規約として認定するように申請する。消費者庁長官と公取委はそれが，①不当な顧客の誘引を防止し，一般消費者による自主的かつ合理的な選択および事業者間の公正な競争を確保するために適切なものであること，②一般消費者および関連事業者の利益を不当に害するおそれがないこと，③不当に差別的でないこと，④公正競争規約に参加し，または公正競争規約から脱退することを不当に制限しないこと，という4つの要件に合致する場合に，これを認定する。

事業者は，認定された公正競争規約の内容を遵守する限り，不当表示に該当することを恐れることなく事業活動が行えるし，独占禁止法違反に問われることもない。また，公正競争規約に参加していない事業者には適用されないが，規約の範囲内の表示を行っている限り，やはり不当表示に問われることはないというメリットを享受できることになろう。

表示に関する公正競争規約は，2010年5月現在，食品一般（アイスクリーム類および氷菓，チョコレート類，ハム・ソーセージ類など）が38件，酒類（ビール，ウイスキー，泡盛など）が7件，その他（化粧品，タイヤ，不動産など）が23件の合計68件認定されている。

第8章 安全性の確保・安全規制

1 はじめに

　消費者は，事業者から商品・サービスを購入することによって，自己の欲求を満たすことを求めるが，自己の生命，身体または財産などを危険にさらすことを欲するわけではない。しかし，消費者がその商品・サービスを用いたことによって，消費者に思いもかけない被害が発生することもある。というのは，個々の取引において，事業者は，その商品・サービスの利点を誇張し，その欠点を沈黙して，十分な情報を消費者に与えないので，消費者は，適切な判断を下すことができないままに，その商品・サービスを購入するからである。

　およそ人の生命，身体または財産などを危険にさらさないこと，言い換えると，人の生命，身体または財産などの安全性を確保することは，法的に最も重要なことである。1962年に，アメリカのケネディ大統領は，安全を求める権利を，消費者の権利に関する特別教書の中で最初に掲げ，1968年（昭和43年）の消費者保護基本法は，安全性を確保するために，事業者の責務（4条1項）と国の施策（7条）を定めた。さらに，同法は2004年（平成16年）に改正されて消費者基本法となり，新たに基本理念を設け，「消費者の安全が確保され」ることを，消費者の権利として位置づけている（2条1項）。けれども，これまで安全という概念について法的な定義はなく，ただ「安全性の確保」という文言の使用例があるのみであった（食品

安全基本法1条，食品衛生法1条，薬事法1条，電気用品安全法1条，道路運送車両法1条など）。しかし，2009年の消費者庁の新設とともに，消費者の被害に関する情報の消費者庁による一元的な集約体制の確立と，当該情報に基づく適確な法執行の確保を図るために，消費者安全法が制定され，2条3項で，「消費者安全の確保」とは，消費者の消費生活における被害を防止し，その安全を確保することと，さらに同条4項で，「消費安全性」とは，商品等または役務の特性，それらの通常予見される使用または利用の形態その他の商品等または役務に係る事情を考慮して，それらの消費者による使用等が行われる時においてそれらの通常有すべき安全性をいうものと，定義された。

そこで，事前の予防手段として，消費者の生命，身体または財産などの安全性を確保し，侵害を許さないことが（行政法の分野），また，侵害によって損害が発生したならば，事後の救済手段として，その侵害を差し止め，賠償の責任を負わすことが（民事法の分野），顧慮されなければならない。

2　消費者被害の現状

【Case 8-1】…（食品）　Aは，牛乳を買って飲んだら，腹痛と下痢におそわれた。病院で診察を受けると，黄色ブドウ球菌による食中毒であると診断された。Aはどうしたらよいのか。

【Case 8-2】…（医薬品）　Bは，血友病と診断されて，その治療薬として血液製剤が投与された。ところが，その血液製剤はHIV感染者からの輸血によって製造されたものであったために，BもHIVに感染してしまった。Bはどうしたらよいのか。

【Case 8-3】…（電気器具）　Cは，新品の携帯型のパソコンを購入した。夜間に充電していたところ，突然パソコン本体が燃えだしてしまった。その原因は，バッテリーが不良品であったからだ，と判明した。Cはどうしたらよいのか。

【Case 8-4】…（一般的な家庭生活用品）　Dは，新品のベビーカーに幼児を乗せて，公園に出かけた。たまたま犬を連れて散歩している人とすれ違った際に，突然その犬が吠えたことに驚いた幼児が，手足をバタバタさせたところ，幼児の手がベビーカーにはさまって傷を負ってしまった。Dはどうしたらよいのか。

【Case 8-5】…（自動車）　Eが歩道を歩いていたら，通行中の自動車のタイヤがはずれて転がってきてEに当たり，その結果，Eは骨折してしまった。Eはどうしたらよいのか。

【Case 8-6】…（住宅）　Fは，新居用にマンションを購入した。ところが，そのマンションは，耐震構造が偽造された欠陥マンションであった。Fはどうしたらよいのか。

　近年のわが国において，商品・サービスによって，生命や身体に危害を受けた（危害情報），または，そのおそれがあった（危険情報）として，各地の消費生活センターが受け付けた相談件数は，年間12,000件を超え，その負傷者数も年間8,400件あまりである（2008年度）。

　生命や身体に危害を受けたとする商品・サービスの主要なものは，健康食品，エステティックサービス，化粧品類であり，そのおそれがあったとする主なものは，自動車，染毛剤，修理サービスであり，負傷の原因となった主なものは，階段，自転車，遊具である。

　食品に関しては，森永砒素（ひそ）ミルク中毒事件，カネミ油症事件，雪印食中毒事故などで，多数の消費者が被害者となった。

1955年の森永砒素ミルク中毒事件では、乳児用のドライミルクの製造中に砒素が混入し、これを飲んだ乳幼児に下痢、嘔吐、発熱などの症状があらわれ、131人が死亡し、1万2,000人以上が砒素中毒に罹った。1968年のカネミ油症事件では、米ぬか油の製造過程で使用された脱臭装置からPCB（ポリ塩化ビフェニール）が製品に混入し、これを食用に用いた51人が死亡し、1,629人が油症患者となった。2000年の雪印食中毒事故では、牛乳を飲んだ1万4,849人が食中毒に罹った。2001年には、BSE（牛海綿状脳症、いわゆる狂牛病）に感染した牛が国内で確認され、BSEに感染した牛を焼却したと発表したものの、肉骨粉という飼料にしていたことが報道されて、消費者が牛肉を食べなくなるという事態が生じた。翌2002年には、政府のBSE対策に乗じて、食品会社が、対象外の安い輸入肉を高い国産肉と偽装して、不当に差額を儲けようとした、牛肉産地偽装事件も発生した。

　医薬品に関しては、サリドマイド事件、スモン事件、クロロキン事件などで、多くの人が深刻な被害を被った。サリドマイド事件では、1958年に発売されたサリドマイドを主成分とする睡眠薬を服用した妊婦から先天性障害児1,300人が出生した。スモン事件では、1950年代中頃から下半身神経麻痺および歩行障害を訴える患者があらわれ、その原因がキノホルムであることが判明するまでに、死者1,620人、認定患者6,459人を数えた。

　クロロキン事件では、1960年代にマラリヤ治療薬として開発されたクロロキン剤が腎臓病にも使用されたことにより、副作用として失明に至った患者が1,000人以上もあらわれた。

　食品や医薬品以外でも、2000年に発覚した三菱自動車のリコール隠し事件では、1993年以降に販売した自動車16万台以上がリコールの対象になり、また、2002年には、同社製の大型車のタイヤが走行

中に外れて歩行者に衝突し死亡させた事件も，発生している。2005年には，アスベストの健康被害やマンションの耐震偽装が，社会的な問題となった。

なお，2007年には，小型ガス湯沸器の経年劣化による死亡事故，ミートホープによる豚肉・鶏肉等の混入挽肉販売，石屋製菓による「白い恋人」の賞味期限の偽装，「赤福餅」の消費期限の偽装，船場吉兆による食べ残し再提供などが，新たな社会問題となり，さらに2008年には，中国産冷凍餃子問題や事故米穀の不正規流通問題などが発生した。

3　安全確保のための法規制

概説　消費者の生命，身体または財産などの安全を保ち，侵害することを許さないために，事前の予防手段として，多種多様な方法で，法規制が加えられている。2009年の消費者庁の新設とともに制定された消費者安全法以外の主要な法律は，以下のものである。

食品については食品安全基本法，食品衛生法，医薬品については薬事法，電気器具については電気用品安全法，ガス器具についてはガス事業法，液化石油ガスの保安の確保及び取引の適正化に関する法律，一般的な家庭生活用品については消費生活用製品安全法，有害物質を含有する家庭用品の規制に関する法律，自動車については道路運送車両法，住宅については建築基準法，消防法などである。

これらの法律の特徴は，その対象を目的物と事業者に分けて，それぞれに規制を行うという点にある。

目的物に対する主な規制は，①許可がなければ一定の商品の製造・販売が禁止されること，②有毒食品・有毒器具などの製造・販

売が禁止されること，③一定の許容量に限って製造・販売が許可されること，④取締基準・安全基準の設定によって製造・販売が規制されることなどである。

事業者に対する主な規制は，①営業許可制・登録制，②欠陥商品の届出制，③リコール命令，営業停止命令，許可取消命令，罰則などである。

しかし，安全確保のための法律による規制は，行政に権限を付与するものではあっても，消費者の権利を中心として体系化されていないために，自ら限界がある。これらの法律は，従来の取締行政の影響を受けて，一定の行政目的を実現するために行政の権限を中心として体系化され，行政の権限行使の結果として，反射的に消費者を保護するという構成をとっている。しかも，行政の権限行使は自由裁量に任されているゆえに，その権限行使が時宜に遅れるときには，消費者の生命，身体または財産などへの侵害が拡大するという傾向がある。

個別法による法規制

(1) 消費者安全法　2009年の消費者庁の新設とともに制定された消費者安全法は，消費者の消費生活における被害を防止し，その安全を確保するため，内閣総理大臣による基本方針の策定について定めるとともに，都道府県および市町村による消費生活相談等の事務の実施および消費生活センターの設置，消費者事故等に関する情報の集約等，消費者被害の発生または拡大の防止のための措置その他の措置を講ずることにより，関係法律による措置と相まって，消費者が安心して安全で豊かな消費生活を営むことができる社会の実現に寄与することを目的とする（1条）。

内閣総理大臣による基本方針の策定については，①消費者安全の確保の意義に関する事項，②消費者安全の確保に関する施策に関す

る基本的事項,③他の法律の規定に基づく消費者安全の確保に関する措置の実施についての関係行政機関との連携に関する事項,④消費者安全の確保に関する施策効果の把握およびこれを基礎とする評価に関する基本的事項,⑤その他の消費者安全の確保に関する重要事項を定めるものとされる(6条2項各号)。

地方公共団体は,消費生活相談,苦情処理のあっせん等の事務を実施するものとされ(8条),消費生活センターの設置につき,都道府県は必置とされ,市町村は努力すべきものとされる(10条)。

消費者事故等に関する情報の集約等について,行政機関,地方公共団体,国民生活センターは,被害拡大のおそれのある消費者事故等に関する情報を内閣総理大臣に(生命・身体に関する重大事故等については直ちに)通知しなければならない(12条)。内閣総理大臣は,消費者事故等に関する情報等を集約・分析し,その結果を取りまとめ,公表しなければならない(13条)。

消費者被害の防止のための措置について,①内閣総理大臣は消費者の注意を喚起するための情報を公表するものとされ(15条),②被害防止を図るために実施し得る他の法律の規定に基づく措置がある場合,内閣総理大臣は当該措置の実施を関係各大臣に求めることができ(16条),③被害防止を図るために実施し得る他の法律の規定に基づく措置がない場合で,かつ,生命・身体に関する重大事故等の場合,内閣総理大臣は,事業者に対し,必要な措置をとるように勧告し,事業者が正当な理由なく従わない場合には,当該措置をとるべきことを命ずることができ(17条),また,急迫した危険がある場合には,必要な限度において,6ヶ月以内の期間を定めて,当該商品等の譲渡等を禁止または制限することができる(18条)。さらに,事業者が当該商品等の譲渡等の禁止または制限に違反した場合には,内閣総理大臣は,当該商品等の回収等を命ずることもで

きる (19条)。なお，これらの命令・禁止・制限に従わない場合には，罰則が科される (27条以下)。

(2) 食品　食品は，飲食して生命を維持するためのものであり，病気や傷を治すためのものである医薬品とともに，最も高度に安全性が求められるべきものである。特に食品について，その安全性の確保を求める法律が，1947年に制定された食品衛生法である。

乳製品・添加物などの製造・加工業の施設には食品衛生管理者を置かねばならず (48条)，飲食店営業・喫茶店営業・菓子製造業などには許可が必要とされる (52条)。

食品・添加物 (食品の製造過程で加工・保存の目的で食品に加えるもの) の製造・加工などの方法についての基準およびその成分についての規格 (11条1項)，器具・容器包装・その原材料についての規格 (18条1項)，食品・添加物・器具・容器包装の表示についての基準 (19条) が定められ，特に食品添加物の基準・規格は食品添加物公定書に記載され (21条)，その基準・規格に合わない食品等は販売できない。これに違反した場合には，食品等の廃棄その他必要な処置 (54条)，営業許可の取消し (55条)，または，営業の禁止・停止 (55条，56条) が命じられる。

近年，新たな食品衛生管理システムであるHACCP (危害分析重要管理点方式) が普及し，この方式に基づく総合衛生管理製造過程 (食品衛生上の危害の発生を防止するための措置が総合的に講じられた製造または加工の過程) の基準に合致し承認を得て，食品を製造・加工する場合は，食品・添加物の製造・加工などの方法についての基準に適合するものとみなされる (13条)。

2003年の同法の改正によって，一定量を超えて農薬等が残留する食品の販売を原則的に禁止するという制度 (原則禁止・例外許可として，使用できる農薬等をリスト化するポジティブリスト制度) が導入され

(11条3項)，2006年から施行された。従前の制度（原則許可・例外禁止として，使用できない農薬等だけをリスト化するネガティブリスト制度）では，リストに記載されない農薬等が食品から検出されても，その食品の販売を禁止するなどの措置を行うことができなかった。これを改めて，新制度では，原則すべての農薬等について残留基準を設定し，その基準を超えて食品中に農薬等が残留する場合，その食品の販売を禁止する措置を行うこととし，従前では規制ができなかった事例（リストに記載されない農薬等が食品に残留していることが明らかとなった場合）についても規制できることとなった。

従来，食品添加物としての化学的合成品は，指定されたものしか使用できなかったが（指定制），1995年の同法の改正によって，化学的合成品以外の食品添加物（いわゆる天然添加物）にも指定制が導入され，天然添加物は，従来使用できたものであっても，指定されなければ使用できないことになった（10条）。ただし，動植物産で食品の着香のために使用される天然香辛料と，一般に食品として飲食に供されているものは，指定制の対象から除かれている。

また，近年の食生活に関わる環境の変化に的確に対応するために，食品安全基本法が2003年に制定され，食品の安全性の確保に関して，リスク（危険性）についての情報交換を図りつつ（リスクコミュニケーション〔13条〕），リスクを科学的に解明して（リスク評価〔11条〕），安全性を確保するための施策を策定する（リスク管理〔12条〕）というリスク分析手法が導入されている。また，同法に基づいて食品安全委員会が設置され（22条），同委員会は，厚生労働省や農林水産省などのリスク管理を行う機関から独立した中立公正な立場から，リスク評価を行い，リスクコミュニケーションの推進に取り組むものとされている（23条）。

なお，近年のBSE感染牛の問題に対して，トレーサビリティ・

システムを普及させるために，牛の個体識別のための情報の管理及び伝達に関する特別措置法が2003年に制定され，国内で飼育されるすべての牛に10桁の番号が付けられ，その牛の生年月日，品種，食肉処理に至るまでの履歴などがデータベース化され，インターネットを通じて公開されるようになった。牛肉以外の食品に関するトレーサビリティ・システムは，事業者の自主的な取組みに任され，青果物，外食，鶏卵，貝類（カキ・ホタテ）については品目別ガイドラインが作成された。これ以外の食品についても，そのガイドラインが順次追加される予定となっている。米のトレーサビリティについても，2009年に米穀等の取引等に係る情報の記録及び産地情報の伝達に関する法律が制定され，事業者に対して米の取引情報の記録と産地情報の伝達が義務づけられた。

(3) 医薬品　医薬品も，食品と同じく，最も高度に安全性の確保が要求されるべきものである。特に医薬品，医薬部外品，化粧品および医療機器について，その安全性の確保を求める法律が，1960年に制定された薬事法である。

医薬品等の製造販売業（12条），製造業（13条），薬局の開設（4条），医薬品の販売業（24条），医療機器の販売業等（39条）には，許可が必要とされている。医薬品の製造は，その品目ごとに承認を受けなければならず（14条），頻繁に使用される医薬品は，その性状や品質を定めた日本薬局方で公示されている（41条）。また，医薬品等には，その製法，性状，品質，貯蔵等に関して基準が設けられ（42条），特に指定された医薬品は，検定に合格しなければ，販売することができない（43条）。医薬品等の取扱いも詳細に規制され（第7章），医薬品等の広告も規制されている（第8章）。さらに，医薬品等によって危害が発生した場合，その医薬品等の販売の一時停止その他応急措置が命じられ（69条の3），医薬品の検定を受けずに販

売した場合や医薬品等の取扱いに違反して販売した場合，その医薬品等の廃棄，回収その他の措置が命じられる（70条）。

(4) 電気器具・ガス器具　　科学技術が進歩した現代では，もはや電気・ガスを利用しない生活は，考えられない。けれども，感電による死亡・傷害，漏電による火災，ガス中毒，ガス爆発など，電気器具・ガス器具の欠陥による被害は，絶えたことがない。そこで，電気器具やガス器具の安全性の確保が図られなければならない。

電気用品に関しては，電気用品による危険や障害の発生を防止する目的で1961年に電気用品取締法が制定された。同法は，1996年に電気用品安全法に改められた。

現行法によれば，政令で定める特定電気用品（電気コード，ヒューズ，コンセントなど112品目）と，その他の電気用品（冷蔵庫，洗濯機，テレビなど338品目）について，国の定めた技術上の基準に適合した旨のPSEマーク（10条）の表示がない限り販売できず（27条），この表示のない電気用品が販売されたときには，国は回収等の措置を命ずることができる（42条の5）。なお，電気用品の製造または輸入の事業を行おうとする者は，経済産業大臣に届け出なければならない（3条）。

ガス器具に関して，1954年に制定されたガス事業法によれば，都市ガス用の器具のうち，政令で定めるガス瞬間湯沸器，ガスストーブ，ガスバーナー付きふろがま，ガスふろバーナーの4品目については，国の定めた技術上の基準に適合した旨のPSTGマーク（39条の12）がない限り販売できず（同条の3），この表示のないガス器具が販売されたときには，国は回収等の措置を命ずることができる（同条の13）。なお，ガスを供給する事業を営もうとする者は，経済産業大臣の許可を受けなければならない（3条）。プロパンやブタンなどの液化石油ガス（LPガス）に関して，1967年に制定された液

化石油ガスの保安の確保及び取引の適正化に関する法律によれば，液化石油ガス用の器具のうち，政令で定める液化石油ガスこんろ，液化石油ガス用瞬間湯沸器，液化石油ガス用バーナー付ふろがまなどの19品目については，国の定めた技術上の基準に適合した旨のPSLPGマーク（48条）がない限り販売できず（39条），この表示のないガス器具が販売されたときには，国は回収等の措置を命ずることができる（65条）。なお，液化石油ガス販売事業を行おうとする者は，2つ以上の都道府県にわたるときには経済産業大臣，1つの都道府県内のときは都道府県知事の登録を受けなければならない（3条）。

(5) 一般的な家庭生活用品　日常生活では，食品，医薬品，電気器具，ガス器具ばかりでなく，その他にも多種多様な家庭生活用品が利用されている。従来，特別法で規制されなかった家庭生活用品には，安全性を確保するための規制はなかった。しかし，炭酸飲料水のガラス瓶の破裂，幼児用の遊具の破損，石油ファンヒーターの不完全燃焼など，家庭生活用品による事故は，少なからず発生している。そこで，1973年に消費生活用製品安全法が制定され，消費生活用製品の安全規制（PSCマーク制度）が導入された。また，2006年には，半密閉式瞬間湯沸器や家庭用シュレッダーの事故を受け，製品事故情報報告・公表制度を新設すべく同法は改正され，2007年には，小型ガス湯沸器の経年劣化による死亡事故の発生を受け，長期使用製品安全点検・表示制度を創設するものとして同法は改正された。さらに，2009年の消費者庁の新設に伴って同法は改正され，製品事故情報報告・公表制度に内閣総理大臣が関与するものとされた。

消費生活用製品の安全規制（PSCマーク制度）につき，主として一般消費者の生活の用に供される製品が消費生活用製品と定義され

（2条1項），特に消費者の生命・身体に対して特に危害を及ぼすことが多い製品（特定製品〔同条2項，登山用ロープ，家庭用の圧力なべ，二輪車用のヘルメット，石油給湯機，石油ふろがま，石油ストーブなど〕，特別特定製品〔同条3項，乳幼児用ベッド，携帯用レーザー応用装置，浴槽用温水循環器など〕）は，国の定めた技術上の基準に適合した旨のPSCマーク（13条）がない限り販売できず（4条），このマークのない製品が販売された場合や消費者の生命・身体に対して重大な危害が生じた場合などに，その製品の回収やその他の措置が命じられる（32条による危害防止命令，39条による危害防止命令〔これらの命令違反には58条によって1年以下の懲役または100万円以下の罰金が科せられる〕）。

長期使用製品安全点検・表示制度につき，消費生活用製品のうち，長期間の使用に伴い生ずる劣化（経年劣化）により安全上支障が生じ，一般消費者の生命または身体に対して特に重大な危害を及ぼすおそれが多いと認められる製品で，屋内式のガス瞬間湯沸器・液化石油ガス用瞬間湯沸器などの政令で定められるものが，特定保守製品と定義され（2条4項），事業者に対して，事業の届出（32条の2，違反には30万円以下の罰金〔59条6号〕），点検期間等の設定（32条の3），製品への表示等（同条の4）および引渡時の説明等（同条の5）が義務づけられた。引渡時の説明等が行われないとき，主務大臣は，勧告および公表することができる（同条の6）。事業者は，所有者に対して，点検その他の保守に関する事項の通知（点検通知事項）を発しなければならず（同条の12），また，点検を行わなければならない（同条の15）。その一方で，所有者は，事業者に対して，所有者情報を提供するものとされ（同条の8），経年劣化に起因する事故が生じた場合には情報を収集するとともに，点検期間に点検を行う等その保守に努めるものとされる（同条の14）。さらに，主務大臣は，事業者に対して，改善命令を発することができ（同条の16，違反には1年

以下の懲役・100万円以下の罰金〔58条5号〕)，点検の実施に支障が生じているときには，点検を行う技術的能力を有する事業者に関する情報を収集し，公表しなければならない (32条の17)。主務大臣は，点検その他の保守の体制の整備を促進するため，事業者の判断の基準となるべき事項を定め (同条の18)，事業者は，かかる体制を整備しなければならない (同条の19)。主務大臣は，事業者のかかる体制の整備が著しく不十分であると認めるときは，勧告および公表することができ，さらに勧告に係る措置をとるべきことを命ずることができる (同条の20, 違反には1年以下の懲役・100万円以下の罰金〔58条5号〕)。主務大臣は，経年劣化に起因し，または起因すると疑われる事故に関する情報を収集・分析し，公表するものとされる (32条の21)。事業者もまた，特定保守製品の経年劣化による危害の発生を防止するよう努めなければならない (同条の22)。

　製品事故情報報告・公表制度につき，消費生活用製品の使用に伴って生命・身体に対する危害が発生した事故や生命・身体に対する危害が発生するおそれのある製品の滅失・き損事故などの製品事故 (2条5項) のうち，特に死亡事故，重傷病事故，後遺障害事故，一酸化炭素中毒または火災などの重大製品事故 (同条6項) が発生した場合には，製造・輸入業者に内閣総理大臣への報告が義務づけられる (35条) (同条違反には内閣総理大臣による情報収集等の体制整備命令〔37条, 同条違反には58条によって1年以下の懲役または100万円以下の罰金が科せられる〕)。さらに，内閣総理大臣は，重大製品事故による危害の発生および拡大を防止するために必要と認めるときは，当該製品の名称および型式，事故の内容その他当該製品の使用に伴う危険の回避に資する事項を公表するものとされる (36条)。

　なお，1973年に制定された有害物質を含有する家庭用品の規制に関する法律は，指定された家庭用品について，有害物質の含有量・

溶出量・発散量の基準（4条1項），指定された毒物・劇物を含む家庭用品の容器または被包の基準を定める（同条2項）。その基準に適合しない限り，家庭用品は販売されてはならず（5条），その基準に適合しない家庭用品が販売されたときには，回収等の措置が命じられる（6条）。

(6) 自動車　現代のわが国では，道路網の整備に伴って自動車は全国に普及し，自動車を利用しない生活へ後戻りすることは，考えられない。しかし，人身事故による生命・身体への侵害などは，枚挙にいとまがない。自動車は，走る凶器と評されるほど，本来的に危険性を有するものである。そこで，自動車の安全性の確保を図ることが必要とされる。

1951年に制定された道路運送車両法は，自動車，原動機付自転車および軽車両の構造・装置について保安基準を定め，この基準に適合する自動車などでなければ，運行の用に供してはならない，と定める（40条〜42条・44条・45条）。また，自動車は，検査を受け，有効な自動車検査証の交付を受けたものでなければ，運行することはできない（58条）。なお，保安基準に適合しない自動車については，自動車メーカーにその改善措置を講ずべきことが勧告され（63条の2），自動車メーカーがその改善措置を講じようとするときは，あらかじめ届け出なければならない（同条の3）。

(7) 住宅　住宅については，1950年に制定された建築基準法が，建築物の敷地，構造，設備および用途に関する最低基準を定めて，安全性の確保を図っている（1条）。また，1999年に制定された住宅の品質確保の促進等に関する法律は，住宅の性能に関する表示基準を設けて，これに基づく住宅性能評価を行い，住宅の品質確保の促進を図っている（同条）。

なお，1948年に制定された消防法は，耐震防火性能の確保のため

に，規制を行っている（同条）。

4 製造物責任法

【Case 8-7】 Gさんの事務所兼自宅が全焼し，Gさんの次女Hは，一酸化炭素中毒により窒息死した。焼け跡から居間に置いてあったテレビ付近が出火元であることはわかったが，もちろんテレビは跡形も残っていない。Gさんは，I社製のカラーテレビに欠陥があり，発火したために損害を被ったと考えている。I社は，欠陥を否定し，逆にHがテレビゲームに熱中し，長時間カラーテレビを利用したため，何らかの原因でテレビが発火したものであると主張している。Gさんは，I社に対して損害賠償を求めることができるだろうか。

立法の背景　製造物責任法が施行されたのは1995年である。それ以前の欠陥製品による被害からの救済は，民法の不法行為（民法709条）によるしか方法がなかった。民法709条により救済を求めるには，加害者である製造業者の故意・過失だけでなく，損害の発生，過失と損害との間の因果関係など，基本的には被害者があらゆる立証責任を負う。これらの内容をすべて被害者が証明し，損害賠償を勝ち取ることには多大な困難が伴い，司法による事後的救済には限界があった。

サリドマイド事件，カネミ油症事件などの生命・健康被害が1960年代から多発するようになると，司法による事後的救済が欠かせなくなったが，そうしたケースで消費者は，健康被害と立証負担という二重の負担を強いられることとなった。

日常生活において，消費者は製品の安全性に疑問を抱かず，安全性を問題とすることもなく，製造業者に信頼を寄せている。他方，製造業者は消費者に比して，当該製品についてはるかに豊富な知識

を蓄積している。製造業者はこのように一方的に優位な立場にあるのだから、責任を負うことも当然であると指摘されるようになり、高度の注意義務に基づく厳格責任を負うべきだとの見解が示されるようになった。

諸外国をみると、アメリカでは1960年代から厳格責任が認められている。ヨーロッパでは1980年代にはEC指令が採択され、ヨーロッパ諸国で製造物責任法が立法化された。このような諸外国による影響で、わが国における立法化への要請は高まっていた。市場では規制緩和により、消費者だけでなく製造業者に対しても自立への要請が高まり、製品の安全性の確保には、製造業者に自主的対応が求められるようになった。

このような背景の下、1994年に製造物責任法が成立した。同法によれば、従来の不法行為責任では製造業者に「過失」があったことを、消費者が立証しなければならなかったのに対し、製造物に「欠陥」があれば製造業者（当該製造物を業として製造、加工または輸入した者）等は損害賠償責任を負わなければならないこととなったのである（3条）。

目的，範囲，適用対象

(1) 目的（1条）　本法では、「製造物の欠陥」により「人」に損害が生じた場合に、「製造業者等」に損害賠償責任を課すことを目的としている。

損害による被害者を「人」としたことにより、その製造物の消費者を、個人に限定せず、法人も救済の対象に広げている。また、直接の被害者だけでなく、巻き込まれた形で被害を受けた第三者の救済も可能となる。

(2) 範囲・適用対象　本法では製造物を「製造又は加工された動産」（2条1項）と定義している。これは、原材料に手を加えて作り出された新たな製品、または工作を加えられ価値が高められた製

品を意味し，サービスなどの役務は除外される。

「動産」であることから，土地，建物などの不動産は除外され，「物」についての民法の伝統的解釈に基づき，有体物ではない熱，電気などのエネルギーも除外されることになる。

民法の伝統的解釈からは，人の臓器など人体の一部も人体を離れると「物」として扱われる。「製造物」として臓器は含まれないこととなるが，血液については，輸血されるまでの間加工しなければ保存できない性質から，製造物とされる。

中古品については，消費者と製造業者との間に以前の所有者が介在することにより，責任の所在が複雑となる可能性はある。以前の所有者が何らかの改造を加えたために，その欠陥が生じた場合には，製造業者への製造物責任は問えず，以前の所有者や中古品販売業者に対し責任追及をせざるをえない。その場合，売主の瑕疵担保責任（民法570条，566条）を問うか，不法行為責任（同709条）を問うこととなる。

欠陥　「欠陥」とは，「当該製造物の特性」，「その通常予見される使用形態」，「製造業者等がその製造物を引き渡した時期」，「その他の当該製造物に係る事情」を考慮して，「当該製造物が通常有すべき安全性を欠いていること」（2条2項）と定義されている。

ここで，この「通常」とは製造物責任に関するEU指令の「正当に期待できる」を意味すると考えられる。すなわち，いわゆる消費者期待基準といわれる一般的に消費者が期待している程度である。

また，「製造物の特性」とは，当該製造物に独自の性質だけでなく，用途の特性に応じて考えられるべきである。幼児向け玩具の台所セットと，調理用の包丁では用途が異なり特性も異なる。

「通常予見される使用形態」は，合理的に予見できない誤使用を

除くものである。指示・警告は明確かつ適切になされていても、不適正な使用により被害が生じた場合には、欠陥とはならない。普段は安全なコンセントを濡れた手で触り、感電した場合が該当する。

「その他の当該製造物に係る事情」とは、製造業者がより安全性の高い製品を製造し危険物を回収する意欲を阻害しない配慮も必要であるため、有用性の高い医薬品などについては、有用性を危険性が上回る場合にだけ欠陥があるとされる。

以上の点から「欠陥」の存否が判断されるが、その内容は、アメリカ法の製造上の欠陥、設計上の欠陥、指示・警告上の欠陥の3分類を用いるのが一般的である。

(1) 製造上の欠陥　製造上の欠陥とは、製品の設計・仕様には問題がなく、設計・仕様通りに製造されなかった場合の欠陥をいう。製造過程で不純物が混じった医薬品や、組立てを誤ったためにショートが起きる家電製品などがこれにあたる。

(2) 設計上の欠陥　設計上の欠陥とは、製品の開発・設計段階で、製造業者が安全性に十分な配慮をしなかったために、製造物に欠陥が生じた場合をいい、この場合、欠陥は当該製造物のすべてに存在することになる。

(3) 指示・警告上の欠陥　製造業者には、製品を使用する過程で危険が発生する可能性を察知できるのだから、購入・使用する人がその危険性を十分に認識でき、危険の発生を回避できるように促す義務がある。この義務を怠ったときに問われる欠陥を、指示・警告上の欠陥という。

製造物責任(3条)　製造物責任法の最大の特徴は、製造業者がその製品の「欠陥により」損害を引き起こした場合に責任を負うとしている点である。これは、従来の不法行為責任の「過失」を「欠陥」に置き換えるものであり、注意義務違反と

しての過失という加害者側の事情を，欠陥という製造物に内在する事情に置き換えることにより，被害者による立証の困難を軽減する意義をもつ。

ただし，「損害が当該製造物についてのみ生じたとき」は，損害賠償の対象から除外される。これは被害者救済の意義は，拡大損害（＝生命，身体または財産の侵害）からの保護であり，製品そのものに欠陥がとどまる場合には，基本的には製造業者ではなく売主による契約責任とするという趣旨である。例えば，携帯電話の放熱により火傷を負った場合には本法が適用されるが，携帯電話自体が使えなくなったにとどまる場合には適用されない。

免責事由と期間制限 (1) 免責事由 (a) 開発危険の抗弁（4条1号） 当該製品を流通においた時の科学技術の知見によって欠陥を認識できなかったならば，製造業者は責任を負わないという，いわゆる開発危険の抗弁がある。製造業者が，科学技術の発展に努力することは，消費者の利益につながるから，製造業者が意欲を失わないようにすることは，社会全体の利益でもあり，その意味では合理的であろう。

しかし，消費者が予見可能性を立証するのは困難であるのに対して，製造業者が当時の技術水準では欠陥を発見できなかったことを立証するのは比較的容易である。過失を欠陥に置き換え，消費者の立証責任を軽減した趣旨からすれば，問題とする技術水準は，当該製品に関する世界最高水準であり，製造業者はより高い注意義務を負うと解釈すべきである。

(b) 部品・原材料製造業者の抗弁（4条2号） 部品や原材料は，完成された製造物の構成部分として消費者の手に渡るため，独立した製造物としての性質はない。しかし，元々の欠陥が部品や原材料にあるために最終製造物に欠陥が生じた場合には，これらの製造業

者は全体として賠償責任を負わなければならない（不真正連帯債務，民法には直接の規定はなく，基本的に連帯債務の規定を準用する）。

ただし，部品・原材料の製造業者が，完成品の製造業者からの指示により製造した場合に，等しく賠償責任を負わすのではあまりに酷であるので，部品・原材料の製造業者は無過失を立証できれば，免責される。

(2) 期間制限　　損害賠償請求権は，「損害及び賠償義務者を知った時から3年間」損害賠償請求をしなかった場合と，「当該製造物を引き渡した時から10年を経過したとき」に消滅する（5条）。消滅時効が3年，除斥期間が10年となるが，除斥期間については，民法が20年としている（民法724条）のに比べて短い。これは，科学技術の進歩が日進月歩ゆえ，長い期間とすると製造業者に多大な負担を負わせることになる，との趣旨とされる。しかし，そもそも不法行為責任に時効の中断，停止事由を認めない除斥期間を設定すること自体，被害者の救済という趣旨に反するとの批判があるところ，製造物責任にも同様に除斥期間を認めることは，製品事故からの救済には不適切であろう。

薬品などのように体内に蓄積し，発症するまで時間の経過を必要とする損害の場合には，その損害が発生した時から期間制限が進行する（5条2項）。

製造物責任法の課題と限界　製造物に内在する欠陥を原因とする損害から被害者を救済する趣旨で立法化された本法だが，不法行為責任で「故意・過失」の立証を必要とされる場合とどのように異なるのか，明確さに欠けると考えられよう。製造物責任法の立法から15年近く経った現在でも，訴訟数は少なく（2008年9月16日現在109件），当初の立法目的を果たしているとはいえない。

被害者の救済にとって大きな障害となっているのが，欠陥の存在，

欠陥と損害の因果関係の立証である。従来の「過失」を「欠陥」に置き換えることにより，立証責任の軽減を図ったとされたが，実際には文言上置き換えたに過ぎないともいえよう。それゆえ，欠陥の存在の推定や，欠陥と損害の因果関係の推定に関する規定を設けることが，必要と考えられる。

第9章 公正・自由な競争と消費者

1 公正・自由な競争秩序の意義

　わが国の経済社会は，自由な取引を基本とする自由主義経済社会であり，企業は商品やサービスの価格や品質などをめぐって自由で活発な競争を行っている。そして競争とは，「より良いものをより安く」提供しようとする行為，すなわち，同一または同種の商品やサービスであれば，できるだけ低価格で販売しようとし，同程度の価格であればより質の良い商品やサービスを提供しようとして競うことである。消費者の権利・利益の確保という観点からは，市場において競争が活発に行われていれば，消費者はより良いものをより安い価格で手に入れることができるということである。また多くの企業が消費者の支持を得ようとして様々な商品やサービスを提供するのであるから，消費者は多くの商品やサービスから自分の要求と必要に応じて自由に選ぶことができるという消費者の選択の権利の確保にも資することになる。

　もちろん自由な競争が確保されていれば，それで十分というわけではない。取引における強い力を悪用して，消費者に安い商品やサービスを提供しようとする他の企業に不当な制約を加えたり，資本力の違いだけで勝負の決まってしまう競争方法がとられたり，大げさで虚偽を含む不正確な情報を消費者に提供して競争したりすれば，競争秩序が歪められることになり，消費者の選択の権利が害されたり，消費者が適正な競争価格で商品やサービスを入手すること

が困難になったりする。競争にもルールが必要なのであり，公正な競争でなければならない。

このように，市場において公正かつ自由な競争秩序が保たれることが，消費者の権利・利益の確保の観点からも重要かつ必要なのである。そしてわが国では，市場における競争秩序を維持するために，「私的独占の禁止及び公正取引の確保に関する法律」（以下，「独占禁止法」という）が制定され，公正取引委員会（以下，「公取委」という）という特別な行政機関により運用されている。

2 独占禁止法

【Case 9-1】 ある冬，ガソリンの価格が高騰した。毎日，自家用車を利用することの多いAさんは，ガソリンの価格高騰で例年の倍近いガソリン代を払っていた。しかしそのうちに，石油会社がガソリンなどの石油製品の価格カルテルを結んでいたことが公正取引委員会により摘発され，ガソリンの価格は下がり始めた。Aさんは払いすぎたガソリン代金を取り戻すことができるか。

独占禁止法は，「私的独占」，「不当な取引制限」，「不公正な取引方法」という違法行為を禁止したり，「事業支配力の過度の集中を防止」するための規制などを行ったりすることを通じて，「公正且つ自由な競争を促進し，事業者の創意を発揮させ，事業活動を盛んにし，雇傭及び国民実所得の水準を高め，以て，一般消費者の利益を確保するとともに，国民経済の民主的で健全な発達を促進する」（1条）ための法律である。つまり，公正かつ自由な競争を促進することで，一般消費者の利益を確保しようというのが，本法の大きな目的の1つなのである。独占禁止法違反の行為に対しては，公取

委が排除措置や課徴金納付などを命ずることになる。

 以下では、消費者の権利・利益の確保に関係の深い行為規制として、カルテルの禁止規制と、不公正な取引方法の禁止規制の一部、さらには消費者による独占禁止法の活用について取り上げる。

カルテルの禁止(不当な取引制限の禁止等)　市場において企業は、例えば製造業であれば、製品の種類や品質、生産量、販売価格などを自らの経営判断に基づいて決定している。これは当然のことである。しかし競争が激しくなると、例えば価格は均衡価格に近づいていくのであり、企業の利益確保はより困難になることが多い。そこで競争業者が自分たちの利益を確保するために、連絡しあって競争を回避する行動をとることがある。これがカルテルである。カルテルは価格について行われること（価格カルテル）が多いが、生産や販売の数量、生産分野、販売地域、取引の相手方など、様々なことについて行われる。カルテルは、競争業者たちが一定の市場での競争を消滅させることを目的とした行為なので、競争を促進しようとする独占禁止法の観点からは、非常に悪質な行為と評価されることになる。諸外国の同様の法制度でも、カルテルは原則禁止の扱いを受けている。

 カルテル事件は非常に多い。近年では自治体や国の機関などが発注する建設・土木工事契約などでの入札談合事件が多く、納税者としての消費者から見ても問題であるが、カルテルの多くは、中間財をめぐるものであることが多い。これも結局は消費生活物資の価格上昇などに波及するので問題であるが、直接に消費生活物資を対象としたカルテルが行われることもある。その典型的事例が石油カルテル事件であった（「Topic　灯油裁判」を参照）。

 カルテルは、独占禁止法上、個々の企業の行為として捉えられる場合には「不当な取引制限」（2条6項）に該当し、企業がこの「不

当な取引制限」を行うことが禁止され（3条），国際的カルテルは，「特定の国際的協定または契約の禁止」（6条）により同様に禁止されている。またカルテルが業界団体（独占禁止法では「事業者団体」という）などに主導される場合には，事業者団体の禁止行為としても規制されている（8条）。

　カルテルを規制するために，独占禁止法は3つの規制手法を用意している。その第1は，公取委による排除措置である。これは，「当該行為の差止め，事業の一部の譲渡その他これらの規定に違反する行為を排除するために必要な措置」（7条1項）であり，公取委は内部告発や職権探知によって，法違反行為があると考える場合には調査を行い，違反事実を確認すると排除措置命令を違反業者に発する。カルテルの場合，具体的には，カルテル協定や合意の破棄，カルテルを破棄した旨の関係者への周知徹底，とった措置の公取委への報告などが命じられている。企業側が命令に不服であれば，公取委に審判を請求することができ，この場合には，裁判手続に類似する審判手続がとられることになる。

　第2に，カルテルを行った業者からは，一種の行政的制裁として公取委により課徴金が徴収される（課徴金納付命令〔7条の2など〕）。その額は，カルテル実行期間中（最長3年間）のカルテル対象商品・サービスの売上額に一定率を掛け合わせて算出される。その率は，大企業の製造業等の場合10％であり（小売業3％，卸売業2％），10年以内の再犯の場合には5割増しとなる。場合にもよるが，相当の高額になることもある。要するに，違反者に経済的な痛みを与えることで，カルテルを抑止することを狙ったものである。ただし，早期にカルテルから離脱したり，公取委が違反事実を知らないうちにカルテル情報を知らせたりすれば，額が減免される場合もある。

　第3に，刑事制裁である。カルテルを繰り返した業者であったり，

第9章　公正・自由な競争と消費者　　*185*

国民生活への悪影響が大きかったりした悪質なカルテルの場合には，公取委が検事総長に対して独占禁止法違反の罪で告発することがある（96条）。この場合には，刑事裁判手続が行われて処罰されることになる。例えば，不当な取引制限違反の罪は5年以下の懲役または500万円以下の罰金（89条1項）であり，さらにその行為者だけではなく，会社などの法人自体も5億円以下の罰金刑に処される（両罰規定〔95条〕）。次第にこうした理解は広がりつつあるが，カルテルは犯罪なのである。

|不公正な取引方法の禁止| すでに述べたように，消費者にとっては，自由な競争が行われることだけではなく，競争自体が公正に行われることも重要である。独占禁止法はこれを不公正な取引方法の禁止（19条）として具体化している。不公正な取引方法は，2条9項1号～5号で法定された行為と，同項6号に基づいて公取委が指定した行為とに分かれ，後者には，業種を超えて適用される「一般指定」と，新聞業，大規模小売業者と納入業者との取引，物品の保管・委託という特定の分野だけを対象とする「特殊指定」とがある。

以下では特に，消費生活と関連が深い違法行為として，「不当廉売」，「抱き合わせ販売」，「再販売価格の拘束（再販売価格維持行為）」だけを取り上げる。

(1) 不当廉売（2条9項3号，一般指定6項） 価格競争による価格低下は，一般的には消費者の利益となり歓迎すべきことであるが，競争業者に打撃を与えるためなどに行われる度を超えた低価格販売は「不当廉売」として禁止される。典型的な不当廉売は，供給に要する費用を著しく下回る対価で継続して供給することで競争業者などの事業を困難に陥れることであり，公取委の実務では，継続的な原価割れ販売がこれにあたるとされている。1980年代以降の規制緩

和政策の進展に伴う「価格破壊」により多く問題とされるようになり，スーパーによる牛乳の廉売合戦の事例（マルエツ・ハローマート事件）が違反に問われたことがあるし，2000年以降では，酒類，ガソリン，家電製品などの不当廉売で公取委による警告や指導が相次いだ。

(2) 抱き合わせ販売（一般指定10項）　抱き合わせ販売とは，ある商品を販売する際に，別の商品も同時に購入させることであり，例えば，売れ筋商品に販売不振の商品を抱き合わせるなどである。顧客はいらないものの購入を強制されるので，適正な商品選択が歪められることになる。また既存業者が新規参入者を阻止するためなどに行うこともある。消費生活関連では，人気のテレビゲームソフトの卸売業者が，売れ残っていた在庫ソフトを抱き合わせて小売業者に販売した事例がある。

(3) 再販売価格維持行為（2条9項4号）　再販売価格維持行為（以下,「再販行為」という）は，流通過程で行われる違法行為である。例えばある製品を製造・販売するメーカー A が，取引先である卸売業者 B に対して，その製品の小売業者への販売価格（卸売価格＝A から見れば再販売価格）について具体的に指示し，その指示に従わない場合には出荷を停止する，あるいは出荷量を削減するなどの措置をとる旨の圧力をかけ，指示する価格を守らせようとする場合がある。同様にメーカー A は，B の取引先である小売業者 C に対しても，その販売価格（小売価格＝A から見れば再々販売価格）を具体的に指示して，B を通じて圧力をかけることがほとんどである。こうして A は，B の卸売価格や C の小売価格を具体的に指示して守らせることにより，小売段階での価格競争の激化による値崩れを防止しようとするのである。

この再販行為が行われる商品は，ある程度の高価格でも消費者に

購入されるブランド品（商標品）である。なぜならば，ブランド力があるからこそ，卸売業者や小売業者はメーカーなどの意向に従って，価格を高値に維持する行動をとることを受け入れるからである。

この再販行為が実効性をもって実施されると，卸売業者や小売業者はメーカーの指示する価格でしか販売できず，当該商品の価格はどの店舗で購入しても同一という結果をもたらす。つまり当該商品についての卸売業者間の価格競争と小売業者間の価格競争とがほぼ完全に消滅することになる。またこの行為は，卸売業者や小売業者の価格決定という重要な競争機能をメーカーが制約するものでもある。だからこそ独占禁止法は，再販行為を悪性の強い行為として原則的に禁止するのである。

ただし例外がある。それは著作物についての再販行為である。公取委が指定する商品についての再販行為（指定再販）と，著作物に関する再販行為（法定再販）については，企業などがこれを行ったとしても，独占禁止法を適用しない旨を定めている（23条）。いわゆる適用除外再販といわれるものである。しかし再販行為の弊害はきわめて大きいので，指定再販は公取委によりすでに全廃の措置がとられており，今日では残っていない。残っているのは法定再販（著作物再販）だけである。

ここで著作物とは，著作権法上のすべての著作物を指すわけではなく，公取委は，書籍，雑誌，新聞，レコード盤，音楽テープ，音楽CDの6品目に限っている。これらが適用除外される理由には諸説があるが，例えば，著作物の多様性を維持して文化を保護するためなどの理由が考えられる。適用除外再販が認められているからこそ，これらの商品には出版社，新聞社，レコード会社などによって商品に定価が付されているのである。しかし法定再販といっても，法的な再販強制ではないので，出版社やレコード会社の意向によっ

ては，最初から再販対象とせずに競争価格で販売できるし，再販を一定期間に限る時限再販も行われている。

なお適用除外再販の販売の相手方には，一定の法律に基づいて設立された組合などを含まない（同条5項）ので，例えば，共済組合や消費生活協同組合（生協）を相手方とする再販行為は適用除外とはならず，大学生協などでは書籍等の値引き販売は普通に行われている。

消費者による独占禁止法の利用　独占禁止法は，確かに「一般消費者の利益を確保すること」を目的とするが，それはもっぱら公取委の法運用によるものである。しかしごく限られてはいるが，私人の手により法律目的を実現する手段が多少用意されている。つまり私人たる消費者がこの法律を利用する道がある。

(1) 措置請求　何人（なんぴと）も，独占禁止法違反の事実があると考えるときは，公取委に対しその事実を知らせて適当な措置をとるように請求できる。この場合，公取委は必要な調査をしなければならず，特に具体的事実を摘示した書面で措置請求された場合には，適当な措置をとったのか，とらないこととしたのかを，その措置請求をした者に通知しなければならない（45条）。

(2) 差止請求　企業や事業者団体の不公正な取引方法に違反する行為により，利益を侵害され，または侵害されるおそれがある者は，これにより著しい損害を生じ，または生ずるおそれがあるときは，利益を侵害する企業や事業者団体に対し，その侵害の停止または予防を請求することができる（24条）。

(3) 損害賠償請求　カルテルや不公正な取引方法などによって被害を受けた者は，損害賠償を請求できる（25条）。この被害者にはこれらの違法行為によって直接に被害を受けた消費者はもちろん，例えばメーカー段階での価格カルテルにより，流通段階を介して末

> **Topic**
>
> ### 灯油裁判
>
> 第一次オイルショック時の1973年に石油元売業者12社が価格カルテルなどを結び，1年間に石油製品の元売仕切価格を5度にわたって引き上げた石油カルテル事件が発生した。公取委はこの価格協定の破棄を命じ，さらにこの事件は刑事事件にもなった。このカルテルによって高い灯油を買わされるという被害を受けたとして，主婦連合会会員や神奈川生協組合員ら96名が独占禁止法25条に基づく損害賠償請求を，審決の確定した6社を相手方として東京高裁に提起し（東京灯油裁判），東京高裁では原告（消費者）が敗訴した。また，山形県の鶴岡生協組合員ら1654名が，民法709条に基づく損害賠償請求を上記12社と石油連盟を相手方として山形地裁鶴岡支部に提起した（鶴岡灯油裁判）。山形地裁では原告が敗訴したものの，控訴審である仙台高裁秋田支部では原告が勝訴し，損害賠償が石油会社らに命じられた。両事件は最高裁に上告され，東京灯油裁判は1987年7月2日に，鶴岡灯油裁判は1989年12月8日に，それぞれ最高裁で消費者敗訴の判決が下されて事件は終結した。この判決で最高裁は，損害額などに関する厳しい立証責任を消費者に課したため，消費者が独占禁止法違反に基づいて損害賠償を請求する途を事実上閉ざすものだとして，強く批判されている。
>
> 【山本　晃正】

端に位置する消費者が不当に高いカルテル価格で商品を購入せざるをえない場合など，消費者が間接的な被害者である場合も含まれる。この企業の損害賠償責任は無過失責任である。ただし，請求ができるのは，公取委の排除措置命令や課徴金納付命令が確定した後に限られる（26条）。またそのための裁判の第一審は，東京高裁とされている（85条2号）。さらに，この訴えが提起された場合には，東京高裁は公取委に対し，同条に規定する違反行為によって生じた損害の額について，意見を求めることができる（84条）。

　以上は独占禁止法に基づく損害賠償請求であるが，もちろん一般の不法行為責任に基づく損害賠償請求も可能である（民法709条）。

第10章　消費者被害の救済

1　はじめに

　消費者基本法は,「消費者に被害が生じた場合には適切かつ迅速に救済されること」を,消費者の権利の1つとして尊重している(2条1項)。一般に,消費者被害とは,事業者との取引に際して商品・サービスの取引条件や取引方法について消費者がもつ合理的な期待と現実との間に不相当な不一致がある状態であるといわれ,消費者が商品・サービスを購入,消費するに際して生命・身体,財産に受ける損害がその中心になるとされている。

　本章は,消費者被害の救済という消費者の権利の実現について,すなわち,前章までに学んだ消費者契約法や特定商取引に関する法律などのように,消費者と事業者との間の権利義務の内容を定める法(実体法)ではなく,消費者被害の救済という消費者の権利を実現する手続を定める法(手続法)について,学ぶものである。

　消費者が事業者から商品・サービスを購入,消費するに際して,消費者に被害が発生した場合,消費者の苦情に対して,事業者が任意に救済すれば,消費者被害の救済という消費者の権利は実現する。しかし,事業者がその救済を拒むならば,その救済を強制するためには,この手続に基づかなければならない。というのは,現代社会では,自力救済は禁止され,権利の実現は国の任務とされるからである。したがって,事業者から商品・サービスを購入し消費するに際して被害を受けた消費者は,その被害の救済としての損害賠償

図表10−1 消費者被害の救済の手続

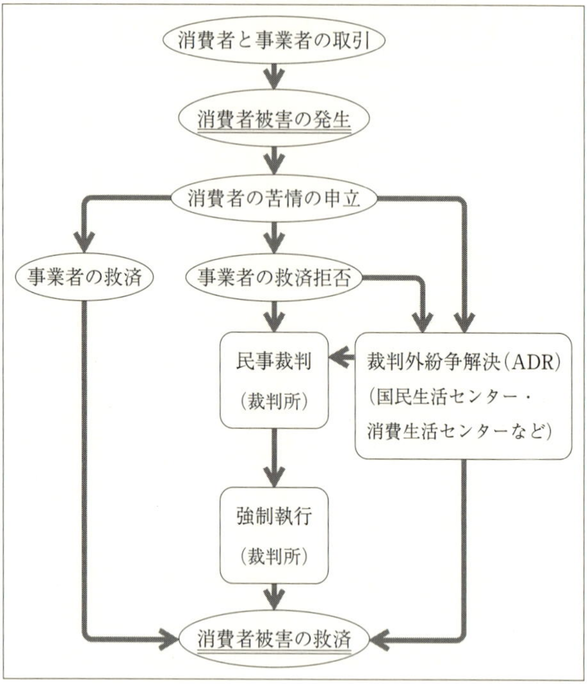

```
         消費者と事業者の取引
                ↓
         消費者被害の発生
                ↓
         消費者の苦情の申立
        ↓       ↓        ↓
   事業者の救済  事業者の救済拒否
                ↓        ↓
              民事裁判  ← 裁判外紛争解決(ADR)
              (裁判所)    (国民生活センター・
                ↓         消費生活センターなど)
              強制執行
              (裁判所)
                ↓
         消費者被害の救済
```

（民法）を求めて民事裁判を提起し，金銭の支払いを命じる判決を得て（民事訴訟法），この判決に基づく強制執行を申し立てなければならない（民事執行法）。そして，強制執行の手続としての差押え・換価・配当が行われて，はじめて消費者被害の救済という消費者の権利は実現することになる。

このような民法・民事訴訟法・民事執行法における主体としての消費者・事業者は，理性的で利己的な経済人であると想定され，対等な当事者として合理的に行動することが予定されている。しかし，現実社会における消費者と事業者とは，情報力・交渉力等に格差が

あり，対等な当事者関係にはなく，必ずしも消費者は理性的で利己的な経済人として合理的に行動するわけでもない。むしろ，消費者被害が少額であるのに，その救済手続が複雑すぎることから，消費者は，泣き寝入りか，苦情を申し立てるか，に留まってしまうことが多い。そこで，消費者基本法は，「苦情処理及び紛争解決の促進」を基本的施策の1つとして謳い，地方公共団体は，「苦情の処理のあっせん等」に努め，国および都道府県は，苦情処理のための「人材の確保及び資質の向上その他の必要な施策」と紛争解決のための「必要な施策」を講ずるものとした（19条）。

消費者被害の救済には，苦情の申立てなどの私的交渉，国民生活センター・消費生活センターなどの中立的な第三者が当事者間に介入して紛争の解決を図る裁判外紛争解決（処理）（代替的紛争処理：Alternative Dispute Resolution, ADR），民事裁判・強制執行という手段がある。

私的交渉は，消費者と事業者とに情報力・交渉力等に格差があることから，当事者間での合意に至りにくい，という欠点がある。

民事裁判・強制執行も，消費者にとって裁判所が「①遠くに存在し，②費用も時間もかかり，③なじみにくい場所」であることから，敬遠されやすい，という欠点がある。

裁判外紛争解決としての国民生活センター・消費生活センターなどによる紛争解決のあっせん・仲介は，民事裁判のように事業者を強制的に手続に引き込むことができず，手続の開始ないし決着について事業者の同意を得なければならない，という欠点がある。しかし，手続が簡易・迅速であること，費用が低廉であること，手続が公開されないことによってプライバシーが保持できること，個別の紛争の実体に即した柔軟な解決が可能であること，法律家以外の各領域の専門家によって紛争の処理ができること，などの利点がある。

図表10-2　ADRと民事裁判

	ADR				民事裁判
	助言	あっせん	調停	仲裁	
相手の同意	×	○	○	○ (事前に仲裁合意)	×
第三者による解決案の提示	×	×	○ (調停案)	○ (仲裁)	○ (判決)
解決案の拒否	—	—	○	× (訴訟の提起不可)	×
解決案の強制	—	—	×	○	○
手続・解決案の公開	×	×	×	×	○

2　裁判外紛争解決（ADR）による消費者被害の救済

　裁判外紛争解決（ADR）には，手続の種類によって，当事者間の自主的な解決を促すために第三者が助言を促す助言型ADR，当事者間の合意により紛争の解決を図ろうとするあっせん型ADR・調停型ADR，あらかじめ第三者の審理・判断に従うという一般的な合意の下に手続を開始する仲裁型ADRがある。また，提供主体の分類によって，司法型ADR（裁判所の民事調停，特定調停），行政型ADR（国民生活センター・消費生活センターなどの相談，あっせん，仲介），民間型ADR（弁護士会仲裁センター，PLセンター，消費者団体など）がある。

行政型ADR　　行政型ADRの代表的なものは，独立行政法人国民生活センターや地方公共団体の消費生活センター

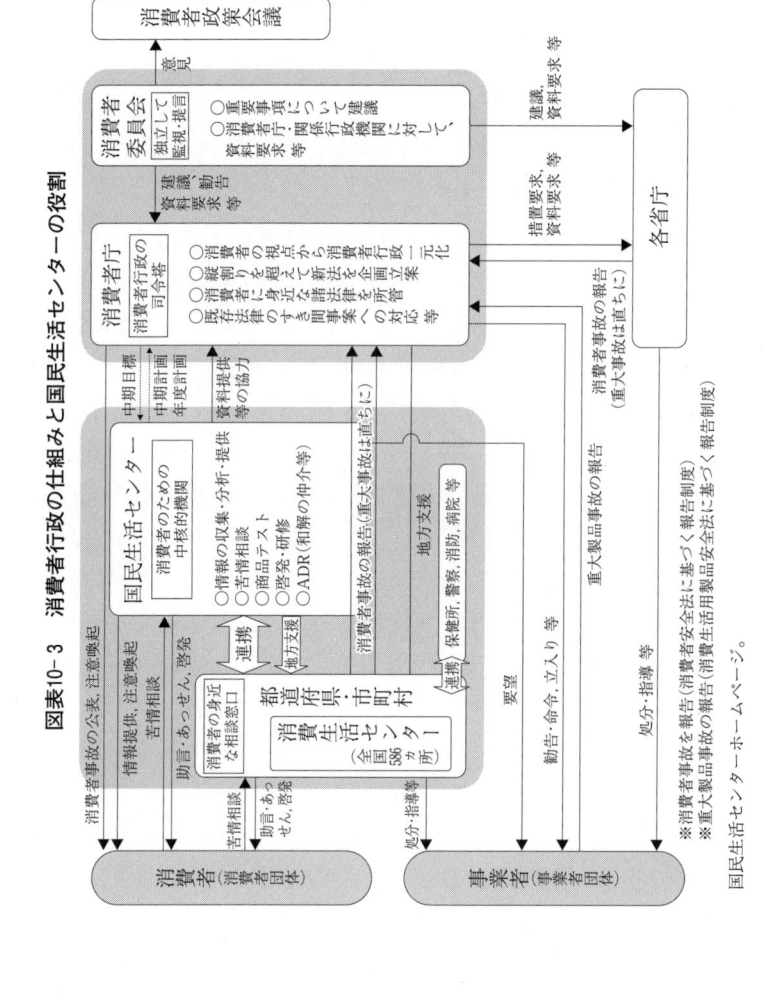

図表10-3 消費者行政の仕組みと国民生活センターの役割

である。

　行政型 ADR は，1961年の東京都消費者経済課，1965年の経済企画庁国民生活局・国民生活審議会，兵庫県生活科学センターの設置にまでさかのぼる。

　国民生活センターは，1970年の国民生活センター法に基づいて特殊法人として設立されたが，独立行政法人通則法（1999年）と独立行政法人国民生活センター法（2002年）に基づき，2003年から独立行政法人とされている。

　国民生活センターは，「国民生活の安定及び向上に寄与するため，総合的見地から，国民生活に関する情報の提供及び調査研究を行うこと」を目的としていたが，2008年の法改正によって，「重要消費者紛争について法による解決のための手続を実施する」こともその目的に付け加えられた（3条）。ここに，「重要消費者紛争」とは，消費生活に関して消費者（個人または消費者契約法による差止請求を行う適格消費者団体）と事業者との間に生じた民事上の紛争である「消費者紛争」（1条の2第1項）のうち，「消費者に生じ，若しくは生ずるおそれのある被害の状況又は事案の性質に照らし，国民生活の安定及び向上を図る上でその解決が全国的に重要であるものとして内閣府令で定めるもの」と新たに定義づけられた（同条の2第2項）。また，その業務の範囲は，①情報の収集・分析・提供，②苦情相談，③商品テスト，④啓発・研修であったが，新たに⑤重要消費者紛争の解決を図ることも付け加えられた（10条各号）。さらに，重要消費者紛争解決手続として，紛争解決委員会が創設され（11条以下），その手続として，仲介委員が紛争当事者間の交渉を仲介し和解を成立させることによって紛争解決を図る和解の仲介（19条以下，いわゆる「あっせん」・「調停」）や，仲裁委員が仲裁判断を行い，紛争当事者がその判断に従うことで紛争解決を図る仲裁（29条以下）が新設され

た。なお，和解仲介手続には，時効の中断（27条）や訴訟手続の中止（28条）という法的効果も付与され，紛争当事者の出席や当該事件に関する資料提出を求めることもでき（22条），和解仲介手続や仲裁の手続が終了した場合で必要があるときには，その結果の概要を公表することもでき（36条），和解または仲裁判断で定められた義務の履行を勧告することもできるものとされた（37条）。

国民生活センターは，2004年の消費者基本法25条によって，情報収集・提供，消費者苦情の処理，消費者に対する啓発・教育等における中核的機関としての役割を果たすものとされている。また，2009年の消費者庁設置法によって，消費者行政の司令塔として，消費者の視点から消費者行政一元化，縦割り行政を超えて新法を企画立案，消費者に身近な諸法律を所管，既存法律のすき間事案への対応等を所掌事務とする消費者庁が，内閣府の外局に設置されたことを受け，国民生活センターは，消費者庁に対して資料提供等の協力をするものとされている。

消費生活センターは，地方自治法158条1項に基づき地方公共団体の内部組織として設置され，東京都消費生活総合センター，大阪府消費生活センター，愛知県中央県民生活プラザをはじめとして，都道府県市区町村で586ヶ所を数え，国民生活センターと連携を保ちつつ，情報提供，苦情処理，商品テスト等の消費者行政を実施している。

国民生活センター・消費生活センターでは，消費生活専門相談員資格を有する者が，消費者の面談や電話での相談に対応し，消費者自身が自主的に解決できる場合には，問題点を整理して法令等を根拠に，具体的な解決策や交渉方法を助言する。また，自主的な解決が困難な場合には，国民生活センター・消費生活センターが，消費者と事業者との間をあっせん・仲介して解決を図る。消費者からの

相談は，各地の消費生活センターから国民生活センターへ結ばれたPIO-NET（パイオネット：全国消費生活情報ネットワーク・システム）に収集・蓄積されて，多様に利用されている。

なお，各省庁も苦情相談等の窓口を設け（経済産業省「消費者相談室」，農林水産省「消費者の部屋」，金融庁「金融サービス利用者相談室」など），都道府県市区町村などもその消費生活条例によって消費者被害救済委員会などを設置している（「東京都消費者被害救済委員会」〔東京都消費生活条例29条〕，「大阪府消費生活苦情審査会」〔大阪消費者保護条例25条〕，「愛知県消費生活審議会」〔県民の消費生活の安定及び向上に関する条例18条〕など）。

司法型ADR 　司法機関としての裁判所が行うADRには，調停，訴え提起前の和解および仲裁がある。

民事調停法による民事調停は，民事に関する紛争につき，当事者の互譲により，条理にかない実情に即した解決を図る制度であり（1条），裁判官と調停委員で構成される調停委員会が（5条以下），紛争解決の合意が成立するように，当事者を仲介するものである。当事者間に合意が成立し，これが調書に記載されると，裁判上の和解と同一の効力が認められる（16条）。なお，民事調停法の特例として，多重債務者の経済的再生を図るために，金銭債務の利害関係を調整しようとする特定調停もある（特定債務等の調整の促進のための特定調停に関する法律）。

民事訴訟法による訴え提起前の和解（起訴前和解〔275条〕）は，両当事者が簡易裁判所に出頭して和解の申立てをするもので，和解が調書に記載されると，確定判決と同一の効力が認められる（267条）。

仲裁法による仲裁は，当事者間の合意（仲裁合意〔2条1項〕）に基づき，原則として当事者が選定した仲裁人の示す仲裁判断（39条）により，民事紛争を解決する制度である。仲裁判断には，確定

判決と同一の効力が与えられている（45条）。

民間型 ADR　弁護士会仲裁センターは，第二東京弁護士会が1990年に発足させてから，全国で10を超えるものが活動している。その紛争処理は，仲裁というよりも和解であることが多く，仲裁として紛争解決に至る場合であっても，実質的には和解を仲裁という形式で処理したものが少なくない。

　PLセンターは，1994年に製造物責任法が制定されたことにともなって，医薬品，化学製品，消費生活用製品などの製品分野別に設置されて，紛争処理，苦情処理を行っている。

　消費者団体は，全国で2800を超え，そのうち200余りが法人格を取得し，機関誌・パンフレットの発行，講習会の開催などの消費者啓発・教育，苦情相談窓口・電話110番の開設，弁護士・消費生活センター等の紹介などの活動を行っている。2006年の消費者契約法の改正により，消費者団体訴訟制度が導入されたことを受けて，NPO法人消費者機構日本，NPO法人消費者支援機構関西，社団法人全国消費生活相談員協会，NPO法人あいち消費者被害防止ネットワークなど9つの消費者団体が適格消費者団体として認定され，その他多くの消費者団体も，差止請求権を行使できる適格消費者団体の地位を得ようと努力している。

　なお，2004年に制定された総合法律支援法に基づいて，日本司法支援センター（法テラス）が設立され，国，地方公共団体，弁護士会，司法書士会，消費者団体などと連携をとりながら，情報提供業務，民事法律扶助業務，被疑者・被告人に付する国選弁護人の確保業務，司法過疎地域対策業務，犯罪被害者支援業務などを行っている。また，同年には，裁判外紛争解決手続の利用の促進に関する法律（ADR法）も制定され，同法は，紛争の解決を図るにふさわしい手続の選択を容易にし，権利の実現に資することを目的に，基本理

念等を定め，民間紛争解決手続（民間業者が行う調停・あっせん）の業務に関し認証の制度を設けるとともに，時効の中断等に係る特例を定めている。

3 民事裁判による消費者被害の救済

民事裁判　民事裁判は，①原告の訴状の提出，②被告の答弁書の提出，③口頭弁論，④証拠調べ，⑤判決の言渡し，と至る手続である（民事訴訟法）。

訴状は，原則として被告の住所地の裁判所へ（土地管轄〔4条〕），また，訴訟の目的の価額（訴額）が140万円を超えない請求の場合は簡易裁判所（裁判所法33条1項1号），超える場合は地方裁判所へ（訴額による事物管轄〔同24条1号〕），提出されなければならない（その他の管轄については5条以下）。

判決に不服があるときは，上訴（控訴・上告）することができる（281条以下）。判決に不服を申し立てる手段が尽きたとき，判決は確定し，判決で確定された事項に関して，当事者はもはや後訴を提起して前訴の判断を争うことができず，後訴裁判所は前訴判決の内容に拘束される（既判力〔114条，115条〕）。

金銭の支払いを目的とする判決が確定すると，これを債務名義とし，執行文の付与を得て，強制執行を行うことができる（民事執行法25条本文）。

少額訴訟　簡易裁判所には，少額訴訟に関する特則が民事訴訟法368条以下で認められている。少額訴訟は，金銭の支払いを請求する訴訟で，当事者間に対立が少ない単純な事案，例えばクーリング・オフをしたのに支払ったお金を返してもらえないという事案について，迅速に解決しようとする趣旨で定められた

制度である。すなわち，60万円以下の金銭の支払いを請求する訴えについて，同一の簡易裁判所で同一の年に10回を超えない回数まで，口頭弁論期日は一回開廷するだけで，口頭弁論終了後直ちに判決を言い渡す，という手続である。証拠調べは，即時に取調べができる証拠に制限され，宣誓をさせないで証人の尋問ができ，電話等を利用することもできる。少額訴訟の判決に対しては控訴することができず，同一の簡易裁判所に異議を申し立てることができるにすぎない。少額訴訟の判決は，職権で必ず仮執行宣言をしなければならない。少額訴訟の判決による強制執行は，その正本に基づいて実施され，執行文は不要とされている（民事執行法25条但書）。

倒産手続　多重債務者の救済に関しては，裁判上の倒産手続として「破産手続」と「民事再生手続」がある。

(1) 破産手続　破産法による破産手続は，裁判所が破産手続の開始を決定し，破産管財人を選任して，その破産管財人が債務者の財産を金銭に換えて債権者に配当する手続である（1条）。債務者の財産がきわめて少ない場合には，破産管財人を選任しないまま破産手続を廃止することもある（216条）。破産手続開始の決定時点の債務は，破産手続の開始が決定されても，当然に返済を免れるのではなく，これとは別に免責許可の申立てを行い，免責の許可を受けてはじめて免除される（248条以下）。破産者は，後見人，保佐人，補助人などの人の資格に制限が課されるが，免責許可の決定などによって，復権する（255条以下）。なお，債務者自身が破産手続開始の申立てを行うことを，自己破産という。

(2) 民事再生手続　民事再生法による民事再生手続には，主に法人事業者を対象とするもの（通常の民事再生手続〔21条以下〕）と，個人債務者のみを対象とするもの（個人債務者の民事再生手続〔221条以下〕）とがある。個人債務者の民事再生手続は，通常の民事再生

手続を簡素化したものであり，手続や費用等の負担が軽くなっている。個人債務者の民事再生手続は，将来において継続的に収入を得る見込みがあって無担保債務の総額が5,000万円以下の個人債務者（小規模個人再生〔221条1項〕），または，その中でもサラリーマンなど将来の収入を確実かつ容易に把握することが可能な個人債務者（給与所得者等再生〔239条1項〕）が申立てをすることができる。個人債務者が再生計画のとおりに返済した場合，残りの債務は免除される。

「新・消費者法 これだけは」資 料 編

〈図表資料〉
　①「消費生活相談―2008年度の傾向―」——204
　②「クーリング・オフ通知の書き方」——206
　③「特定継続的役務提供の指定関連商品一覧」——208
〈参照条文〉
　【消費者基本法】——209
　【消費者庁及び消費者委員会設置法】——214
　【無限連鎖講の防止に関する法律】——218
　【貸金業法(抄)】——219
【出資の受入れ，預り金及び金利等の取締りに
　　　　　　　　　　関する法律(抄)】——226
　【消費者安全法】——227
　【消費生活用製品安全法(抄)】——237

資料①　消費生活相談—2008年度の傾向—（PIO-NET）

消費生活相談の年度別総件数の推移

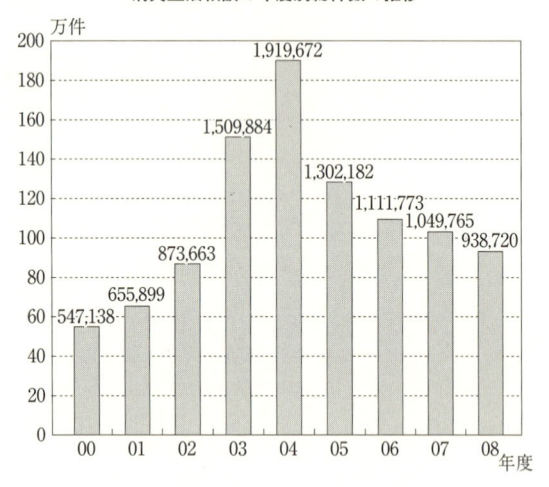

年度	件数
00	547,138
01	655,899
02	873,663
03	1,509,884
04	1,919,672
05	1,302,182
06	1,111,773
07	1,049,765
08	938,720

主な相談内容の割合の年度別推移（08年度）

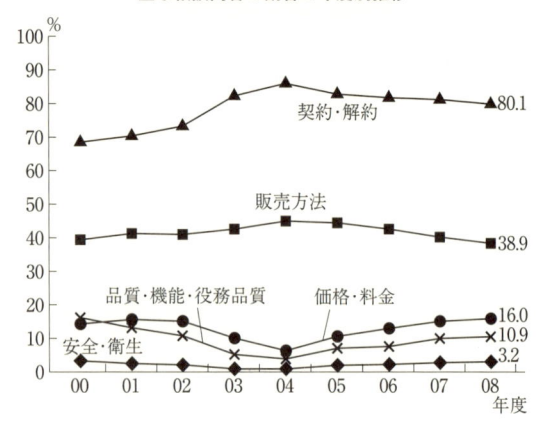

- 契約・解約　80.1％
- 販売方法　38.9％
- 品質・機能・役務品質　16.0％
- 価格・料金　10.9％
- 安全・衛生　3.2％

（注）相談内容別分類は複数カウント。取引は，販売方法または契約・解約に該当する相談。データは'09年5月末日までの登録分。
国民生活センター・くらしの豆知識'10, 228頁より作成。

'08年度の上位15位までの商品・役務別にみた相談

順位	商品・役務等	件数	男女別件数 性別	男女別件数 件数	契約当事者の特徴	平均契約金額(千円)	主な販売購入形態 (%)
1	電話情報サービス	125,305	男性 女性	71,105 52,969	10～40歳代 給与生活者	176	通信販売　(96.3) 店舗購入　(0.5)
2	サラ金・フリーローン	118,749	男性 女性	71,646 44,542	20～60歳代 給与生活者	2,990	店舗購入　(62.5) 通信販売　(11.0)
3	商品一般	59,528	男性 女性	15,212 42,456	30歳以上の各年代，女性中心 家事従事者，給与生活者	1,036	通信販売　(34.8) 店舗購入　(5.2)
4	オンライン情報サービス	41,463	男性 女性	28,638 12,095	10～50歳代，男性中心 給与生活者，学生	105	通信販売　(95.4) 店舗購入　(0.7)
5	賃貸アパート・マンション	33,493	男性 女性	15,931 16,475	20～30歳代 給与生活者	361	店舗購入　(84.7) 通信販売　(0.5)
6	健康食品	15,679	男性 女性	4,148 11,155	50歳以上，女性中心 家事従事者，無職	234	マルチ取引　(33.5) 通信販売　(26.9)
7	エステティックサービス	14,890	男性 女性	478 14,266	20～30歳代，女性中心 給与生活者	371	店舗購入　(90.9) 訪問販売　(5.1)
8	生命保険	13,367	男性 女性	6,310 6,772	50歳以上 無職，家事従事者， 給与生活者	5,278	訪問販売　(27.1) 店舗購入　(26.8)
9	自動車	13,100	男性 女性	9,058 3,667	20～40歳代，男性中心 給与生活者	1,489	店舗購入　(82.6) 通信販売　(7.7)
10	新聞	11,220	男性 女性	4,192 6,426	20歳以上の各年代 家事従事者，無職，給与生活者	37	訪問販売　(84.2) 店舗購入　(3.3)
11	移動電話サービス	9,610	男性 女性	5,280 4,025	20～50歳代 給与生活者	130	店舗購入　(74.7) 通信販売　(13.4)
12	修理サービス	9,152	男性 女性	3,821 5,039	30歳以上の各年代 給与生活者，家事従事者，無職	221	店舗購入　(54.4) 訪問販売　(25.2)
13	クリーニング	8,441	男性 女性	1,635 6,656	30～50歳代，女性中心 家事従事者，給与生活者	12	店舗購入　(92.8) 訪問販売　(4.0)
14	ふとん類	8,059	男性 女性	1,660 6,250	70歳以上，女性中心 無職，家事従事者	515	訪問販売　(70.5) 店舗購入　(8.0)
15	アクセサリー	7,768	男性 女性	2,342 5,323	20～30歳代，女性中心 給与生活者	750	訪問販売　(34.6) 店舗購入　(32.2)

(注1)　データは'09年5月末日までの登録分。「他の相談」に属する項目は集計対象から除いている。

(注2)　通信機器を使ってインターネットなどから情報を得るサービスのうち，携帯電話や電話機，ファクシミリによるものを「電話情報サービス」，パソコンを利用したものを「オンライン情報サービス」に分類。

(注3)　「訪問販売」には，家庭訪販，アポイントメントセールス，SF商法，キャッチセールスなどを含む。

(注4)　表中の割合は各項目ごとの総件数を100として算出した値である。
　　　　国民生活センター・くらしの豆知識'10，229頁より作成。

資料②　クーリング・オフ通知の書き方

販売会社あてクーリング・オフの記載例

〈はがき〉

通知書

私は，貴社と次の契約をしましたが，解除します。

契約年月日　平成〇〇年〇月〇日

商品名　　　〇〇〇〇（△△△円）

販売者　　　株式会社××××　〇〇営業所
　　　　　　担当者　△△

私が支払った代金〇〇円は返金してください。
受け取った商品は引き取ってください。

　　　　　平成〇〇年〇月〇日
　　　　　××県×市×町×丁目×番×号
　　　　　　　株式会社××××
　　　　　　代表者殿

　　　　　〇〇県〇市〇町〇丁目〇番〇号
　　　　　　　氏名　〇〇〇〇

国民生活センター・くらしの豆知識'07，240頁より作成。

信販会社あてクーリング・オフの記載例

〈はがき〉

通知書

　私は，販売会社との次の契約を解除しましたので，それに伴い貴社とのクレジット契約を解除します。

契約年月日　　平成〇〇年〇月〇日

商品名　　　　〇〇〇〇

販売会社名　　株式会社××××　〇〇営業所

　　　平成〇〇年〇月〇日
　　　△△県△市△町△丁目△番△号
　　　　△△信販株式会社
　　　　代表者殿

　　　　〇〇県〇市〇町〇丁目〇番〇号
　　　　　氏名　〇〇〇〇

同241頁より作成。

資料③　特定継続的役務提供の指定関連商品一覧

エステティックサロン	＊いわゆる「健康食品」(動物および植物の加工品であって人が摂取するもの(一般の飲食の用に供されないものに限定，医薬品を除く))，＊化粧品，石けん(医薬品を除く)および浴用剤，＊下着，＊いわゆる「美顔器」「脱毛器」(電気による刺激または電磁波もしくは超音波を用いて人の皮膚を清潔にしまたは美化する器具または装置)
外国語会話教室 家庭教師 学習塾	＊書籍，＊いわゆる「学習用ソフト」(磁気的方法または光学的方法により音，映像またはプログラムを記録した物)，＊ファクシミリ装置およびテレビ電話装置
パソコン教室	＊パソコンおよびワープロならびにこれらの部品，付属品，＊書籍，＊音，映像またはプログラムを記録したFD, CD, DVDなど(磁気的方法または光学的方法により音，映像またはプログラムを記録した物)
結婚相手紹介サービス	＊真珠，貴石，半貴石，＊「アクセサリー」(指輪その他の装身具)

【消費者基本法】

第一章　総　則
(目的)
第一条　この法律は，消費者と事業者との間の情報の質及び量並びに交渉力等の格差にかんがみ，消費者の利益の擁護及び増進に関し，消費者の権利の尊重及びその自立の支援その他の基本理念を定め，国，地方公共団体及び事業者の責務等を明らかにするとともに，その施策の基本となる事項を定めることにより，消費者の利益の擁護及び増進に関する総合的な施策の推進を図り，もつて国民の消費生活の安定及び向上を確保することを目的とする。
(基本理念)
第二条　消費者の利益の擁護及び増進に関する総合的な施策（以下「消費者政策」という。）の推進は，国民の消費生活における基本的な需要が満たされ，その健全な生活環境が確保される中で，消費者の安全が確保され，商品及び役務について消費者の自主的かつ合理的な選択の機会が確保され，消費者に対し必要な情報及び教育の機会が提供され，消費者の意見が消費者政策に反映され，並びに消費者に被害が生じた場合には適切かつ迅速に救済されることが消費者の権利であることを尊重するとともに，消費者が自らの利益の擁護及び増進のため自主的かつ合理的に行動することができるよう消費者の自立を支援することを基本として行われなければならない。

2　消費者の自立の支援に当たつては，消費者の安全の確保等に関して事業者による適正な事業活動の確保が図られるとともに，消費者の年齢その他の特性に配慮されなければならない。

3　消費者政策の推進は，高度情報通信社会の進展に的確に対応することに配慮して行われなければならない。

4　消費者政策の推進は，消費生活における国際化の進展にかんがみ，国際的な連携を確保しつつ行われなければならない。

5　消費者政策の推進は，環境の保全に配慮して行われなければならない。
(国の責務)
第三条　国は，経済社会の発展に即応して，前条の消費者の権利の尊重及びその自立の支援その他の基本理念にのつとり，消費者政策を推進する責務を有する。
(地方公共団体の責務)
第四条　地方公共団体は，第二条の消費者の権利の尊重及びその自立の支援その他の基本理念にのつとり，国の施策に準じて施策を講ずるとともに，当該地域の社会的，経済的状況に応じた消費者政策を推進する責務を有する。
(事業者の責務等)
第五条　事業者は，第二条の消費者の権利の尊重及びその自立の支援その他の基本理念にかんがみ，その供給する商品及び役務について，次に掲げる責務を有

する。
　　一　消費者の安全及び消費者との取引における公正を確保すること。
　　二　消費者に対し必要な情報を明確かつ平易に提供すること。
　　三　消費者との取引に際して、消費者の知識、経験及び財産の状況等に配慮すること。
　　四　消費者との間に生じた苦情を適切かつ迅速に処理するために必要な体制の整備等に努め、当該苦情を適切に処理すること。
　　五　国又は地方公共団体が実施する消費者政策に協力すること。
　2　事業者は、その供給する商品及び役務に関し環境の保全に配慮するとともに、当該商品及び役務について品質等を向上させ、その事業活動に関し自らが遵守すべき基準を作成すること等により消費者の信頼を確保するよう努めなければならない。

第六条　事業者団体は、事業者の自主的な取組を尊重しつつ、事業者と消費者との間に生じた苦情の処理の体制の整備、事業者自らがその事業活動に関し遵守すべき基準の作成の支援その他の消費者の信頼を確保するための自主的な活動に努めるものとする。

第七条　消費者は、自ら進んで、その消費生活に関して、必要な知識を修得し、及び必要な情報を収集する等自主的かつ合理的に行動するよう努めなければならない。
　2　消費者は、消費生活に関し、環境の保全及び知的財産権等の適正な保護に配慮するよう努めなければならない。

第八条　消費者団体は、消費生活に関する情報の収集及び提供並びに意見の表明、消費者に対する啓発及び教育、消費者の被害の防止及び救済のための活動その他の消費者の消費生活の安定及び向上を図るための健全かつ自主的な活動に努めるものとする。

(消費者基本計画)

第九条　政府は、消費者政策の計画的な推進を図るため、消費者政策の推進に関する基本的な計画（以下「消費者基本計画」という。）を定めなければならない。
　2　消費者基本計画は、次に掲げる事項について定めるものとする。
　　一　長期的に講ずべき消費者政策の大綱
　　二　前号に掲げるもののほか、消費者政策の計画的な推進を図るために必要な事項
　3　内閣総理大臣は、消費者基本計画の案につき閣議の決定を求めなければならない。
　4　内閣総理大臣は、前項の規定による閣議の決定があつたときは、遅滞なく、消費者基本計画を公表しなければならない。
　5　前二項の規定は、消費者基本計画の変更について準用する。

(法制上の措置等)

第十条 国は，この法律の目的を達成するため，必要な関係法令の制定又は改正を行なわなければならない。

2　政府は，この法律の目的を達成するため，必要な財政上の措置を講じなければならない。

第二章　基本的施策

(安全の確保)

第十一条 国は，国民の消費生活における安全を確保するため，商品及び役務についての必要な基準の整備及び確保，安全を害するおそれがある商品の事業者による回収の促進，安全を害するおそれがある商品及び役務に関する情報の収集及び提供等必要な施策を講ずるものとする。

(消費者契約の適正化等)

第十二条 国は，消費者と事業者との間の適正な取引を確保するため，消費者との間の契約の締結に際しての事業者による情報提供及び勧誘の適正化，公正な契約条項の確保等必要な施策を講ずるものとする。

(計量の適正化)

第十三条 国は，消費者が事業者との間の取引に際し計量につき不利益をこうむることがないようにするため，商品及び役務について適正な計量の実施の確保を図るために必要な施策を講ずるものとする。

(規格の適正化)

第十四条 国は，商品の品質の改善及び国民の消費生活の合理化に寄与するため，商品及び役務について，適正な規格を整備し，その普及を図る等必要な施策を講ずるものとする。

2　前項の規定による規格の整備は，技術の進歩，消費生活の向上等に応じて行なうものとする。

(広告その他の表示の適正化等)

第十五条 国は，消費者が商品の購入若しくは使用又は役務の利用に際しその選択等を誤ることがないようにするため，商品及び役務について，品質等に関する広告その他の表示に関する制度を整備し，虚偽又は誇大な広告その他の表示を規制する等必要な施策を講ずるものとする。

(公正自由な競争の促進等)

第十六条 国は，商品及び役務について消費者の自主的かつ合理的な選択の機会の拡大を図るため，公正かつ自由な競争を促進するために必要な施策を講ずるものとする。

2　国は，国民の消費生活において重要度の高い商品及び役務の価格等であつてその形成につき決定，認可その他の国の措置が必要とされるものについては，これらの措置を講ずるに当たり，消費者に与える影響を十分に考慮するよう努めるものとする。

(啓発活動及び教育の推進)
　第十七条　国は,消費者の自立を支援するため,消費生活に関する知識の普及及び情報の提供等消費者に対する啓発活動を推進するとともに,消費者が生涯にわたつて消費生活について学習する機会があまねく求められている状況にかんがみ,学校,地域,家庭,職域その他の様々な場を通じて消費生活に関する教育を充実する等必要な施策を講ずるものとする。
　2　地方公共団体は,前項の国の施策に準じて,当該地域の社会的,経済的状況に応じた施策を講ずるよう努めなければならない。
(意見の反映及び透明性の確保)
　第十八条　国は,適正な消費者政策の推進に資するため,消費生活に関する消費者等の意見を施策に反映し,当該施策の策定の過程の透明性を確保するための制度を整備する等必要な施策を講ずるものとする。
(苦情処理及び紛争解決の促進)
　第十九条　地方公共団体は,商品及び役務に関し事業者と消費者との間に生じた苦情が専門的知見に基づいて適切かつ迅速に処理されるようにするため,苦情の処理のあつせん等に努めなければならない。この場合において,都道府県は,市町村（特別区を含む。）との連携を図りつつ,主として高度の専門性又は広域の見地への配慮を必要とする苦情の処理のあつせん等を行うものとするとともに,多様な苦情に柔軟かつ弾力的に対応するよう努めなければならない。
　2　国及び都道府県は,商品及び役務に関し事業者と消費者との間に生じた苦情が専門的知見に基づいて適切かつ迅速に処理されるようにするため,人材の確保及び資質の向上その他の必要な施策（都道府県にあつては,前項に規定するものを除く。）を講ずるよう努めなければならない。
　3　国及び都道府県は,商品及び役務に関し事業者と消費者との間に生じた紛争が専門的知見に基づいて適切かつ迅速に解決されるようにするために必要な施策を講ずるよう努めなければならない。
(高度情報通信社会の進展への的確な対応)
　第二十条　国は,消費者の年齢その他の特性に配慮しつつ,消費者と事業者との間の適正な取引の確保,消費者に対する啓発活動及び教育の推進,苦情処理及び紛争解決の促進等に当たつて高度情報通信社会の進展に的確に対応するために必要な施策を講ずるものとする。
(国際的な連携の確保)
　第二十一条　国は,消費生活における国際化の進展に的確に対応するため,国民の消費生活における安全及び消費者と事業者との間の適正な取引の確保,苦情処理及び紛争解決の促進等に当たつて国際的な連携を確保する等必要な施策を講ずるものとする。
(環境の保全への配慮)
　第二十二条　国は,商品又は役務の品質等に関する広告その他の表示の適正化等,消費者に対する啓発活動及び教育の推進等に当たつて環境の保全に配慮する

ために必要な施策を講ずるものとする。
(試験，検査等の施設の整備等)
　第二十三条　国は，消費者政策の実効を確保するため，商品の試験，検査等を行う施設を整備し，役務についての調査研究等を行うとともに，必要に応じて試験，検査，調査研究等の結果を公表する等必要な施策を講ずるものとする。
　第三章　行政機関等
(行政組織の整備及び行政運営の改善)
　第二十四条　国及び地方公共団体は，消費者政策の推進につき，総合的見地に立つた行政組織の整備及び行政運営の改善に努めなければならない。
(国民生活センターの役割)
　第二十五条　独立行政法人国民生活センターは，国及び地方公共団体の関係機関，消費者団体等と連携し，国民の消費生活に関する情報の収集及び提供，事業者と消費者との間に生じた苦情の処理のあつせん及び当該苦情に係る相談，消費者からの苦情等に関する商品についての試験，検査等及び役務についての調査研究等，消費者に対する啓発及び教育等における中核的な機関として積極的な役割を果たすものとする。
(消費者団体の自主的な活動の促進)
　第二十六条　国は，国民の消費生活の安定及び向上を図るため，消費者団体の健全かつ自主的な活動が促進されるよう必要な施策を講ずるものとする。
　第四章　消費者政策会議等
(消費者政策会議)
　第二十七条　内閣府に，消費者政策会議（以下「会議」という。）を置く。
　2　会議は，次に掲げる事務をつかさどる。
　　一　消費者基本計画の案を作成すること。
　　二　前号に掲げるもののほか，消費者政策の推進に関する基本的事項の企画に関して審議するとともに，消費者政策の実施を推進し，並びにその実施の状況を検証し，評価し，及び監視すること。
　3　会議は，次に掲げる場合には，消費者委員会の意見を聴かなければならない。
　　一　消費者基本計画の案を作成しようとするとき。
　　二　前項第二号の検証，評価及び監視について，それらの結果の取りまとめを行おうとするとき。
　第二十八条　会議は，会長及び委員をもつて組織する。
　2　会長は，内閣総理大臣をもつて充てる。
　3　委員は，次に掲げる者をもつて充てる。
　　一　内閣府設置法（平成十一年法律第八十九号）第十一条の二の規定により置かれた特命担当大臣
　　二　内閣官房長官，関係行政機関の長及び内閣府設置法第九条第一項に規定する特命担当大臣（前号の特命担当大臣を除く。）のうちから，内閣総理

大臣が指定する者
4 会議に，幹事を置く。
5 幹事は，関係行政機関の職員のうちから，内閣総理大臣が任命する。
6 幹事は，会議の所掌事務について，会長及び委員を助ける。
7 前各項に定めるもののほか，会議の組織及び運営に関し必要な事項は，政令で定める。

(消費者委員会)
第二十九条 消費者政策の推進に関する基本的事項の調査審議については，この法律によるほか，消費者庁及び消費者委員会設置法（平成二十一年法律第四十八号）第六条の定めるところにより，消費者委員会において行うものとする。

【消費者庁及び消費者委員会設置法】

第一章　総　則
(趣旨)
第一条　この法律は，消費者庁の設置並びに任務及びこれを達成するため必要となる明確な範囲の所掌事務を定めるとともに，消費者委員会の設置及び組織等を定めるものとする。
第二章　消費者庁の設置並びに任務及び所掌事務等
　第一節　消費者庁の設置
(設置)
第二条　内閣府設置法（平成十一年法律第八十九号）第四十九条第三項の規定に基づいて，内閣府の外局として，消費者庁を設置する。
2　消費者庁の長は，消費者庁長官（以下「長官」という。）とする。
　第二節　消費者庁の任務及び所掌事務等
(任務)
第三条　消費者庁は，消費者基本法（昭和四十三年法律第七十八号）第二条の消費者の権利の尊重及びその自立の支援その他の基本理念にのっとり，消費者が安心して安全で豊かな消費生活を営むことができる社会の実現に向けて，消費者の利益の擁護及び増進，商品及び役務の消費者による自主的かつ合理的な選択の確保並びに消費生活に密接に関連する物資の品質に関する表示に関する事務を行うことを任務とする。
(所掌事務)
第四条　消費者庁は，前条の任務を達成するため，次に掲げる事務（第六条第二項に規定する事務を除く。）をつかさどる。
　一　消費者の利益の擁護及び増進に関する基本的な政策の企画及び立案並びに推進に関すること。
　二　消費者の利益の擁護及び増進に関する関係行政機関の事務の調整に関すること。

三　消費者の利益の擁護及び増進を図る上で必要な環境の整備に関する基本的な政策の企画及び立案並びに推進に関すること。
四　消費者安全法（平成二十一年法律第五十号）の規定による消費者安全の確保に関すること。
五　宅地建物取引業法（昭和二十七年法律第百七十六号）の規定による宅地建物取引業者の相手方等（同法第三十五条第一項第十四号イに規定するものに限る。）の利益の保護に関すること。
六　旅行業法（昭和二十七年法律第二百三十九号）の規定による旅行者の利益の保護に関すること。
七　割賦販売法（昭和三十六年法律第百五十九号）の規定による購入者等（同法第一条第一項に規定するものをいう。）の利益の保護に関すること。
八　消費生活用製品安全法（昭和四十八年法律第三十一号）第三章第二節の規定による重大製品事故に関する措置に関すること。
九　特定商取引に関する法律（昭和五十一年法律第五十七号）の規定による購入者等（同法第一条に規定するものをいう。）の利益の保護に関すること。
十　貸金業法（昭和五十八年法律第三十二号）の規定による個人である資金需要者等（同法第二十四条の六の三第三項に規定するものをいう。）の利益の保護に関すること。
十一　特定商品等の預託等取引契約に関する法律（昭和六十一年法律第六十二号）の規定による預託者の利益の保護に関すること。
十二　特定電子メールの送信の適正化等に関する法律（平成十四年法律第二十六号）の規定による特定電子メールの受信をする者の利益の保護に関すること。
十三　食品安全基本法（平成十五年法律第四十八号）第二十一条第一項に規定する基本的事項の策定並びに食品の安全性の確保に関する関係者相互間の情報及び意見の交換に関する関係行政機関の事務の調整に関すること。
十四　不当景品類及び不当表示防止法（昭和三十七年法律第百三十四号）第二条第三項又は第四項に規定する景品類又は表示（第六条第二項第一号ハにおいて「景品類等」という。）の適正化による商品及び役務の消費者による自主的かつ合理的な選択の確保に関すること。
十五　食品衛生法（昭和二十二年法律第二百三十三号）第十九条第一項（同法第六十二条第一項において準用する場合を含む。）に規定する表示についての基準に関すること。
十六　食品衛生法第二十条（同法第六十二条第一項において準用する場合を含む。）に規定する虚偽の又は誇大な表示又は広告のされた同法第四条第一項，第二項，第四項若しくは第五項に規定する食品，添加物，器具若しくは容器包装又は同法第六十二条第一項に規定するおもちゃの取締りに関すること。

十七　農林物資の規格化及び品質表示の適正化に関する法律（昭和二十五年法律第百七十五号）第十九条の十三第一項から第三項までに規定する基準に関すること。
十八　家庭用品質表示法（昭和三十七年法律第百四号）第三条第一項に規定する表示の標準となるべき事項に関すること。
十九　住宅の品質確保の促進等に関する法律（平成十一年法律第八十一号）第二条第三項に規定する日本住宅性能表示基準に関すること（個人である住宅購入者等（同条第四項に規定するものをいう。）の利益の保護に係るものに限る。）。
二十　健康増進法（平成十四年法律第百三号）第二十六条第一項に規定する特別用途表示，同法第三十一条第一項に規定する栄養表示基準及び同法第三十二条の二第一項に規定する表示に関すること。
二十一　物価に関する基本的な政策の企画及び立案並びに推進に関すること。
二十二　公益通報者（公益通報者保護法（平成十六年法律第百二十二号）第二条第二項に規定するものをいう。第六条第二項第一号ホにおいて同じ。）の保護に関する基本的な政策の企画及び立案並びに推進に関すること。
二十三　個人情報の保護に関する法律（平成十五年法律第五十七号）第七条第一項に規定する個人情報の保護に関する基本方針の策定及び推進に関すること。
二十四　消費生活の動向に関する総合的な調査に関すること。
二十五　所掌事務に係る国際協力に関すること。
二十六　政令で定める文教研修施設において所掌事務に関する研修を行うこと。
二十七　前各号に掲げるもののほか，法律（法律に基づく命令を含む。）に基づき消費者庁に属させられた事務

(資料の提出要求等)
第五条　長官は，消費者庁の所掌事務を遂行するため必要があると認めるときは，関係行政機関の長に対し，資料の提出，説明その他必要な協力を求めることができる。

第三章　消費者委員会
(設置)
第六条　内閣府に，消費者委員会（以下この章において「委員会」という。）を置く。
2　委員会は，次に掲げる事務をつかさどる。
一　次に掲げる重要事項に関し，自ら調査審議し，必要と認められる事項を内閣総理大臣，関係各大臣又は長官に建議すること。
イ　消費者の利益の擁護及び増進に関する基本的な政策に関する重要事項
ロ　消費者の利益の擁護及び増進を図る上で必要な環境の整備に関する基本的な政策に関する重要事項

ハ　景品類等の適正化による商品及び役務の消費者による自主的かつ合理的な選択の確保に関する重要事項
　ニ　物価に関する基本的な政策に関する重要事項
　ホ　公益通報者の保護に関する基本的な政策に関する重要事項
　ヘ　個人情報の適正な取扱いの確保に関する重要事項
　ト　消費生活の動向に関する総合的な調査に関する重要事項
二　内閣総理大臣、関係各大臣又は長官の諮問に応じ、前号に規定する重要事項に関し、調査審議すること。
三　消費者安全法第二十条の規定により、内閣総理大臣に対し、必要な勧告をし、これに基づき講じた措置について報告を求めること。
四　消費者基本法、消費者安全法（第二十条を除く。）、割賦販売法、特定商取引に関する法律、特定商品等の預託等取引契約に関する法律、食品安全基本法、不当景品類及び不当表示防止法、食品衛生法、農林物資の規格化及び品質表示の適正化に関する法律、家庭用品品質表示法、住宅の品質確保の促進等に関する法律、国民生活安定緊急措置法（昭和四十八年法律第百二十一号）及び個人情報の保護に関する法律の規定によりその権限に属させられた事項を処理すること。

（職権の行使）
第七条　委員会の委員は、独立してその職権を行う。

（資料の提出要求等）
第八条　委員会は、その所掌事務を遂行するため必要があると認めるときは、関係行政機関の長に対し、報告を求めることができるほか、資料の提出、意見の開陳、説明その他必要な協力を求めることができる。

（組織）
第九条　委員会は、委員十人以内で組織する。
2　委員会に、特別の事項を調査審議させるため必要があるときは、臨時委員を置くことができる。
3　委員会に、専門の事項を調査させるため必要があるときは、専門委員を置くことができる。

（委員等の任命）
第十条　委員及び臨時委員は、消費者が安心して安全で豊かな消費生活を営むことができる社会の実現に関して優れた識見を有する者のうちから、内閣総理大臣が任命する。
2　専門委員は、当該専門の事項に関して優れた識見を有する者のうちから、内閣総理大臣が任命する。

（委員の任期等）
第十一条　委員の任期は、二年とする。ただし、補欠の委員の任期は、前任者の残任期間とする。
2　委員は、再任されることができる。

3 臨時委員は、その者の任命に係る当該特別の事項に関する調査審議が終了したときは、解任されるものとする。
4 専門委員は、その者の任命に係る当該専門の事項に関する調査が終了したときは、解任されるものとする。
5 委員、臨時委員及び専門委員は、非常勤とする。
(委員長)
第十二条 委員会に、委員長を置き、委員の互選により選任する。
2 委員長は、会務を総理し、委員会を代表する。
3 委員長に事故があるときは、あらかじめその指名する委員が、その職務を代理する。
(事務局)
第十三条 委員会の事務を処理させるため、委員会に事務局を置く。
2 事務局に、事務局長のほか、所要の職員を置く。
3 事務局長は、委員長の命を受けて、局務を掌理する。
(政令への委任)
第十四条 第六条から前条までに定めるもののほか、委員会に関し必要な事項は、政令で定める。

【無限連鎖講の防止に関する法律】

(目的)
第一条 この法律は、無限連鎖講が、終局において破たんすべき性質のものであるのにかかわらずいたずらに関係者の射幸心をあおり、加入者の相当部分の者に経済的な損失を与えるに至るものであることにかんがみ、これに関与する行為を禁止するとともに、その防止に関する調査及び啓もう活動について規定を設けることにより、無限連鎖講がもたらす社会的な害悪を防止することを目的とする。
(定義)
第二条 この法律において「無限連鎖講」とは、金品(財産権を表彰する証券又は証書を含む。以下この条において同じ。)を出えんする加入者が無限に増加するものであるとして、先に加入した者が先順位者、以下これに連鎖して段階的に二以上の倍率をもつて増加する後続の加入者がそれぞれの段階に応じた後順位者となり、順次先順位者が後順位者の出えんする金品から自己の出えんした金品の価額又は数量を上回る価額又は数量の金品を受領することを内容とする金品の配当組織をいう。
(無限連鎖講の禁止)
第三条 何人も、無限連鎖講を開設し、若しくは運営し、無限連鎖講に加入し、若しくは加入することを勧誘し、又はこれらの行為を助長する行為をしてはならない。

(国及び地方公共団体の任務)
第四条 国及び地方公共団体は,無限連鎖講の防止に関する調査及び啓もう活動を行うように努めなければならない。
(罰則)
第五条 無限連鎖講を開設し,又は運営した者は,三年以下の懲役若しくは三百万円以下の罰金に処し,又はこれを併科する。
第六条 業として無限連鎖講に加入することを勧誘した者は,一年以下の懲役又は三十万円以下の罰金に処する。
第七条 無限連鎖講に加入することを勧誘した者は,二十万円以下の罰金に処する。

【貸金業法(抄)】

(目的)
第一条 この法律は,貸金業が我が国の経済社会において果たす役割にかんがみ,貸金業を営む者について登録制度を実施し,その事業に対し必要な規制を行うとともに,貸金業者の組織する団体を認可する制度を設け,その適正な活動を促進するほか,指定信用情報機関の制度を設けることにより,貸金業を営む者の業務の適正な運営の確保及び資金需要者等の利益の保護を図るとともに,国民経済の適切な運営に資することを目的とする。
(登録)
第三条 貸金業を営もうとする者は,二以上の都道府県の区域内に営業所又は事務所を設置してその事業を営もうとする場合にあつては内閣総理大臣の,一の都道府県の区域内にのみ営業所又は事務所を設置してその事業を営もうとする場合にあつては当該営業所又は事務所の所在地を管轄する都道府県知事の登録を受けなければならない。
2 前項の登録は,三年ごとにその更新を受けなければ,その期間の経過によつて,その効力を失う。
(無登録営業等の禁止)
第十一条 第三条第一項の登録を受けない者は,貸金業を営んではならない。
2 第三条第一項の登録を受けない者は,次に掲げる行為をしてはならない。
 一 貸金業を営む旨の表示又は広告をすること。
 二 貸金業を営む目的をもつて,貸付けの契約の締結について勧誘をすること。
3 貸金業者は,貸金業者登録簿に登録された営業所又は事務所以外の営業所又は事務所を設置して貸金業を営んではならない。
(返済能力の調査)
第十三条 貸金業者は,貸付けの契約を締結しようとする場合には,顧客等の収入又は収益その他の資力,信用,借入れの状況,返済計画その他の返済能力に関する事項を調査しなければならない。

2　貸金業者が個人である顧客等と貸付けの契約（極度方式貸付けに係る契約その他の内閣府令で定める貸付けの契約を除く。）を締結しようとする場合には，前項の規定による調査を行うに際し，指定信用情報機関が保有する信用情報を使用しなければならない。

3　貸金業者は，前項の場合において，次の各号に掲げる場合のいずれかに該当するときは，第一項の規定による調査を行うに際し，資金需要者である個人の顧客（以下この節において「個人顧客」という。）から源泉徴収票（所得税法（昭和四十年法律第三十三号）第二百二十六条第一項に規定する源泉徴収票をいう。以下この項及び第十三条の三第三項において同じ。）その他の当該個人顧客の収入又は収益その他の資力を明らかにする事項を記載し，又は記録した書面又は電磁的記録として内閣府令で定めるものの提出又は提供を受けなければならない。ただし，貸金業者が既に当該個人顧客の源泉徴収票その他の当該個人顧客の収入又は収益その他の資力を明らかにする事項を記載し，又は記録した書面又は電磁的記録として内閣府令で定めるものの提出又は提供を受けている場合は，この限りでない。

　　一　次に掲げる金額を合算した額（次号イにおいて「当該貸金業者合算額」という。）が五十万円を超える場合
　　　イ　当該貸付けの契約（貸付けに係る契約に限る。ロにおいて同じ。）に係る貸付けの金額（極度方式基本契約にあつては，極度額（当該貸金業者が当該個人顧客に対し当該極度方式基本契約に基づく極度方式貸付けの元本の残高の上限として極度額を下回る額を提示する場合にあつては，当該下回る額））
　　　ロ　当該個人顧客と当該貸付けの契約以外の貸付けに係る契約を締結しているときは，その貸付けの残高（極度方式基本契約にあつては，極度額（当該貸金業者が当該個人顧客に対し当該極度方式基本契約に基づく極度方式貸付けの元本の残高の上限として極度額を下回る額を提示している場合にあつては，当該下回る額））の合計額
　　二　次に掲げる金額を合算した額（次条第二項において「個人顧客合算額」という。）が百万円を超える場合（前号に掲げる場合を除く。）
　　　イ　当該貸金業者合算額
　　　ロ　指定信用情報機関から提供を受けた信用情報により判明した当該個人顧客に対する当該貸金業者以外の貸金業者の貸付けの残高の合計額

4　貸金業者は，顧客等と貸付けの契約を締結した場合には，内閣府令で定めるところにより，第一項の規定による調査に関する記録を作成し，これを保存しなければならない。

5　前各項の規定は，極度方式基本契約の極度額（貸金業者が極度方式基本契約の相手方に対し当該極度方式基本契約に基づく極度方式貸付けの元本の残高の上限として極度額を下回る額を提示している場合にあつては，当該下回る額）を増額する場合（当該極度方式基本契約の相手方の利益の保護に支障を生ずること

がない場合として内閣府令で定めるものを除く。）について準用する。この場合において，必要な技術的読替えは，政令で定める。

(過剰貸付け等の禁止)

第十三条の二 貸金業者は，貸付けの契約を締結しようとする場合において，前条第一項の規定による調査により，当該貸付けの契約が個人過剰貸付契約その他顧客等の返済能力を超える貸付けの契約と認められるときは，当該貸付けの契約を締結してはならない。

2 前項に規定する「個人過剰貸付契約」とは，個人顧客を相手方とする貸付けに係る契約（住宅資金貸付契約その他の内閣府令で定める契約（以下「住宅資金貸付契約等」という。）及び極度方式貸付けに係る契約を除く。）で，当該貸付けに係る契約を締結することにより，当該個人顧客に係る個人顧客合算額（住宅資金貸付契約等に係る貸付けの残高を除く。）が当該個人顧客に係る基準額（その年間の給与及びこれに類する定期的な収入の金額として内閣府令で定めるものを合算した額に三分の一を乗じて得た額をいう。次条第五項において同じ。）を超えることとなるもの（当該個人顧客の利益の保護に支障を生ずることがない契約として内閣府令で定めるものを除く。）をいう。

(契約締結時の書面の交付)

第十七条 貸金業者は，貸付けに係る契約（極度方式基本契約を除く。第四項において同じ。）を締結したときは，遅滞なく，内閣府令で定めるところにより，次に掲げる事項についてその契約の内容を明らかにする書面をその相手方に交付しなければならない。当該書面に記載した事項のうち，重要なものとして内閣府令で定めるものを変更したときも，同様とする。

一 貸金業者の商号，名称又は氏名及び住所
二 契約年月日
三 貸付けの金額
四 貸付けの利率
五 返済の方式
六 返済期間及び返済回数
七 賠償額の予定（違約金を含む。以下同じ。）に関する定めがあるときは，その内容
八 日賦貸金業者である場合にあつては，第十四条第五号に掲げる事項
九 前各号に掲げるもののほか，内閣府令で定める事項

2 貸金業者は，極度方式基本契約を締結したときは，遅滞なく，内閣府令で定めるところにより，次に掲げる事項についてその極度方式基本契約の内容を明らかにする書面をその相手方に交付しなければならない。当該書面に記載した事項のうち，重要なものとして内閣府令で定めるものを変更したとき（当該相手方の利益の保護に支障を生ずることがないときとして内閣府令で定めるときを除く。）も，同様とする。

一 貸金業者の商号，名称又は氏名及び住所

二　契約年月日
三　極度額（貸金業者が極度方式基本契約の相手方に対し貸付けの元本の残高の上限として極度額を下回る額を提示する場合にあつては，当該下回る額及び極度額）
四　貸付けの利率
五　返済の方式
六　賠償額の予定に関する定めがあるときは，その内容
七　前各号に掲げるもののほか，内閣府令で定める事項

3　貸金業者は，貸付けに係る契約について保証契約を締結したときは，遅滞なく，内閣府令で定めるところにより，当該保証契約の内容を明らかにする事項で第十六条の二第三項各号に掲げる事項（一定の範囲に属する不特定の貸付けに係る債務を主たる債務とする保証契約にあつては，同項第三号に掲げる事項を除く。）その他の内閣府令で定めるものを記載した書面を当該保証契約の保証人に交付しなければならない。当該書面に記載した事項のうち，重要なものとして内閣府令で定めるものを変更したときも，同様とする。

4　貸金業者は，貸付けに係る契約について保証契約を締結したとき，又は貸付けに係る契約で保証契約に係るものを締結したときは，遅滞なく，内閣府令で定めるところにより，第一項各号に掲げる事項についてこれらの貸付けに係る契約の内容を明らかにする書面をこれらの保証契約の保証人に交付しなければならない。当該書面に記載した事項のうち，重要なものとして内閣府令で定めるものを変更したときも，同様とする。

5　貸金業者は，極度方式保証契約を締結したときは，遅滞なく，内閣府令で定めるところにより，第二項各号に掲げる事項について当該極度方式保証契約に係る極度方式基本契約の内容を明らかにする書面を当該極度方式保証契約の保証人に交付しなければならない。当該書面に記載した事項のうち，重要なものとして内閣府令で定めるものを変更したとき（当該保証人の利益の保護に支障を生ずることがないときとして内閣府令で定めるときを除く。）も，同様とする。

6　貸金業者は，極度方式貸付けに係る契約を締結した場合において，その相手方又は当該契約の基本となる極度方式基本契約に係る極度方式保証契約の保証人に対し，これらの者の承諾を得て，内閣府令で定めるところにより，一定期間における貸付け及び弁済その他の取引の状況を記載した書面として内閣府令で定めるものを交付するときは，第一項前段又は第四項前段の規定による書面の交付に代えて，次に掲げる事項を記載した書面をこれらの者に交付することができる。この場合において，貸金業者は，第一項前段又は第四項前段の規定による書面の交付を行つたものとみなす。

一　契約年月日
二　貸付けの金額（極度方式保証契約にあつては，保証に係る貸付けの金額）
三　前二号に掲げるもののほか，内閣府令で定める事項

7　貸金業者は，第一項から第五項までの規定による書面の交付又は前項の内閣府令で定める書面の交付若しくは同項の規定により第一項前段若しくは第四項前段の規定による書面の交付に代えて交付する書面の交付に代えて，政令で定めるところにより，当該貸付けに係る契約又は保証契約の相手方の承諾を得て，前各項に規定する事項又は前項の内閣府令で定める書面に記載すべき事項を電磁的方法により提供することができる。この場合において，貸金業者は，これらの書面の交付を行つたものとみなす。

(受取証書の交付)
　第十八条　貸金業者は，貸付けの契約に基づく債権の全部又は一部について弁済を受けたときは，その都度，直ちに，内閣府令で定めるところにより，次に掲げる事項を記載した書面を当該弁済をした者に交付しなければならない。
　一　貸金業者の商号，名称又は氏名及び住所
　二　契約年月日
　三　貸付けの金額（保証契約にあつては，保証に係る貸付けの金額。次条及び第二十一条第二項第四号において同じ。）
　四　受領金額及びその利息，賠償額の予定に基づく賠償金又は元本への充当額
　五　受領年月日
　六　前各号に掲げるもののほか，内閣府令で定める事項
　2　前項の規定は，預金又は貯金の口座に対する払込みその他内閣府令で定める方法により弁済を受ける場合にあつては，当該弁済をした者の請求があつた場合に限り，適用する。
　3　貸金業者は，極度方式貸付けに係る契約又は当該契約の基本となる極度方式基本契約に係る極度方式保証契約に基づく債権の全部又は一部について弁済を受けた場合において，当該弁済をした者に対し，その者の承諾を得て，内閣府令で定めるところにより，一定期間における貸付け及び弁済その他の取引の状況を記載した書面として内閣府令で定めるものを交付するときは，第一項の規定による書面の交付に代えて，次に掲げる事項を記載した書面をその者に交付することができる。この場合において，貸金業者は，当該書面の交付を行つたものとみなす。
　一　受領年月日
　二　受領金額
　三　前二号に掲げるもののほか，内閣府令で定める事項
　4　貸金業者は，第一項に規定する書面の交付又は前項の内閣府令で定める書面の交付若しくは同項の規定により第一項の規定による書面の交付に代えて交付する書面の交付に代えて，政令で定めるところにより，同項又は前項に規定する弁済をした者の承諾を得て，第一項若しくは前項に規定する事項又は同項の内閣府令で定める書面に記載すべき事項を電磁的方法により提供することができる。この場合において，貸金業者は，これらの書面の交付を行つたものとみなす。

(取立て行為の規制)
　第二十一条　貸金業を営む者又は貸金業を営む者の貸付けの契約に基づく債権の取立てについて貸金業を営む者その他の者から委託を受けた者は，貸付けの契約に基づく債権の取立てをするに当たつて，人を威迫し，又は次に掲げる言動その他の人の私生活若しくは業務の平穏を害するような言動をしてはならない。
　　一　正当な理由がないのに，社会通念に照らし不適当と認められる時間帯として内閣府令で定める時間帯に，債務者等に電話をかけ，若しくはファクシミリ装置を用いて送信し，又は債務者等の居宅を訪問すること。
　　二　債務者等が弁済し，又は連絡し，若しくは連絡を受ける時期を申し出た場合において，その申出が社会通念に照らし相当であると認められないことその他の正当な理由がないのに，前号に規定する内閣府令で定める時間帯以外の時間帯に，債務者等に電話をかけ，若しくはファクシミリ装置を用いて送信し，又は債務者等の居宅を訪問すること。
　　三　正当な理由がないのに，債務者等の勤務先その他の居宅以外の場所に電話をかけ，電報を送達し，若しくはファクシミリ装置を用いて送信し，又は債務者等の勤務先その他の居宅以外の場所を訪問すること。
　　四　債務者等の居宅又は勤務先その他の債務者等を訪問した場所において，債務者等から当該場所から退去すべき旨の意思を示されたにもかかわらず，当該場所から退去しないこと。
　　五　はり紙，立看板その他何らの方法をもつてするを問わず，債務者の借入れに関する事実その他債務者等の私生活に関する事実を債務者等以外の者に明らかにすること。
　　六　債務者等に対し，債務者等以外の者からの金銭の借入れその他これに類する方法により貸付けの契約に基づく債務の弁済資金を調達することを要求すること。
　　七　債務者等以外の者に対し，債務者等に代わつて債務を弁済することを要求すること。
　　八　債務者等以外の者が債務者等の居所又は連絡先を知らせることその他の債権の取立てに協力することを拒否している場合において，更に債権の取立てに協力することを要求すること。
　　九　債務者等が，貸付けの契約に基づく債権に係る債務の処理を弁護士若しくは弁護士法人若しくは司法書士若しくは司法書士法人（以下この号において「弁護士等」という。）に委託し，又はその処理のため必要な裁判所における民事事件に関する手続をとり，弁護士等又は裁判所から書面によりその旨の通知があつた場合において，正当な理由がないのに，債務者等に対し，電話をかけ，電報を送達し，若しくはファクシミリ装置を用いて送信し，又は訪問する方法により，当該債務を弁済することを要求し，これに対し債務者等から直接要求しないよう求められたにもかかわらず，更にこれらの方法で当該債務を弁済することを要求すること。

十　債務者等に対し，前各号（第六号を除く。）のいずれかに掲げる言動をすることを告げること。
　2　貸金業を営む者又は貸金業を営む者の貸付けの契約に基づく債権の取立てについて貸金業を営む者その他の者から委託を受けた者は，債務者等に対し，支払を催告するために書面又はこれに代わる電磁的記録を送付するときは，内閣府令で定めるところにより，これに次に掲げる事項を記載し，又は記録しなければならない。
　　一　貸金業を営む者の商号，名称又は氏名及び住所並びに電話番号
　　二　当該書面又は電磁的記録を送付する者の氏名
　　三　契約年月日
　　四　貸付けの金額
　　五　貸付けの利率
　　六　支払の催告に係る債権の弁済期
　　七　支払を催告する金額
　　八　前各号に掲げるもののほか，内閣府令で定める事項
　3　前項に定めるもののほか，貸金業を営む者又は貸金業を営む者の貸付けの契約に基づく債権の取立てについて貸金業を営む者その他の者から委託を受けた者は，貸付けの契約に基づく債権の取立てをするに当たり，相手方の請求があつたときは，貸金業を営む者の商号，名称又は氏名及びその取立てを行う者の氏名その他内閣府令で定める事項を，内閣府令で定める方法により，その相手方に明らかにしなければならない。

（高金利を定めた金銭消費貸借契約の無効）
　第四十二条　貸金業を営む者が業として行う金銭を目的とする消費貸借の契約（手形の割引，売渡担保その他これらに類する方法によつて金銭を交付する契約を含む。）において，年百九・五パーセント（二月二十九日を含む一年については年百九・八パーセントとし，一日当たりについては〇・三パーセントとする。）を超える割合による利息（債務の不履行について予定される賠償額を含む。）の契約をしたときは，当該消費貸借の契約は，無効とする。
　2　出資の受入れ，預り金及び金利等の取締りに関する法律第五条の四第一項から第四項までの規定は，前項の利息の契約について準用する。

（罰則）
　第四十七条　次の各号のいずれかに該当する者は，十年以下の懲役若しくは三千万円以下の罰金に処し，又はこれを併科する。
　　一　不正の手段によつて第三条第一項の登録を受けた者
　　二　第十一条第一項の規定に違反した者
　　三　第十二条の規定に違反した者
　第四十七条の二　第二十四条の六の四第一項の規定による業務の停止の命令に違反して業務を営んだ者は，五年以下の懲役若しくは千万円以下の罰金に処し，又はこれを併科する。

【出資の受入れ，預り金及び金利等の取締りに関する法律（抄）】

(出資金の受入の制限)
第一条 何人も，不特定且つ多数の者に対し，後日出資の払いもどしとして出資金の全額若しくはこれをこえる金額に相当する金銭を支払うべき旨を明示し，又は暗黙のうちに示して，出資金の受入をしてはならない。

(預り金の禁止)
第二条 業として預り金をするにつき他の法律に特別の規定のある者を除く外，何人も業として預り金をしてはならない。
2　前項の「預り金」とは，不特定かつ多数の者からの金銭の受入れであつて，次に掲げるものをいう。
　一　預金，貯金又は定期積金の受入れ
　二　社債，借入金その他何らの名義をもつてするかを問わず，前号に掲げるものと同様の経済的性質を有するもの

(高金利の処罰)
第五条 金銭の貸付けを行う者が，年百九・五パーセント（二月二十九日を含む一年については年百九・八パーセントとし，一日当たりについては〇・三パーセントとする。）を超える割合による利息（債務の不履行について予定される賠償額を含む。以下同じ。）の契約をしたときは，五年以下の懲役若しくは千万円以下の罰金に処し，又はこれを併科する。当該割合を超える割合による利息を受領し，又はその支払を要求した者も，同様とする。
2　前項の規定にかかわらず，金銭の貸付けを行う者が業として金銭の貸付けを行う場合において，年二十パーセントを超える割合による利息の契約をしたときは，五年以下の懲役若しくは千万円以下の罰金に処し，又はこれを併科する。その貸付けに関し，当該割合を超える割合による利息を受領し，又はその支払を要求した者も，同様とする。
3　前二項の規定にかかわらず，金銭の貸付けを行う者が業として金銭の貸付けを行う場合において，年百九・五パーセント（二月二十九日を含む一年については年百九・八パーセントとし，一日当たりについては〇・三パーセントとする。）を超える割合による利息の契約をしたときは，十年以下の懲役若しくは三千万円以下の罰金に処し，又はこれを併科する。その貸付けに関し，当該割合を超える割合による利息を受領し，又はその支払を要求した者も，同様とする。

(その他の罰則)
第八条　いかなる名義をもつてするかを問わず，また，いかなる方法をもつてするかを問わず，第五条第一項若しくは第二項，第五条の二第一項又は第五条の三の規定に係る禁止を免れる行為をした者は，五年以下の懲役若しくは千万円以下の罰金に処し，又はこれを併科する。
2　いかなる名義をもつてするかを問わず，また，いかなる方法をもつてする

かを問わず，第五条第三項の規定に係る禁止を免れる行為をした者は，十年以下の懲役若しくは三千万円以下の罰金に処し，又はこれを併科する。
3 次の各号のいずれかに該当する者は，三年以下の懲役若しくは三百万円以下の罰金に処し，又はこれを併科する。
　一　第一条，第二条第一項，第三条又は第四条第一項若しくは第二項の規定に違反した者
　二　いかなる名義をもつてするかを問わず，また，いかなる方法をもつてするかを問わず，前号に掲げる規定に係る禁止を免れる行為をした者
4 前項の規定中第一条及び第三条に係る部分は，刑法（明治四十年法律第四十五号）に正条がある場合には，適用しない。

【消費者安全法】

第一章　総　則
(目的)
第一条　この法律は，消費者の消費生活における被害を防止し，その安全を確保するため，内閣総理大臣による基本方針の策定について定めるとともに，都道府県及び市町村による消費生活相談等の事務の実施及び消費生活センターの設置，消費者事故等に関する情報の集約等，消費者被害の発生又は拡大の防止のための措置その他の措置を講ずることにより，関係法律による措置と相まって，消費者が安心して安全で豊かな消費生活を営むことができる社会の実現に寄与することを目的とする。
(定義)
第二条　この法律において「消費者」とは，個人（商業，工業，金融業その他の事業を行う場合におけるものを除く。）をいう。
2 この法律において「事業者」とは，商業，工業，金融業その他の事業を行う者（個人にあっては，当該事業を行う場合におけるものに限る。）をいう。
3 この法律において「消費者安全の確保」とは，消費者の消費生活における被害を防止し，その安全を確保することをいう。
4 この法律において「消費安全性」とは，商品等（事業者がその事業として供給する商品若しくは製品又は事業者がその事業のために提供し，利用に供し，若しくは事業者がその事業として若しくはその事業のために提供する役務に使用する物品，施設若しくは工作物をいう。以下同じ。）又は役務（事業者がその事業として又はその事業のために提供するものに限る。以下同じ。）の特性，それらの通常予見される使用（飲食を含む。）又は利用（以下「使用等」という。）の形態その他の商品等又は役務に係る事情を考慮して，それらの消費者による使用等が行われる時においてそれらの通常有すべき安全性をいう。
5 この法律において「消費者事故等」とは，次に掲げる事故又は事態をいう。
　一　事業者がその事業として供給する商品若しくは製品，事業者がその事業

のために提供し若しくは利用に供する物品，施設若しくは工作物又は事業者がその事業として若しくはその事業のために提供する役務の消費者による使用等に伴い生じた事故であって，消費者の生命又は身体について政令で定める程度の被害が発生したもの（その事故に係る商品等又は役務が消費安全性を欠くことにより生じたものでないことが明らかであるものを除く。）
　二　消費安全性を欠く商品等又は役務の消費者による使用等が行われた事態であって，前号に掲げる事故が発生するおそれがあるものとして政令で定める要件に該当するもの
　三　前二号に掲げるもののほか，虚偽の又は誇大な広告その他の消費者の利益を不当に害し，又は消費者の自主的かつ合理的な選択を阻害するおそれがある行為であって政令で定めるものが事業者により行われた事態
6　この法律において「重大事故等」とは，次に掲げる事故又は事態をいう。
　一　前項第一号に掲げる事故のうち，その被害が重大であるものとして政令で定める要件に該当するもの
　二　前項第二号に掲げる事態のうち，前号に掲げる事故を発生させるおそれがあるものとして政令で定める要件に該当するもの

（基本理念）

第三条　消費者安全の確保に関する施策の推進は，専門的知見に基づき必要とされる措置の迅速かつ効率的な実施により，消費者事故等の発生及び消費者事故等による被害の拡大を防止することを旨として，行われなければならない。
　2　消費者安全の確保に関する施策の推進は，事業者による適正な事業活動の確保に配慮しつつ，消費者の需要の高度化及び多様化その他の社会経済情勢の変化に適確に対応し，消費者の利便の増進に寄与することを旨として，行われなければならない。
　3　消費者安全の確保に関する施策の推進は，国及び地方公共団体の緊密な連携の下，地方公共団体の自主性及び自立性が十分に発揮されるように行われなければならない。

（国及び地方公共団体の責務）

第四条　国及び地方公共団体は，前条に定める基本理念（以下この条において「基本理念」という。）にのっとり，消費者安全の確保に関する施策を総合的に策定し，及び実施する責務を有する。
　2　国及び地方公共団体は，消費者安全の確保に関する施策の推進に当たっては，基本理念にのっとり，消費生活について専門的な知識及び経験を有する者の能力を活用するよう努めなければならない。
　3　国及び地方公共団体は，消費者安全の確保に関する施策の推進に当たっては，基本理念にのっとり，消費者事故等に関する情報の開示，消費者の意見を反映させるために必要な措置その他の措置を講ずることにより，その過程の透明性を確保するよう努めなければならない。

4　国及び地方公共団体は，消費者安全の確保に関する施策の推進に当たっては，基本理念にのっとり，施策効果（当該施策に基づき実施し，又は実施しようとしている行政上の一連の行為が消費者の消費生活，社会経済及び行政運営に及ぼし，又は及ぼすことが見込まれる影響をいう。第六条第二項第四号において同じ。）の把握及びこれを基礎とする評価を行った上で，適時に，かつ，適切な方法により検討を加え，その結果に基づいて必要な措置を講ずるよう努めなければならない。

5　国及び地方公共団体は，消費者安全の確保に関する施策の推進に当たっては，基本理念にのっとり，独立行政法人国民生活センター（以下「国民生活センター」という。），第十条第三項に規定する消費生活センター，都道府県警察，消防機関（消防組織法（昭和二十二年法律第二百二十六号）第九条各号に掲げる機関をいう。），保健所，病院，消費者団体その他の関係者の間の緊密な連携が図られるよう配慮しなければならない。

6　国及び地方公共団体は，啓発活動，広報活動，消費生活に関する教育活動その他の活動を通じて，消費者安全の確保に関し，国民の理解を深め，かつ，その協力を得るよう努めなければならない。

（事業者等の努力）

第五条　事業者及びその団体は，消費者安全の確保に自ら努めるとともに，国及び地方公共団体が実施する消費者安全の確保に関する施策に協力するよう努めなければならない。

2　消費者は，安心して安全で豊かな消費生活を営む上で自らが自主的かつ合理的に行動することが重要であることにかんがみ，事業者が供給し，及び提供する商品及び製品並びに役務の品質又は性能，事業者と締結すべき契約の内容その他の消費生活にかかわる事項に関して，必要な知識を修得し，及び必要な情報を収集するよう努めなければならない。

第二章　基本方針

（基本方針の策定）

第六条　内閣総理大臣は，消費者安全の確保に関する基本的な方針（以下「基本方針」という。）を定めなければならない。

2　基本方針においては，次に掲げる事項を定めるものとする。
　一　消費者安全の確保の意義に関する事項
　二　消費者安全の確保に関する施策に関する基本的事項
　三　他の法律（これに基づく命令を含む。以下同じ。）の規定に基づく消費者安全の確保に関する措置の実施についての関係行政機関との連携に関する基本的事項
　四　消費者安全の確保に関する施策の施策効果の把握及びこれを基礎とする評価に関する基本的事項
　五　前各号に掲げるもののほか，消費者安全の確保に関する重要事項

3　基本方針は，消費者基本法（昭和四十三年法律第七十八号）第九条第一項

に規定する消費者基本計画との調和が保たれたものでなければならない。

4　内閣総理大臣は，基本方針を定めようとするときは，あらかじめ，消費者その他の関係者の意見を反映させるために必要な措置を講ずるとともに，関係行政機関の長に協議し，及び消費者委員会の意見を聴かなければならない。

5　内閣総理大臣は，基本方針を定めたときは，遅滞なく，これを公表しなければならない。

6　前二項の規定は，基本方針の変更について準用する。

(都道府県知事による提案)

第七条　都道府県知事は，消費者安全の確保に関する施策の推進に関して，内閣総理大臣に対し，次条第一項各号に掲げる事務の実施を通じて得られた知見に基づき，基本方針の変更についての提案（以下この条において「変更提案」という。）をすることができる。この場合においては，当該変更提案に係る基本方針の変更の案を添えなければならない。

2　内閣総理大臣は，変更提案がされた場合において，消費者委員会の意見を聴いて，当該変更提案を踏まえた基本方針の変更（変更提案に係る基本方針の変更の案の内容の全部又は一部を実現することとなる基本方針の変更をいう。次項において同じ。）をする必要があると認めるときは，遅滞なく，基本方針の変更をしなければならない。

3　内閣総理大臣は，変更提案がされた場合において，消費者委員会の意見を聴いて，当該変更提案を踏まえた基本方針の変更をする必要がないと認めるときは，遅滞なく，その旨及びその理由を当該変更提案をした都道府県知事に通知しなければならない。

第三章　消費生活相談等

第一節　消費生活相談等の事務の実施

(都道府県及び市町村による消費生活相談等の事務の実施)

第八条　都道府県は，次に掲げる事務を行うものとする。

一　次項各号に掲げる市町村の事務の実施に関し，市町村相互間の連絡調整及び市町村に対する技術的援助を行うこと。

二　消費者安全の確保に関し，主として次に掲げる事務を行うこと。

　イ　事業者に対する消費者からの苦情に係る相談のうち，その対応に各市町村の区域を超えた広域的な見地を必要とするものに応じること。

　ロ　事業者に対する消費者からの苦情の処理のためのあっせんのうち，その実施に各市町村の区域を超えた広域的な見地を必要とするものを行うこと。

　ハ　消費者事故等の状況及び動向を把握するために必要な調査又は分析であって，専門的な知識及び技術を必要とするものを行うこと。

　ニ　各市町村の区域を超えた広域的な見地から，消費者安全の確保のために必要な情報を収集し，及び住民に対し提供すること。

三　市町村との間で消費者事故等の発生に関する情報を交換すること。

四　前三号に掲げる事務に附帯する事務を行うこと。
2　市町村は，次に掲げる事務を行うものとする。
　一　消費者安全の確保に関し，事業者に対する消費者からの苦情に係る相談に応じること。
　二　消費者安全の確保に関し，事業者に対する消費者からの苦情の処理のためのあっせんを行うこと。
　三　消費者安全の確保のために必要な情報を収集し，及び住民に対し提供すること。
　四　都道府県との間で消費者事故等の発生に関する情報を交換すること。
　五　前各号に掲げる事務に附帯する事務を行うこと。
（国及び国民生活センターの援助）
　第九条　国及び国民生活センターは，都道府県及び市町村に対し，前条第一項各号及び第二項各号に掲げる事務の実施に関し，情報の提供その他の必要な援助を行うものとする。
　　第二節　消費生活センターの設置等
（消費生活センターの設置）
　第十条　都道府県は，第八条第一項各号に掲げる事務を行うため，次に掲げる要件に該当する施設又は機関を設置しなければならない。
　一　第八条第一項第二号イの相談について専門的な知識及び経験を有する者を同号イ及び口に掲げる事務に従事させるものであること。
　二　第八条第一項各号に掲げる事務の効率的な実施のために適切な電子情報処理組織その他の設備を備えているものであること。
　三　その他第八条第一項各号に掲げる事務を適切に行うために必要なものとして政令で定める基準に適合するものであること。
2　市町村は，必要に応じ，第八条第二項各号に掲げる事務を行うため，次に掲げる要件に該当する施設又は機関を設置するよう努めなければならない。
　一　第八条第二項第一号の相談について専門的な知識及び経験を有する者を同号及び同項第二号に掲げる事務に従事させるものであること。
　二　第八条第二項各号に掲げる事務の効率的な実施のために適切な電子情報処理組織その他の設備を備えているものであること。
　三　その他第八条第二項各号に掲げる事務を適切に行うために必要なものとして政令で定める基準に適合するものであること。
3　都道府県知事又は市町村長は，第一項又は前項の施設又は機関（以下「消費生活センター」という。）を設置したときは，遅滞なく，その名称及び住所その他内閣府令で定める事項を公示しなければならない。
（消費生活センターの事務に従事する人材の確保等）
　第十一条　都道府県及び消費生活センターを設置する市町村は，消費生活センターに配置された相談員（前条第一項第一号又は第二項第一号に規定する者をいう。以下この条において同じ。）の適切な処遇，研修の実施，専任の職員の配置

及び養成その他の措置を講じ,相談員その他の消費生活センターの事務に従事する人材の確保及び資質の向上を図るよう努めるものとする。
第四章　消費者事故等に関する情報の集約等
(消費者事故等の発生に関する情報の通知)

第十二条　行政機関の長,都道府県知事,市町村長及び国民生活センターの長は,重大事故等が発生した旨の情報を得たときは,直ちに,内閣総理大臣に対し,内閣府令で定めるところにより,その旨及び当該重大事故等の概要その他内閣府令で定める事項を通知しなければならない。

2　行政機関の長,都道府県知事,市町村長及び国民生活センターの長は,消費者事故等(重大事故等を除く。)が発生した旨の情報を得た場合であって,当該消費者事故等の態様,当該消費者事故等に係る商品等又は役務の特性その他当該消費者事故等に関する状況に照らし,当該消費者事故等による被害が拡大し,又は当該消費者事故等と同種若しくは類似の消費者事故等が発生するおそれがあると認めるときは,内閣総理大臣に対し,内閣府令で定めるところにより,当該消費者事故等が発生した旨及び当該消費者事故等の概要その他内閣府令で定める事項を通知するものとする。

3　前二項の規定は,その通知をすべき者が次の各号のいずれかに該当するときは,適用しない。
　一　次のイからニまでに掲げる者であって,それぞれイからニまでに定める者に対し,他の法律の規定により,当該消費者事故等の発生について通知し,又は報告しなければならないこととされているもの
　　イ　行政機関の長　内閣総理大臣
　　ロ　都道府県知事　行政機関の長
　　ハ　市町村長　行政機関の長又は都道府県知事
　　ニ　国民生活センターの長　行政機関の長
　二　前二項の規定により内閣総理大臣に対し消費者事故等の発生に係る通知をしなければならないこととされている他の者から当該消費者事故等の発生に関する情報を得た者(前号に該当する者を除く。)
　三　前二号に掲げる者に準ずるものとして内閣府令で定める者(前二号に該当する者を除く。)

4　第一項又は第二項の場合において,行政機関の長,都道府県知事,市町村長及び国民生活センターの長が,これらの規定による通知に代えて,内閣総理大臣及び当該通知をしなければならないこととされている者が電磁的方法(電子情報処理組織を使用する方法その他の情報通信の技術を利用する方法をいう。)を利用して同一の情報を閲覧することができる状態に置く措置であって内閣府令で定めるものを講じたときは,当該通知をしたものとみなす。

(消費者事故等に関する情報の集約及び分析等)

第十三条　内閣総理大臣は,前条第一項又は第二項の規定による通知により得た情報その他消費者事故等に関する情報が消費者安全の確保を図るため有効に活

用されるよう，迅速かつ適確に，当該情報の集約及び分析を行い，その結果を取りまとめるものとする。

2　内閣総理大臣は，前項の規定により取りまとめた結果を，関係行政機関，関係地方公共団体及び国民生活センターに提供するとともに，消費者委員会に報告するものとする。

3　内閣総理大臣は，第一項の規定により取りまとめた結果を公表しなければならない。

4　内閣総理大臣は，国会に対し，第一項の規定により取りまとめた結果を報告しなければならない。

(資料の提供要求等)

第十四条　内閣総理大臣は，前条第一項の規定による情報の集約及び分析並びにその結果の取りまとめを行うため必要があると認めるときは，関係行政機関の長，関係地方公共団体の長，国民生活センターの長その他の関係者に対し，資料の提供，意見の表明，消費者事故等の原因の究明のために必要な調査，分析又は検査の実施その他必要な協力を求めることができる。

2　内閣総理大臣は，消費者事故等の発生又は消費者事故等による被害の拡大の防止を図るため必要があると認めるときは，関係都道府県知事又は関係市町村長に対し，消費者事故等に関して必要な報告を求めることができる。

第五章　消費者被害の発生又は拡大の防止のための措置

(消費者への注意喚起)

第十五条　内閣総理大臣は，第十二条第一項又は第二項の規定による通知を受けた場合その他消費者事故等の発生に関する情報を得た場合において，当該消費者事故等による被害の拡大又は当該消費者事故等と同種若しくは類似の消費者事故等の発生（以下「消費者被害の発生又は拡大」という。）の防止を図るため消費者の注意を喚起する必要があると認めるときは，当該消費者事故等の態様，当該消費者事故等による被害の状況その他の消費者被害の発生又は拡大の防止に資する情報を都道府県及び市町村に提供するとともに，これを公表するものとする。

2　内閣総理大臣は，前項の規定による公表をした場合においては，独立行政法人国民生活センター法（平成十四年法律第百二十三号）第四十四条第一項の規定によるほか，国民生活センターに対し，前項の消費者被害の発生又は拡大の防止に資する情報の消費者に対する提供に関し必要な措置をとることを求めることができる。

3　独立行政法人国民生活センター法第四十四条第二項の規定は，前項の場合について準用する。

(他の法律の規定に基づく措置の実施に関する要求)

第十六条　内閣総理大臣は，第十二条第一項又は第二項の規定による通知を受けた場合その他消費者事故等の発生に関する情報を得た場合において，消費者被害の発生又は拡大の防止を図るために実施し得る他の法律の規定に基づく措置があり，かつ，消費者被害の発生又は拡大の防止を図るため，当該措置が速やかに

実施されることが必要であると認めるときは、当該措置の実施に関する事務を所掌する大臣に対し、当該措置の速やかな実施を求めることができる。

2　内閣総理大臣は、前項の規定により同項の措置の速やかな実施を求めたときは、同項の大臣に対し、その措置の実施状況について報告を求めることができる。

(事業者に対する勧告及び命令)

第十七条　内閣総理大臣は、商品等又は役務が消費安全性を欠くことにより重大事故等が発生した場合（当該重大事故等による被害の拡大又は当該重大事故等とその原因を同じくする重大事故等の発生（以下「重大消費者被害の発生又は拡大」という。）の防止を図るために実施し得る他の法律の規定に基づく措置がある場合を除く。）において、重大消費者被害の発生又は拡大の防止を図るため必要があると認めるときは、当該商品等（当該商品等が消費安全性を欠く原因となった部品、製造方法その他の事項を共通にする商品等を含む。以下この項において同じ。）又は役務を供給し、提供し、又は利用に供する事業者に対し、当該商品等又は役務につき、必要な点検、修理、改造、安全な使用方法の表示、役務の提供の方法の改善その他の必要な措置をとるべき旨を勧告することができる。

2　内閣総理大臣は、前項の規定による勧告を受けた事業者が、正当な理由がなくてその勧告に係る措置をとらなかった場合において、重大消費者被害の発生又は拡大の防止を図るため特に必要があると認めるときは、当該事業者に対し、その勧告に係る措置をとるべきことを命ずることができる。

3　内閣総理大臣は、重大消費者被害の発生又は拡大の防止を図るために他の法律の規定に基づく措置が実施し得るに至ったことその他の事由により前項の命令の必要がなくなったと認めるときは、同項の規定による命令を変更し、又は取り消すものとする。

4　内閣総理大臣は、第二項の規定による命令をしようとするとき又は前項の規定による命令の変更若しくは取消しをしようとするときは、あらかじめ、消費者委員会の意見を聴かなければならない。

5　内閣総理大臣は、第二項の規定による命令をしたとき又は第三項の規定による命令の変更若しくは取消しをしたときは、その旨を公表しなければならない。

(譲渡等の禁止又は制限)

第十八条　内閣総理大臣は、商品等が消費安全性を欠くことにより重大事故等が発生し、かつ、当該重大事故等による被害が拡大し、又は当該重大事故等とその原因を同じくする重大事故等が発生する急迫した危険がある場合（重大消費者被害の発生又は拡大の防止を図るために実施し得る他の法律の規定に基づく措置がある場合を除く。）において、重大消費者被害の発生又は拡大を防止するため特に必要があると認めるときは、必要な限度において、六月以内の期間を定めて、当該商品等（当該商品等が消費安全性を欠く原因となった部品、製造方法その他の事項を共通にする商品等を含む。）を事業として又は事業のために譲渡し、引き渡し、又は役務に使用することを禁止し、又は制限することができる。

2　内閣総理大臣は，重大消費者被害の発生又は拡大の防止を図るために他の法律の規定に基づく措置が実施し得るに至ったことその他の事由により前項の禁止又は制限の必要がなくなったと認めるときは，同項の規定による禁止又は制限の全部又は一部を解除するものとする。

3　内閣総理大臣は，第一項の規定による禁止若しくは制限をしようとするとき又は前項の規定による禁止若しくは制限の全部若しくは一部の解除をしようとするときは，あらかじめ，消費者委員会の意見を聴かなければならない。

4　第一項の規定による禁止若しくは制限又は第二項の規定による禁止若しくは制限の全部若しくは一部の解除は，内閣府令で定めるところにより，官報に告示して行う。

(回収等の命令)

第十九条　内閣総理大臣は，事業者が前条第一項の規定による禁止又は制限に違反した場合においては，当該事業者に対し，禁止又は制限に違反して譲渡し，又は引き渡した商品又は製品の回収を図ることその他当該商品等による重大消費者被害の発生又は拡大を防止するため必要な措置をとるべきことを命ずることができる。

(消費者委員会の勧告等)

第二十条　消費者委員会は，消費者，事業者，関係行政機関の長その他の者から得た情報その他の消費者事故等に関する情報を踏まえて必要があると認めるときは，内閣総理大臣に対し，消費者被害の発生又は拡大の防止に関し必要な勧告をすることができる。

2　消費者委員会は，前項の規定により勧告をしたときは，内閣総理大臣に対し，その勧告に基づき講じた措置について報告を求めることができる。

(都道府県知事による要請)

第二十一条　都道府県知事は，当該都道府県の区域内における消費者被害の発生又は拡大の防止を図るため必要があると認めるときは，内閣総理大臣に対し，消費者安全の確保に関し必要な措置の実施を要請することができる。この場合においては，当該要請に係る措置の内容及びその理由を記載した書面を添えなければならない。

2　内閣総理大臣は，前項の規定による要請(以下この条において「措置要請」という。)を受けた場合において，消費者被害の発生又は拡大の防止を図るために実施し得る他の法律の規定に基づく措置があるときは，当該措置の実施に関する事務を所掌する大臣に同項の書面を回付しなければならない。

3　前項の規定による回付を受けた大臣は，内閣総理大臣に対し，当該措置要請に係る措置の内容の全部又は一部を実現することとなる措置を実施することとするときはその旨を，当該措置要請に係る措置の内容の全部又は一部を実現することとなる措置を実施する必要がないと認めるときはその旨及びその理由を，遅滞なく，通知しなければならない。

4　内閣総理大臣は，前項の規定による通知を受けたときは，その内容を，遅

滞なく，当該措置要請をした都道府県知事に通知しなければならない。
(報告，立入調査等)
第二十二条　内閣総理大臣は，この法律の施行に必要な限度において，事業者に対し，必要な報告を求め，その職員に，当該事業者の事務所，事業所その他その事業を行う場所に立ち入り，必要な調査若しくは質問をさせ，又は調査に必要な限度において当該事業者の供給する物品を集取させることができる。ただし，物品を集取させるときは，時価によってその対価を支払わなければならない。

2　前項の規定により立入調査，質問又は集取をする職員は，その身分を示す証明書を携帯し，関係者の請求があるときは，これを提示しなければならない。

3　第一項の規定による権限は，犯罪捜査のために認められたものと解釈してはならない。

第六章　雑　則

(権限の委任)
第二十三条　内閣総理大臣は，前条第一項の規定による権限その他この法律の規定による権限（政令で定めるものを除く。）を消費者庁長官に委任する。

2　前項の規定により消費者庁長官に委任された前条第一項の規定による権限に属する事務の一部は，政令で定めるところにより，都道府県知事又は消費生活センターを置く市町村の長が行うこととすることができる。

(事務の区分)
第二十四条　前条第二項の規定により地方公共団体が処理することとされている事務は，地方自治法（昭和二十二年法律第六十七号）第二条第九項第一号に規定する第一号法定受託事務とする。

(内閣府令への委任)
第二十五条　この法律に定めるもののほか，この法律の実施のため必要な事項は，内閣府令で定める。

(経過措置)
第二十六条　この法律の規定に基づき命令を制定し，又は改廃する場合においては，その命令で，その制定又は改廃に伴い合理的に必要と判断される範囲内において，所要の経過措置（罰則に関する経過措置を含む。）を定めることができる。

第七章　罰　則

第二十七条　次の各号のいずれかに該当する者は，三年以下の懲役若しくは三百万円以下の罰金に処し，又はこれを併科する。
　一　第十八条第一項の規定による禁止又は制限に違反した者
　二　第十九条の規定による命令に違反した者

第二十八条　第十七条第二項の規定による命令に違反した者は，一年以下の懲役若しくは百万円以下の罰金に処し，又はこれを併科する。

第二十九条　第二十二条第一項の規定による報告をせず，若しくは虚偽の報告をし，又は同項の規定による立入調査若しくは集取を拒み，妨げ，若しくは忌避し，

若しくは質問に対して答弁をせず,若しくは虚偽の答弁をした者は,五十万円以下の罰金に処する。

第三十条 法人の代表者又は法人若しくは人の代理人,使用人その他の従業者が,その法人又は人の業務に関して,次の各号に掲げる規定の違反行為をしたときは,行為者を罰するほか,その法人に対して当該各号に定める罰金刑を,その人に対して各本条の罰金刑を科する。

　一　第二十七条及び第二十八条　一億円以下の罰金刑
　二　前条　同条の罰金刑

【消費生活用製品安全法（抄）】

　第一章　総　則
(目的)
第一条 この法律は,消費生活用製品による一般消費者の生命又は身体に対する危害の防止を図るため,特定製品の製造及び販売を規制するとともに,特定保守製品の適切な保守を促進し,併せて製品事故に関する情報の収集及び提供等の措置を講じ,もつて一般消費者の利益を保護することを目的とする。

(定義)
第二条 この法律において「消費生活用製品」とは,主として一般消費者の生活の用に供される製品（別表に掲げるものを除く。）をいう。

2　この法律において「特定製品」とは,消費生活用製品のうち,構造,材質,使用状況等からみて一般消費者の生命又は身体に対して特に危害を及ぼすおそれが多いと認められる製品で政令で定めるものをいう。

3　この法律において「特別特定製品」とは,その製造又は輸入の事業を行う者のうちに,一般消費者の生命又は身体に対する危害の発生を防止するため必要な品質の確保が十分でない者がいると認められる特定製品で政令で定めるものをいう。

4　この法律において「特定保守製品」とは,消費生活用製品のうち,長期間の使用に伴い生ずる劣化（以下「経年劣化」という。）により安全上支障が生じ,一般消費者の生命又は身体に対して特に重大な危害を及ぼすおそれが多いと認められる製品であつて,使用状況等からみてその適切な保守を促進することが適当なものとして政令で定めるものをいう。

5　この法律において「製品事故」とは,消費生活用製品の使用に伴い生じた事故のうち,次のいずれかに該当するものであつて,消費生活用製品の欠陥によつて生じたものでないことが明らかな事故以外のもの（他の法律の規定によつて危害の発生及び拡大を防止することができると認められる事故として政令で定めるものを除く。）をいう。

　一　一般消費者の生命又は身体に対する危害が発生した事故
　二　消費生活用製品が滅失し,又はき損した事故であつて,一般消費者の生

命又は身体に対する危害が発生するおそれのあるもの
6　この法律において「重大製品事故」とは，製品事故のうち，発生し，又は発生するおそれがある危害が重大であるものとして，当該危害の内容又は事故の態様に関し政令で定める要件に該当するものをいう。

(販売の制限)

第四条　特定製品の製造，輸入又は販売の事業を行う者は，第十三条の規定により表示が付されているものでなければ，特定製品を販売し，又は販売の目的で陳列してはならない。

2　前項の規定は，同項に規定する者が次に掲げる場合に該当するときは，適用しない。
　　一　輸出用の特定製品を販売し，又は販売の目的で陳列する場合において，その旨を主務大臣に届け出たとき。
　　二　輸出用以外の特定の用途に供する特定製品を販売し，又は販売の目的で陳列する場合において，主務大臣の承認を受けたとき。
　　三　第十一条第一項第一号の規定による届出又は同項第二号の承認に係る特定製品を販売し，又は販売の目的で陳列するとき。

(表示)

第十三条　届出事業者は，その届出に係る型式の特定製品の技術基準に対する適合性について，第十一条第二項（特別特定製品の場合にあつては，同項及び前条第一項）の規定による義務を履行したときは，当該特定製品に主務省令で定める方式による表示を付することができる。

　　　第二節　特定保守製品の点検その他の保守の体制の整備

(特定製造事業者等の判断の基準となるべき事項)

第三十二条の十八　主務大臣は，特定製造事業者等による特定保守製品の経年劣化による危害の発生を防止するための点検（以下この節において単に「点検」という。）その他の保守を適切に行うために必要な体制の整備を促進するため，主務省令で，次の事項に関し，特定製造事業者等の判断の基準となるべき事項を定めるものとする。
　　一　点検を行う事業所の配置，点検の料金の設定及び公表その他の特定保守製品の点検の実効の確保に関する事項
　　二　特定保守製品の点検に必要な手引の作成及び管理に関する事項
　　三　特定保守製品の点検の結果必要となると見込まれる特定保守製品の整備に要する部品の保有に関する事項
　　四　特定保守製品の点検その他の保守に関する情報の一般消費者に対する提供に関する事項
　　五　その他特定保守製品の点検その他の保守に関し必要な事項

2　前項に規定する判断の基準となるべき事項は，当該特定保守製品に係る技術水準，点検その他の保守の体制の整備の状況その他の事情を勘案して定めるものとし，これらの事情の変動に応じて必要な改定をするものとする。

(特定製造事業者等による点検その他の保守の体制の整備)
　第三十二条の十九　特定製造事業者等は，前条第一項に規定する判断の基準となるべき事項を勘案して，特定保守製品の点検その他の保守を適切に行うために必要な体制を整備しなければならない。
(勧告及び命令)
　第三十二条の二十　主務大臣は，特定製造事業者等による特定保守製品の点検その他の保守を適切に行うために必要な体制の整備が第三十二条の十八第一項に規定する判断の基準となるべき事項に照らして著しく不十分であると認めるときは，当該特定製造事業者等に対し，その判断の根拠を示して，当該体制の整備に関し，必要な措置をとるべき旨の勧告をすることができる。
　2　主務大臣は，前項に規定する勧告を受けた者がその勧告に従わなかつたときは，その旨を公表することができる。
　3　主務大臣は，第一項に規定する勧告を受けた者が，正当な理由がなくてその勧告に係る措置をとらなかつた場合において，一般消費者の生命又は身体に対する危害の発生の防止を図るため必要があると認めるときは，当該特定製造事業者等に対し，その勧告に係る措置をとるべきことを命ずることができる。
　　第三節　経年劣化に関する情報の収集及び提供
(主務大臣による情報の収集等)
　第三十二条の二十一　主務大臣は，特定保守製品その他消費生活用製品のうち経年劣化により安全上支障が生じ一般消費者の生命又は身体に対して重大な危害を及ぼすおそれが多いと認められる製品（以下この節において「特定保守製品等」という。）について，経年劣化に起因し，又は起因すると疑われる事故に関する情報を収集し，及び分析し，その結果として得られる劣化しやすい部品及び材料の種類に関する情報その他の特定保守製品等の経年劣化に関する情報を公表するものとする。
　2　主務大臣は，前項の規定による公表につき，必要があると認めるときは，機構に，特定保守製品等の経年劣化に関する技術上の調査を行わせることができる。
(事業者の責務)
　第三十二条の二十二　特定保守製品等の製造又は輸入の事業を行う者は，前条第一項の規定により公表された特定保守製品等の経年劣化に関する情報を活用し，設計及び部品又は材料の選択の工夫，経年劣化に関する情報の製品への表示又はその改善等を行うことにより，当該特定保守製品等の経年劣化による危害の発生を防止するよう努めなければならない。
　2　特定保守製品等の製造，輸入又は小売販売（一般消費者に対する販売をいう。以下この項及び第三十四条において同じ。）の事業を行う者は，その製造，輸入又は小売販売に係る特定保守製品等の経年劣化による危害の発生の防止に資する情報を収集し，当該情報を一般消費者に対し適切に提供するよう努めなければならない。

* なお，消費者法関連法令の詳細な条文については，法律文化社ホームページ（http://www.hou-bun.co.jp/）を参照して下さい。

参 考 文 献

【教科書】

後藤巻則・村千鶴子・齋藤雅弘『アクセス消費者法〔第2版〕』(日本評論社, 2007年)

伊藤進・村千鶴子・高橋岩和・鈴木深雪『テキストブック消費者法〔第3版〕』(日本評論社, 2006年)

日本弁護士連合会 編『消費者法講義〔第3版〕』(日本評論社, 2009年)

長尾治助 編『レクチャー消費者法〔第4版〕』(法律文化社, 2008年)

平野鷹子『私たちの消費者法〔4訂版〕』(法律文化社, 2005年)

鳥谷部茂・山田延廣 編『消費者法』(大学教育出版, 2003年)

大村敦志『消費者法〔第3版〕』(有斐閣, 2006年)

【雑　誌】

『現代消費者法』(民事法研究会)

耕文社編『消費者法ニュース』(消費者法ニュース発行会議)

国民生活センター編『国民生活――消費者問題をよむ・しる・かんがえる――』(国民生活センター)

国民生活センター情報部「国民生活研究」編集委員会編『国民生活研究』(国民生活センター)

【六　法】

甲斐道太郎・清水誠 編『消費者六法2010年版』(民事法研究会, 2010年)

【判例集】

廣瀬久和・河上正二 編『消費者法判例百選』(有斐閣, 2010年)

【資　料】

国民生活センター 編『くらしの豆知識'10』(国民生活センター, 2009年)

内閣府国民生活局 編『ハンドブック消費者2007』(国立印刷局, 2007年)

国民生活センター 編『消費者生活年報2007』(国民生活センター, 2007年)

内閣府『国民生活白書　平成20年版』(時事画報社, 2009年)

【第1章】

内閣府国民生活局 編『21世紀型の消費者政策の在り方』(国立印刷局, 2003年)

近藤充代「経済法と消費者」日本経済法学会 編『経済法講座 第1巻 経済法の理論と展開』(三省堂, 2002年) 63頁

森雅子監修『消費者庁設置関連三法』(第一法規, 2009年)

特集「消費者庁の設置に向けて」ジュリスト1382号6頁 (2009年)

正田彬『消費者の権利〔新版〕』(岩波新書, 2010年)

【第2章】

宗田貴行『団体訴訟の新展開』(慶應義塾大学出版会, 2006年)

上原敏夫『団体訴訟・クラスアクションの研究』(商事法務研究会, 2001年)

消費者庁企画課 編『逐条解説 消費者契約法〔第2版〕』(商事法務, 2010年)

河上正二ほか「消費者契約法——立法への課題」別冊 NBL54号 (1999年)

消費者契約における不当条項研究会「消費者契約における不当条項の実態分析／消費者契約における不当条項研究会」別冊 NBL92号 (2004年)

日本弁護士連合会消費者問題対策委員会 編『コンメンタール消費者契約法〔第2版〕』(商事法務, 2010年)

【第3章】

齋藤雅弘・池本誠司・石戸谷豊『特定商取引法ハンドブック〔第3版〕』(日本評論社, 2005年)

村千鶴子『Q&A これで安心！ 改正特定商取引法のすべて』(中央経済社, 2005年)

消費者庁取引・物価対策課, 経済産業省商務情報政策局消費経済政策課 編『特定商取引に関する法律の解説 平成21年版』(商事法務,

2010年)

圓山茂夫『詳解 特定商取引法の理論と実務〔補訂版〕』(民事法研究会,2007年)

【第4章】

経済産業省商務情報政策局取引信用課 編『割賦販売法の解説平成20年版』(日本クレジット協会,2009年)

梶尾太一ほか 編『割賦販売法〔全訂版〕』(青林書院,2004年)

長尾治助『判例クレジット法』(法律文化社,1995年)

全国クレジット・サラ金問題対策協議会 編著『高金利・悪質金融とのたたかい方:サラ金二法改正と最高裁新判例を受けて』(全国クレジット・サラ金問題対策協議会,2004年)

長尾治助 監修・弁護士法人みやこ法律事務所 編『新版 判例貸金業規制法』(法律文化社,2005年)

宇都宮健児『多重債務被害救済の実務』(勁草書房,2005年)

森泉章『新・貸金業規制法』(勁草書房,2003年)

上柳敏郎・大森泰人『逐条解説 貸金業法』(商事法務,2008年)

【第5章】

上柳敏郎・石戸谷豊・桜井健夫『新・金融商品取引法ハンドブック』(日本評論社,2006年)

黒沼悦郎『金融商品取引法入門〔第2版〕』(日本経済新聞社,2007年)

大崎貞和『解説 金融商品取引法』(弘文堂,2006年)

神田秀樹監修『速報 Q&A 金融商品取引法の要点解説』(金融財政事情研究会,2006年)

「金融商品取引法制の解説(1)〜(11)・完」旬刊商事法務1771号〜1774号,1776号〜1782号 (2006年)

【第6章】

消費者庁取引・物価対策課,経済産業省商務情報政策局消費経済政策課 編『特定商取引に関する法律の解説 平成21年版』(商事法務,

    2010年)
  経済産業省・通信販売の新たな課題に関する研究会「新たな形態の通信販売における取引適正化に向けて」(平成17年6月13日)
  中山信弘 編『電子商取引に関する準則とその解説 平成18年版』別冊NBL108号 (2006年)
  磯村保「インターネット・オークション取引をめぐる契約法上の諸問題」民商法雑誌13巻4号・5号 (2006年) 684頁

【第7章】

  菅久修一『景品表示法』(商事法務, 2005年)
  南部利之『改正景品表示法と運用指針』(商事法務, 2004年)

【第8章】

  食品安全法令研究会 編『概説食品安全基本法』(ぎょうせい, 2004年)
  食品衛生研究会 監修『早わかり食品衛生法 食品衛生法逐条解説 (新訂)』(日本食品衛生協会, 2004年)
  薬事法規研究会 編『やさしい薬事法——医薬品のライフサイクルを追って〔第5版〕』(じほう, 2006年)
  経済産業省商務情報政策局消費経済部製品安全課 編『電気用品安全法関係法令集——電気用品安全法関係及び解説 平成18年3月改訂〔第3版〕』(日本電気協会, 2006年)
  経済産業省資源エネルギー庁ガス市場整備課・経済産業省原子力安全・保安院ガス安全課・経済産業省商務情報政策局製品安全課 編『ガス事業法の解説』(ぎょうせい, 2004年)
  通商産業省環境立地局液化石油ガス保安対策室 監修『ポイント解説・新液石法 改正「液化石油ガスの保安の確保及び取引の適正化に関する法律」の解説』(通産資料調査会, 1997年)
  経済産業省商務情報政策局製品安全課 編『消費生活用製品安全法逐条解説』(経済産業調査会経済産業情報部, 2001年)
  瀬川信久「消費社会の構造と製造物責任法」岩村正彦ほか 編『岩波講座 現代の法第13巻 消費生活と法』(岩波書店, 1997年)

塩崎勤・羽成守 編『裁判実務大系第30巻 製造物責任関係訴訟法』（青林書院, 1999年）
伊藤進『製造物責任・消費者保護法制論』（信山社, 1998年）

【第9章】

根岸哲・杉浦市郎 編『経済法〔第5版〕』（法律文化社, 2010年）
丹宗暁信・厚谷襄児 編『新現代経済法入門〔第3版〕』（法律文化社, 2006年）
根岸哲・舟田正之『独占禁止法概説〔第3版補訂〕』（有斐閣, 2008年）
金井貴嗣『独占禁止法〔第2版〕』（青林書院, 2006年）
岸井大太郎・向田直範・和田健夫・内田耕作・稗貫俊文『経済法〔第6版〕──独占禁止法と競争政策』（有斐閣, 2010年）

【第10章】

北川善太郎『消費者法のシステム』（岩波書店, 1980年）
中野貞一郎『民事裁判入門〔第2版補訂版〕』（有斐閣, 2005年）
松本博之・上野泰男『民事訴訟法〔第4版補正版〕』（弘文堂, 2006年）
小島武司・伊藤眞 編『裁判外紛争処理法』（有斐閣, 1998年）
和田仁孝・太田勝造・阿部昌樹 編『交渉と紛争処理』（日本評論社, 2002年）
中野貞一郎『民事執行法〔増補新訂5版〕』（青林書院, 2006年）
山本和彦・中西正・笠井正俊ほか『倒産法概説』（弘文堂, 2006年）

【関連Webサイト】

消費者庁	http://www.caa.go.jp/
国民生活センター	http://www.kokusen.go.jp/
消費者委員会	http://www.cao.go.jp/consumer/
金融庁	http://www.fsa.go.jp/
法令データ提供システム	http://law.e-gov.go.jp/cgi-bin/idxsearch.cgi
法律文化社HP	http://www.hou-bun.co.jp/

HBB+

法律文化ベーシック・ブックス〔HBB⁺〕

2010年9月15日　初版第1刷発行
2011年9月30日　初版第2刷発行

新・消費者法 これだけは

編者　杉浦市郎
　　　すぎ うら いち ろう

発行者　田靡純子

発行所　株式会社 法律文化社

〒603-8053 京都市北区上賀茂岩ヶ垣内町71
TEL 075(791)7131　FAX 075(721)8400
URL：http://www.hou-bun.com/

© 2010 Ichiro Sugiura Printed in Japan
印刷：共同印刷工業㈱／製本：㈱藤沢製本
装幀：白沢　正
ISBN978-4-589-03280-5

法律文化ベーシック・ブックス

「無味乾燥な学問」から「生きた面白い学問」へ　さらに読みやすく、面白く

四六判・並製カバー巻・平均280頁

HBB⁺(プラス)シリーズ

新・いのちの法と倫理	葛生栄二郎・河見誠・伊佐智子 共著	2730円
ジェンダー法学入門	三成美保・笹沼朋子・立石直子・谷田川知恵 著	2625円
平和と人権の憲法学 ―「いま」を読み解く基礎理論―	葛生栄二郎・髙作正博・真鶴俊喜 著	2625円
新・消費者法 これだけは	杉浦市郎 編	2730円
これからの地方自治を考える ―法と政策の視点から―	中川義朗 編	3045円
政治史への問い／政治史からの問い	熊野直樹ほか 著	2730円
実践の政治学	畑山敏夫・平井一臣 編	2625円

既刊HBBシリーズ

法律嫌いの人のための法学入門	石田喜久夫 著	2625円
なるほど! 公法入門〔第2版〕	村上英明・小原清信 編	2520円
法文化の探求〔補訂版〕 ―法文化比較にむけて―	角田猛之 著	2940円
史料で読む日本法史	村上一博・西村安博 編	3255円
トピック法思想 ―羅針盤としての歴史―	竹下賢・平野敏彦・角田猛之 編	2940円
ベーシック憲法入門〔第2版〕 ―いま世界のなかの日本国憲法は―	山下健次・畑中和夫 編	2940円
地球時代の憲法〔第3版〕	根本博愛・青木宏治 編	2520円
現代の人権と法を考える〔第2版〕	中川義朗 編	2625円
消費者民法のすすめ〔補訂3版〕	石田喜久夫 著／田中康博 補訂	2625円
私たちの消費者法〔四訂版〕	平野鷹子 著	2625円
自立と連帯の労働法入門〔補訂版〕	片岡昇 著	2940円
私たちの社会福祉法〔第2版〕	佐藤進・児島美都子 編	3045円
終わらない20世紀 ―東アジア政治史1894～―	石川捷治・平井一臣 編	2625円

HBB⁺は順次刊行予定。表示価格は定価(税込価格)